Peter Stephens
Zwingli

Peter Stephens

ZWINGLI

Einführung in sein Denken

Aus dem Englischen übersetzt von
Karin Bredull Gerschwiler

THEOLOGISCHER VERLAG ZÜRICH

Die Max Geilinger–Stiftung
und der Zwingliverein in Zürich
haben die Übersetzung dieses Werkes
finanziell unterstützt.

This translation of
«W.P. Stephens: Zwingli – An Introduction to His Thought»
originally published in English in 1992 is published
by arrangement with Oxford University Press.

Die Übersetzung der 1992 erschienenen englischen Originalausgabe dieses
Buches erscheint mit Erlaubnis von Oxford University Press.

Die Deutsche Bibliothek – CIP-Einheitsaufnahme

Stephens, Peter:
Zwingli : Einführung in sein Denken / Peter Stephens.
[Übers.: von Karin Bredull Gerschwiler]. Zürich : Theol. Verl., 1997
ISBN 3-290-10998-4

Meinem Patensohn
Gordon Christopher Lloyd Daniel
zum Gedenken

VORWORT

Wer nach dem Ursprung und den Kriterien des Reformiertseins fragt, orientiert sich meistens an Calvin und Genf. Die Begriffe «reformiert» und «calvinistisch» werden oft gleichbedeutend verwendet. Calvin spielte tatsächlich eine zentrale Rolle bei der Gestaltung der reformierten Tradition, sowohl durch sein Wirken als auch durch seine Schriften. Und doch war er nicht allein. Vor ihm und nach ihm gab es andere, die wesentlich zur Gestaltung und Entwicklung der reformierten Tradition beitrugen. Unter diesen anderen verdient Huldrych Zwingli besondere Aufmerksamkeit.

Am Sonntag, den 21. Mai 1536, verpflichtete sich Genf, nach dem Wort Gottes zu leben – zwei Monate bevor Calvin in der Stadt eintraf. Indessen hatte Zwingli bereits zwanzig Jahre zuvor seine Hinwendung zu Christus und der Heiligen Schrift vollzogen und damit den ersten und entscheidenden Schritt auf seinem Weg als Reformator getan. Am 1. Januar 1519 begann er seine Wirksamkeit in Zürich; unter seiner Leitung wurde an der Ersten Disputation im Januar 1523 in Zürich die Reformation eingeführt. Zwinglis Wirken hinterliess tiefe Spuren, nicht nur in Zürich, sondern auch in anderen Teilen der Schweiz und in den grösseren Städten Süddeutschlands. Von daher muss man sich nicht nur an Luther, sondern auch an Zwingli orientieren, wenn man den Ursprung und das ganze Spektrum der Reformation verstehen will; und man muss sich nicht nur an Genf und Calvin halten, sondern auch an Zwingli und Zürich, um die eigentlich «reformierte» Tradition zu verstehen.

Ich hoffe, dass die vorliegende Studie zwei Arten von Lesern Nutzen bringt: solchen, die sich vor allem für Zwinglis Denken und die damit verbundenen theologischen Fragen interessieren, sowie den anderen, deren Hauptinteresse dem Leben und Wirken Zwinglis gilt, die aber wissen wollen, was genau Zwingli glaubte und predigte.

Zwinglis Denken wird in den Zusammenhang seines Lebens und seines Wirkens gestellt. Am Ende dieses Buches finden sich im Kapitel über Zwingli als Theologe und Reformator einige Hinweise, welche Gesichtspunkte für sein Denken und seine Arbeitsweise als Reformator zentral sind. Dort – doch auch an anderer Stelle – lässt sich etwas von seiner Aktualität erkennen.

Mein Interesse an Zwingli geht zurück auf einen Besuch in Zürich im Jahre 1958, im Anschluss an ein Luther gewidmetes Studienjahr an der Universität Lund. Über die Jahre ist dieses Interesse gewachsen. Seit jenem ersten Besuch haben mich die Zwingliforscher immer wieder freundlich empfangen. Sie halfen mir durch ihre Freundschaft weiter und verschafften mir Zugang zu Quellen, die ich sonst nirgends finden konnte. 1958 besuchte ich noch Prof. Oskar Farner, wenige Tage vor seinem Tod. Der damalige Professor für Kirchengeschichte Fritz Blanke liess mir Zürich zu einem Stück Heimat werden. Dieselbe Gastfreundschaft erwiesen mir seine Nachfolger an der Universität, Fritz Büsser und Alfred Schindler, und ihre Kollegen am Institut für Schweizerische Reformationsgeschichte sowie die Professoren Gottfried Locher und Rudolf Pfister. So haben mir meine Besuche in der Schweiz und besonders in Zürich geholfen, Zwingli in seinem eigenen Umfeld zu sehen und zu verstehen.

Dieses Buch erschien zuerst auf Englisch. Für die deutsche Ausgabe wurde es überarbeitet und ergänzt. Das Kapitel über Zürich und die Eidgenossenschaft wurde für die deutsche Fassung neu geschrieben. Ich bin Professor Alfred Schindler und seinen Mitarbeitern Dres. Martin Hirzel und Heinzpeter Stucki am Institut für Schweizerische Reformationsgeschichte zu besonderem Dank verpflichtet für ihre Hilfe und ihre Vorschläge. Die ursprüngliche Bibliographie war für englischsprachige Leser bestimmt, während die überarbeitete Fassung sich hauptsächlich an deutschsprachige Leser richtet. Mein Dank gilt schliesslich Pfrn. Karin Bredull Gerschwiler für die Übersetzung des Buches.

Die deutsche Ausgabe dieses Buches ist dem Andenken meines Patensohnes Gordon Daniel gewidmet, der am 24. November 1993 infolge eines Unfalls am Eton College verstarb. In Zwinglis Worten war er ein «Reiser Christi» (Z I 394.25).

Aberdeen, im Frühjahr 1997
Peter Stephens

INHALT

Hinweis

In den bibliographischen Angaben der Anmerkungen werden die folgenden Abkürzungen verwandt:

ARG   Archiv für Reformationsgeschichte, Berlin 1903ff.

S   Huldreich Zwingli's Werke. Erste vollständige Ausgabe durch Melchior Schuler und Johannes Schulthess, 8 Bde. (in 11 Teilbdn.) u. Supplement, Zürich 1828–1861.

WA   D. Martin Luthers Werke. Kritische Gesamtausgabe, Weimarer Lutherausgabe, 96 Bde. in 111 Teilen, Weimar 1883ff.

Z   Huldreich Zwinglis Sämtliche Werke, hrsg. von Emil Egli, Georg Finsler, Walther Köhler, Oskar Farner, Fritz Blanke, Leonhard von Muralt, Edwin Künzli, Rudolf Pfister, Joachim Staedtke, Fritz Büsser, Markus Jenny. Bde. 1–14, Berlin/Leipzig/Zürich 1905–1991 (Corpus Reformatorum, 88–101)

Zwa   Zwingliana. Beiträge zur Geschichte Zwinglis, der Reformation, und des Protestantismus in der Schweiz, Zürich 1897ff.

ZwS   Huldrych Zwingli, Schriften. Im Auftrag des Zwinglivereins herausgegeben von Thomas Brunnschweiler und Samuel Lutz unter Mitarbeit von Hans Ulrich Bächtold, Andreas Beriger, Christine Christ-von Wedel, Rainer Henrich, Hans Rudolf Lavater, Peter Opitz, Ernst Saxer und Peter Winzeler. 4 Bde., Zürich 1995.

Eine tabellarische Übersicht der Daten von Zwinglis Leben und Wirken sowie eine Aufstellung der im Text erwähnten Schriften Zwinglis findet der Leser auf den Seiten 191–193.

Einleitung

Alle Gestalten der Geschichte leiden unter ihren Auslegern: Zu oft sehen diese in ihnen die Verkörperung oder die Antithese ihrer eigenen Auffassung. Zwingli bildet hierin keine Ausnahme. Je nach Standpunkt wird er als der Liberale unter den Reformatoren begrüsst oder als der Rationalist unter den Reformatoren abgelehnt. Die einen schildern ihn als heldenhaften Schweizer Patrioten, der auf dem Schlachtfeld sein Leben liess; andere tun ihn als Prediger ab, der sich der Politik verschrieb, dann als Politiker zum Schwert griff und verdientermassen durch das Schwert umkam.

Das Zwinglibild nimmt auch bei solchen Historikern Schaden, die die ganze Reformation durch die Brille Luthers betrachten und jeden anderen Reformator an Luther messen. Sie beurteilen Zwingli nach lutherischen Kriterien und sehen ihn je nachdem als Variante des deutschen Reformators oder als Abweichung von ihm; letzteres besonders dann, wenn sie selbst Lutheraner sind.

Von Zwingli und seinem Denken gibt es kein Bild, das letzte Gültigkeit beanspruchen darf, wohingegen manche Bilder zweifellos überholt sind. Alle Darstellungen seines Denkens erhalten notgedrungen eine Färbung durch den Standpunkt oder Ausgangspunkt ihres jeweiligen Autors sowie durch die getroffene Auswahl aus Zwinglis Werken.

Dazu ein Beispiel: Wie und wann wurde Zwingli zum Reformator? Die Antwort eines Autors auf diese Frage wird seine Schilderung von Zwinglis Denken beeinflussen. Einige Autoren meinen, dass Zwingli im wesentlichen die Reformvorstellungen des Erasmus geteilt habe, bis er Luther las. Durch Luther sei er zum Reformator geworden. Und von da an könne er – etwa in Köhlers Augen – als Kombination von Luther und Erasmus verstanden werden; in ihm flössen das Christentum und die Antike zusammen. Andere sehen Zwingli als lutherischen Reformator, der sich im Lauf der 1520er Jahre von Luther entfernt habe.

Für noch andere Autoren wurde Zwingli unabhängig von Luther zum Reformator. Besonders Erasmus und Augustin hätten seine Entwicklung beeinflusst, daneben sei er durch eine Reihe anderer Faktoren und Menschen geprägt worden. – Nach dieser Betrachtungsweise ist Zwinglis Beziehung zu Luther wichtig, solle aber nicht überbewertet werden. Sie dürfe die Darstellung von Zwinglis Denken nicht beherrschen, da es sonst in einem falschen Licht erschiene. Sein Denken solle in seinem eigenen

Bezugsrahmen und gemäss seinen eigenen Schwerpunkten dargestellt werden. Diese Überzeugung liegt auch der vorliegenden Studie zugrunde.

Zwinglidarstellungen werden jedoch ebenso durch die aus seinen Schriften getroffene Auswahl gefärbt wie durch den Standpunkt ihrer Autoren. So gewinnen Autoren, die sich auf Zwinglis Abhandlung *De providentia* konzentrieren, eine wesentlich philosophischere Sicht seiner Theologie als solche, die sich auf irgendeine andere Schrift berufen. Autoren, die Zwinglis Sakramentsverständnis vor allem anhand der Jahre 1524 und 1525 darstellen, entnehmen seinen Schriften eine wesentlich symbolischere Auffassung der Sakramente als andere, die die Schriften von 1530 und 1531 heranziehen.

In der vorliegenden Einführung werde ich versuchen, Zwinglis Denken in seiner geschichtlichen Entwicklung nachzuzeichnen. Ich untersuche Schriften aus jedem Abschnitt seines Lebens, sofern sie helfen, eine Entwicklung in seinem Denken aufzuzeigen. Ich berücksichtige nicht nur seine mehr systematischen Werke, sondern alles, was er geschrieben hat: auch die Briefe, Kommentare, Traktate und theologischen Abhandlungen. Es sollen die Faktoren zur Sprache kommen, die vor und nach seinem Wechsel nach Zürich sein Denken formten.

Im Lauf der Jahrhunderte hat es viele verschiedene Darstellungen Zwinglis gegeben. Ganze Bücher wurden allein über das sich wandelnde Zwinglibild evangelischer und römisch-katholischer Autoren geschrieben.[1] In der vorliegenden Untersuchung ist kein Raum für eine solche Darstellung, auch wenn unterwegs verschiedene Interpretationen zu Wort kommen werden. Es gibt aber wichtige Themenbereiche, in denen die Deutungen heutiger Forscher voneinander abweichen.

Ein erster solcher Themenbereich betrifft die Frage, wer und was Zwinglis Entwicklung beeinflusste. Hier sind nicht nur Erasmus, Luther und Augustin zu nennen, sondern auch Zwinglis Begegnung mit humanistischen und mit scholastischen Denksystemen.

Ferner erhebt sich die Frage, zu welchem Zeitpunkt Zwingli zum Reformator geworden ist, ob schon 1516 oder erst nach seiner Ankunft in

---

[1] Kurt Guggisberg, Das Zwinglibild des Protestantismus im Wandel der Zeiten, Leipzig 1934, und Fritz Büsser, Das katholische Zwinglibild, Zürich 1968. Für einen Überblick über verschiedene Zwingli-Interpretationen vgl. Walther Köhler, Die neuere Zwingli-Forschung, in: Theologische Rundschau Neue Folge 4 (1932), S. 329–369; Gottfried W. Locher, Die Wandlung des Zwingli-Bildes in der neueren Forschung, in: Zwa 11 (1963), S. 560–585 (abgedruckt in: Huldrych Zwingli in neuer Sicht, Zürich 1969, S. 137–171, und Ulrich Gäbler, Huldrych Zwingli im 20. Jahrhundert, Zürich 1975).

Zürich, vielleicht sogar erst 1520 oder 1521. Die Frage ist nicht nur eine historische, sondern auch eine theologische; sie wirft nämlich die weitere Frage auf, wie die Reformation definiert werden soll: Nach den Kriterien Luthers und der Lehre von der Rechtfertigung aus Glauben? Wenn nicht, dann vielleicht kirchlich als Bruch mit Rom? Oder theologisch anhand der Autorität der Bibel? Oder allgemein religiös im Rahmen des Verständnisses von Heil und Erlösung?

Die Frage, wie Zwingli sich verändert oder weiterentwickelt habe, berührt besonders seine Deutung des Abendmahls, seine Sicht von Kirche und Staat sowie sein Verständnis von Gott. – Zum ersten Punkt: Veränderte sich seine Deutung des Abendmahls wirklich von der mittelalterlichen Vorstellung der Wandlung der Elemente Brot und Wein zu einer mystischen Sicht der Gegenwart Christi im Sinne des Erasmus, von da aus zu einer rein symbolischen Gegenwart und schliesslich zu einer Gegenwart im Glauben? Dies behauptete Köhler. Oder vollzog sich in Zwinglis Denken eher eine organische Entwicklung als eine Veränderung? Dann könnte man sagen, Zwingli habe schon immer eine weitgehend symbolische Auffassung vertreten, und der Brief von Hoen habe ihm einfach einen Fingerzeig gegeben, wie seine symbolische Auffassung treffender zu formulieren sei. – Zum zweiten Punkt: Vertrat Zwingli in den frühen 1520er Jahren eine eher freikirchliche Sicht von Kirche und Staat, die er dann im Sinne einer mehr staatskirchlichen Auffassung veränderte? Dies behauptet Yoder. Oder besass Zwingli schon immer einen ausgeprägten Sinn für die Gesellschaft als ganze, wenn er auch in der zweiten Hälfte der 1520er Jahre die Rolle des Staates vielleicht stärker betonte? – Zum dritten Punkt: Bewegte sich Zwingli von einem mehr biblischen oder lutherischen Verständnis Gottes und des christlichen Glaubens in den frühen 1520er Jahren (z.B. in der Schrift *Auslegung und Begründung der Thesen*) zu einer mehr philosophischen Sicht in den mittleren und späteren 1520er Jahren (etwa in *De providentia*)? Oder gibt es eine Kontinuität zwischen diesen Zeitabschnitten? Wenn dem so wäre, dann erschiene ein Werk wie *De providentia* – im Kontext seiner früheren Schriften gelesen – plötzlich in einem weniger philosophischen Licht als man auf den ersten Blick meinen könnte. – Die am Anfang gestellte Frage nach Zwinglis Entwicklung löst offenbar eine Gegenfrage aus, nämlich: Gibt es eine grundlegende Übereinstimmung zwischen Zwinglis verschiedenen Schriften? Alle sind ja von Grund auf biblisch geprägt, alle zeigen aber auch einen deutlichen Einfluss von Erasmus und Augustin.

Mit der Beziehung zwischen Kirche und Staat bei Zwingli sind noch weitere Fragen angesprochen. Zum einen betreffen sie Zwinglis politische Rolle in der Stadt (sie ist unter Forschern noch immer umstritten); zum anderen die von manchen beobachtete stärkere Betonung des Alten Testaments beim späteren Zwingli, vor allem in seinem Verständnis des Propheten. – Zwingli spielte in der Stadt ohne Zweifel eine politische Rolle, auch wenn er niemals in einer Person Pfarrer und Bürgermeister, Ratsmitglied und Stadtschreiber war, wie schon ein Zeitgenosse behauptete. – Die Situation von Kirche und Gesellschaft in Zürich hielt er eher für vergleichbar mit der Situation im Alten Testament als mit der im Neuen Testament;[2] trotzdem befasste er sich in der zweiten Hälfte der 1520er Jahre ebenso mit der Auslegung des Neuen wie mit der Auslegung des Alten Testamentes.[3]

In all diesen Themenbereichen ist die Debatte unter Zwingliforschern noch im Gang; ebenso bei manchen anderen Fragen, die noch zu untersuchen sind: Zum Beispiel ob Zwingli in seinem Christusverständnis ein Nestorianer gewesen sei und in seinem Verständnis des Heiligen Geistes ein Spiritualist.

Die vorliegende Einführung in Zwinglis Denken beginnt mit einem Kapitel über Zürich und die Schweizerische Eidgenossenschaft; diese bildeten den Kontext für Zwinglis Leben und Schaffen. Es folgt ein längeres biographisches Kapitel, in dem Zwinglis Denken in den Zusammenhang seines Lebens und seiner Arbeit gestellt wird, besonders in den Zusammenhang seiner Entwicklung zum Reformator und als Reformator. Damit lässt sich zeigen, dass Zwinglis Denken sich nicht abseits seines Alltags und seiner Arbeit entfaltete. Er reagierte vielmehr einerseits auf das Wort Gottes, andererseits auf die Ereignisse und die Menschen, mit denen er zu tun hatte. Auf einige Themen hin, wie z.B. die Taufe, entwickelte er seine Theologie nur, weil er dazu herausgefordert wurde. Ohne Herausforderung hätte er wahrscheinlich über manche Themen wenig oder gar nichts geschrieben.

Die übrigen Kapitel erläutern die zentralen Themen der Theologie Zwinglis. Das erste Kapitel beschäftigt sich mit der Bibel; sie bildet die Grundlage für Zwinglis reformatorisches Wirken und seine Theologie.

---

[2] Johannes Kessler, Sabbata , hrsg. von Emil Egli und Rudolf Schoch, St.Gallen 1902, S. 355.18–21.

[3] Walter E. Meyer, Die Entstehung von Huldrych Zwinglis neutestamentlichen Kommentaren und Predigtnachschriften, in: Zwa 14 (1976), S. 314–329.

Dann folgen die Hauptthemen, die er in seinen Werken direkt und indirekt behandelt. Direkt schreibt er darüber in Kommentaren und Abhandlungen sowie in seinen mehr systematischen und bekenntnishaften Werken. Manchmal behandelt er diese Themen aber auch indirekt: Sie werden in anderen Teilen seiner Theologie vorausgesetzt und geben ihnen ihr Gepräge. Die Souveränität Gottes ist z.B. ein so grundlegender Bestandteil von Zwinglis Denken, dass sie alle Bereiche seiner Theologie berührt und in seinen Schriften vielerorts vorausgesetzt wird. Man könnte fast sagen, die Souveränität Gottes sei die Tonart, in der Zwingli seine Theologie komponiere. Ebenso ist sein Verständnis von Christus und dem Heiligen Geist ein wichtiger Faktor in allem, was er etwa über Wort und Sakrament zu sagen hat. Diese verschiedenen Themen sind miteinander verwandt und können nicht voneinander getrennt werden, auch wenn man sie zwangsläufig je für sich darstellen muss.

Das letzte Kapitel gibt Hinweise auf einige charakteristische Züge von Zwinglis Schaffen als Reformator sowie auf einige typische Schwerpunkte seines Denkens.

Die Beschäftigung mit Zwingli führt zur Frage nach seiner Wirkung – nicht nur zu Lebzeiten, sondern auch nach seinem Tod. Hierüber ist ziemlich wenig geschrieben worden.[4]

Zwingli übte nach seinem Tod sowohl direkten wie indirekten Einfluss aus. Direkt wirkte er durch seine Schriften, indirekt durch Bullinger und andere, die sein Werk weiterführten und seine Theologie übernahmen oder weiterentwickelten. Am deutlichsten erscheint Zwinglis Einfluss auf zwei Gebieten: der Beziehung von Kirche und Staat sowie dem Verständnis der Sakramente, besonders des Abendmahls.

Aus Zwinglis Schriften und aus seinem Wirken in Zürich geht hervor, dass er Kirche und Gesellschaft als Einheit empfand; denn die Regierung oder der Rat haben die Aufgabe, sich an der Regelung des kirchlichen Lebens zu beteiligen. Dies hatte tiefe Auswirkungen auf andere Gebiete der Schweiz und darüber hinaus. Zwinglis Überzeugung unterschied sich vom anderen Strang der reformierten Tradition, den etwa Calvin in Genf vertrat: Dort wollte man das kirchliche Leben und besonders die Kirchenzucht unabhängig von der Obrigkeit regeln.

---

[4] Gottfried W. Locher, Zwinglis Einfluss in England und Schottland – Daten und Probleme, in: Zwa 14 (1975), S. 165–209.

Noch einflussreicher als die Sicht von Kirche und Staat war und ist jedoch Zwinglis Sakramentsverständnis, vor allem sein Verständnis des Abendmahls. Bullinger übernahm die Zwinglische Auffassung leicht verändert im *Consensus Tigurinus*, der Zürcher Übereinkunft von 1549, worin Zürich und Genf ihre konfessionelle Einheit besiegelten. Auch auf die englische Reformation übte Zwinglis Abendmahlslehre eine starke Wirkung aus, besonders durch einige Flüchtlinge aus europäischen Ländern; und noch im heutigen protestantischen Bewusstsein ist sie weitgehend verankert. Im übrigen streiten sich die Gelehrten, ob auch der englische Reformator und Erzbischof von Canterbury Thomas Cranmer ein Zwinglianer gewesen sei.

Einige Elemente von Zwinglis Theologie wurden von anderen Reformatoren weiterentwickelt. So entfaltete Bullinger Zwinglis Theologie des Bundes, die in der späteren reformierten Tradition grosse Bedeutung erlangen sollte. In der Frage der göttlichen Vorherbestimmung legte Bullinger ebenso wie Zwingli den Akzent auf die Erwählung des Menschen, so dass sich in der späteren Auseinandersetzung über Erwählung und Verwerfung beide Parteien auf Zwingli beriefen. In manchen Fragen, in denen die reformierte Theologie von der lutherischen abweicht, tritt die Verwandtschaft der reformierten Theologie mit Zwingli zutage. Dies gilt vor allem für das Verständnis von Evangelium und Gesetz (Luther spricht von Gesetz und Evangelium) sowie für einige Besonderheiten im Verständnis Gottes und in der Beziehung zwischen göttlicher und menschlicher Natur Christi.

Was die praktische Durchführung der Reformation betrifft, war es die Prophezei (siehe unten Seite 37), die den stärksten Einfluss ausübte. Dies lässt sich etwa an der Entwicklung des «prophesying» in der englischen Reformation erkennen. Zwinglis Methode, anstelle der für jeden Tag vorgeschriebenen Lesungen ganze biblische Bücher auszulegen, ist in manchen Kirchen noch heute in Gebrauch.

I

ZÜRICH UND DIE EIDGENOSSENSCHAFT UM 1500

Die Schweizerische Eidgenossenschaft

Die Eidgenossenschaft, in der Zwingli lebte, war von einer verwickelten Geschichte geprägt. Seit 1291 hatte sich ein kompliziertes Staatengebilde entwickelt, das aus vollberechtigten (regierenden) und aus assoziierten Orten sowie Untertanengebieten bestand. Was mit dem Zusammenschluss der Länderorte Uri, Schwyz und Unterwalden begonnen hatte und durch die Städteorte Luzern (1332) und Zürich (1351) sowie Glarus, Zug und Bern (1353) erweitert worden war, formierte sich um die Wende des 15. zum 16. Jahrhundert zur dreizehnörtigen Eidgenossenschaft: Freiburg und Solothurn traten 1481 der Eidgenossenschaft bei, Basel und Schaffhausen 1501 und schliesslich Appenzell 1513. Staatsrechtlich war diese Eidgenossenschaft ein sehr heterogenes Gebilde, denn die Orte waren lediglich durch ein loses Bündnisgeflecht untereinander verbunden; auch wirtschaftlich und politisch strebten die Orte verschiedenen Zielen zu: Länderorte hatten andere Interessen als Städteorte, die einen Orte waren eher papst- und kaiserfreundlich, die anderen eher frankreichfreundlich; manche Orte betrieben eher Ostpolitik (besonders ausgeprägt Zürich zur Reformationszeit), andere eher Westpolitik (Bern eroberte 1536 die Waadt), wiederum andere waren südwärts orientiert. Trotz dieser auseinanderstrebenden Interessen bildete sich um 1500 ein ausgeprägtes schweizerisches Nationalgefühl heraus: Sobald zentrifugale Kräfte den Weiterbestand der Eidgenossenschaft gefährdeten, besannen sich die Orte auf ihre Zusammengehörigkeit.

Gemeineidgenössische Institution war die Tagsatzung. Gesandte der Orte versammelten sich jeweils zur Besprechung gemeinsamer Probleme, konnten aber nichts entscheiden, sondern mussten die Meinungen der anderen Orte nach Hause bringen; Entscheide waren also höchstens dann möglich, wenn Einstimmigkeit herrschte. Verschiedene Verträge regelten, zusätzlich zu den jeweiligen Bündnissen, das eidgenössische Zusammenleben. 1481 wurde das Stanser Verkommnis geschlossen, das festlegte, dass kein Ort in die Innenpolitik eines anderen Ortes eingreifen dürfe (verboten war besonders die Aufwiegelung der Untertanen). Damit war eine gewisse Regel im gegenseitigen Umgang aufgestellt; die Probleme, die das Machtgefälle zwischen den aufstrebenden Städteorten und den schwächeren Länderorten mit sich brachte, konnten dadurch aber nicht eigentlich gelöst werden.

Zugewandte Orte waren solche Bündnispartner, die sich zwar der Eidgenossenschaft anschlossen, aber an der Gesamteidgenossenschaft nicht beteiligt waren. Die Art der Verbindung zur Eidgenossenschaft konnte sehr verschieden sein, und es handelte sich denn auch um recht zahlreiche Partner, die von recht unterschiedlichem Gewicht waren: Von Bedeutung waren vor allem Graubünden, die Abtei und die Stadt St. Gallen, das Wallis, sowie die elsässische Stadt Mülhausen und die württembergische Stadt Rottweil.

Drittes Merkmal des eidgenössischen Staatengebildes waren die gemeinsamen Untertanengebiete (Gemeinen Herrschaften): Hier waren die jeweils regierenden Orte (es waren nicht immer alle Orte an einem Untertanengebiet beteiligt!) auf eine Zusammenarbeit angewiesen, hier bildete sich, im Gegensatz zu den eidgenössischen Bundesverträgen, ein Mehrheitsprinzip für die Beschlussfassung aus, was in der Reformationszeit wichtig werden sollte. Vertreter der regierenden Orte war jeweils ein Landvogt, der in einem bestimmten Turnus von den regierenden Orten gestellt wurde. Solche Landvogteien waren etwa der Thurgau, Baden oder, jenseits der Alpen, Lugano und Locarno. Die Untertanengebiete erhielten jeweils lediglich neue Herren, behielten also normalerweise ihre bisherige innere Struktur: Die lokale Selbstverwaltung etwa blieb unangetastet. – Zwingli erlebte in seinem Vaterhaus im Toggenburg, was selbständige (Dorf-)politik bedeutete. Zwar war das Toggenburg ein Untertanengebiet des Abtes von St. Gallen, aber seine Selbstverwaltung und sein Bündnis mit Schwyz und Glarus waren vom Abt anerkannt. Das von dieser Selbstverwaltung geprägte Bewusstsein politischer Kultur nahm Zwingli in sich auf.

Die Aussenpolitik war geprägt von den Interessen der führenden Orte und ihrer Wirtschafts- und Militärmacht. Schon in den Anfangszeiten sicherten sich die Eidgenossen einen guten Ruf als Infanterietruppen. Den Höhepunkt ihres militärischen Ruhms erreichten sie aber um 1500: Seit den Burgunderkriegen der 1470er Jahre wurden sie in die machtpolitischen Überlegungen der europäischen Staaten einbezogen. Damals begannen die Eidgenossen denn auch, eine eigene Aussenpolitik zu betreiben.

Deutlich wurde das im Schwabenkrieg von 1499, als sich die selbstbewusst gewordene Schweiz faktisch vom Deutschen Reich löste (völkerrechtlich erst 1648 im Westfälischen Frieden), und dann besonders in den Mailänderkriegen (1512–1515), die allerdings auch die Grenzen eidgenössischer Grossmachtpolitik zeigten: Gegenüber der wohlorganisierten französischen Militär- und Staatsmacht hatte die Expansion der Eidgenossenschaft keinen Bestand, sie wurde wieder in ihre engeren Grenzen verwiesen. Trotz der Niederlage blieb die Schweiz ein beachteter Machtfaktor, wie nicht zuletzt der mit Frankreich abgeschlossene Friedensvertrag von 1516 zeigte: Frankreich gewährte den Eidgenossen weitgehende Handelsprivilegien und sicherte sich durch Zahlung von sogenannten Pensionen an Privatpersonen und die Staatskassen der Orte auch die nötige Anzahl der bewährten eidgenössischen Reisläufer. Das eidgenössische, wesentlich auch humanistisch geprägte Staatsbewusstsein liess es indessen als zunehmend verwerflich erscheinen, sich aussenpolitisch zu engagieren: Vor allem gegen den «Verkauf eigenen Blutes in fremdem Sold», wie es diese patriotische Partei formulierte, erhob sich eine mächtige Opposition, zu der auch Zwingli gehörte – der Solddienst war jedoch ein bedeutender Wirtschaftsfaktor, den zu schädigen nicht alle Orte auf sich nehmen konnten und wollten.

Zürich

Zürich war eine Stadt von rund 5–6'000 Einwohnern, zu der eine von ihr abhängige Landschaft von vielleicht 55'000 Untertanen gehörte. Das Untertanengebiet war in verschiedene Vogteien gegliedert, die von städtischen Vögten verwaltet wurden. Dieses zürcherische Territorium wurde vom Rat regiert. Der Grosse Rat wurde einerseits gebildet von den je zwölf Delegierten der zwölf Zünfte und den achtzehn der adligen Gesellschaft zur Constaffel, anderseits vom Kleinen Rat, der seinerseits aus den je zwei Zunftmeistern der Zünfte, den vier Constaffelherren und aus zehn Ratsherren, die aus dem Grossen Rat gewählt wurden, sowie – an dessen Spitze – aus den beiden Bürgermeistern bestand. Während also der Grosse Rat nicht getrennt vom Kleinen Rat beraten oder gar beschliessen konnte, war der Kleine Rat ein eigenständiges Gremium und konnte als solches selbständig handeln: Er war für die Erledigung der kleineren oder auch grösseren Tagesgeschäfte besser geeignet als der schwerfällige Grosse Rat. Zentrum der Machtausübung war der Bürgermeister: Bei ihm liefen buchstäblich alle Fäden zusammen: Er war es, der bei Ratssitzungen die Traktanden bestimmte, Anträge stellte, Umfragen begann (und abbrach). Er war der Ansprechpartner der auswärtigen Mächte: bei ihm gingen die Gesandten ein und aus, und er war selber häufig Tagsatzungsgesandter. Er hatte ferner den Vorsitz, wenn der Kleine Rat als Gerichtsinstanz fungierte. Er war selbstverständlich auch Mitglied im Geheimen Rat, der in Friedenszeiten Nachrichten sammelte und in Notzeiten die Notregierung bildete. Obwohl rund die Hälfte der Ratsherren des kleinen Rates Zunftmeister waren (und auch weitere Zünfter im Kleinen Rat sassen), waren die Zunftvertreter nicht eigentlich Vertreter von Zunftinteressen, vielmehr fühlten sie sich in ihrem Amt als Vertreter der Obrigkeit und deren Interessen, die keineswegs mit den Zunftinteressen parallel laufen mussten.

Zur Vorberatung, also nie mit der Kompetenz selbständig zu entscheiden, setzte der Rat gelegentlich Kommissionen (sogenannte «Verordnungen») ein. Ganz wenige, etwa das Gremium der Rechenherren, entwickelten sich allmählich zu ständigen Kommissionen mit Verwaltungsbefugnissen, die meisten wurden jedoch nur für eine begrenzte Aufgabe eingesetzt und wechselten auch in der personellen Zusammensetzung. Es entsprach allerdings dem Gebot der Effizienz, wenn jeweils Fachleute zu bestimmten Sachfragen häufiger «verordnet» wurden als andere, was aber gerade durch die Häufung von Fachkompetenz auch zu einer gewissen politischen Machtballung führen konnte. So konnte beispielsweise Zwingli, obwohl nie Ratsherr, in Fragen der Reformation und später in solchen der Aussenpolitik einen überragenden Einfluss ausüben.

Die Kirche in Zürich

Die Schweiz gehörte nie zu einer einheitlichen Kirchenprovinz. Sie hatte keinen Erzbischof, und die Bistümer reichten in die Nachbarländer. Zürich selber gehörte zum umfangreichen und so gut wie unregierbaren Bistum Konstanz, das von 1496 bis 1530/1532 von Hugo von Hohenlandenberg verwaltet wurde. Im Zürcher Herrschaftsgebiet amtierten rund fünfhundert Geistliche, davon allein in der Stadt etwa zweihundert.

So unübersehbar die Präsenz der Kirche war, sowohl in den Bauten wie vor allem im Alltagsleben der Menschen, so weit verbreitet war die Kritik an ihrem Zustand. Die Missstände wurden auch von Kirchenleuten angeprangert, sogar vom Konstanzer Bischof selber, doch Abhilfe schuf die Kirche nicht; einer der Gründe für dieses Versagen war die Tatsache, dass für die Verfehlungen jeweils Bussen zu zahlen waren und sich diese Bussen zu einer beträchtlichen und geradezu unentbehrlichen Geldquelle für Papst und Bischof entwickelt hatten. Dazu kam, dass gewisse Verfehlungen so alltäglich waren, dass sie allmählich kaum jemanden mehr aufregten: Das Konkubinat der Priester etwa war so häufig, dass es nicht mehr ehrenrührig war. Festzuhalten ist jedoch auch die Tatsache, dass beileibe nicht in der ganzen Kirche nur Missstände herrschten. Am Grossmünster wirkten Chorherren, die ihre Aufgaben persönlich recht ernsthaft versahen (so der Chorherr Conrad Hofmann), der Konvent von Kappel war vollzählig, das Kloster Rüti blühte; auch die Gemeinschaften der Frauen legten Zeugnis ab vom ernsthaften religiösen Leben, wie etwa das Kloster Oetenbach mit rund vierzig Nonnen oder die verschiedenen Schwester- und Brüderhäuser in Zürich, Winterthur und auf der Landschaft. Dennoch: Der Wunsch nach Reformen war unüberhörbar. Der ernsthafte Anstoss für Verbesserungen kam schliesslich von der weltlichen Seite, die ihre eigenen Interessen wahrnahm. Schon seit vielen Jahrzehnten sorgte der Rat einigermassen für Ordnung in der Kirche seines Herrschaftsgebietes, zuerst in der Wirtschaftsverwaltung, dann aber zunehmend auch im engeren kirchlichen Bereich, etwa indem er die Residenzpflicht der Geistlichen durchsetzte, für korrekten Gottesdienst sorgte oder den Nonnen im Kloster Töss strenge Klausur verordnete (auch wenn er dazu päpstliche Anordnungen rückgängig machen musste).

So war denn, entgegen der eigentlich universalen römischen Kirche, die Kirche in Zürich bereits vor der Reformation weitgehend «territorialisiert». Viele wichtige kirchlichen Stellen waren von Zürchern besetzt: Die Chorherren des Grossmünsterstifts, der weiterum bedeutendsten Institution, waren mehrheitlich Zürcher. Auch wichtige Ämter am bischöflichen Hofe wurden von Zürchern bekleidet, etwa das Amt des Generalvikars; nicht zu vergessen dasjenige des Bischofs selber. Ferner hatte der Bischof den Zürchern die Schaffung einer Aussenstelle des bischöflichen Gerichts in Zürich, natürlich unter Leitung eines Zürchers, zugestehen müssen. In diesem Licht betrachtet, war die Reformation nur noch der letzte Schritt zur Schaffung einer zürcherischen Kirche.

II

ZWINGLIS LEBEN UND WIRKEN

Keine zwei Monate lagen zwischen der Geburt Martin Luthers 1483 und der Geburt Huldrych Zwinglis am 1. Januar 1484. Zwingli wurde in Wildhaus hoch oben im Toggenburg (heute Kanton St. Gallen) als Sohn eines Bauern und Gemeindeammanns geboren. Als kleiner Bub kam er zu seinem Onkel Bartholomäus, einem Priester, nach Weesen und begann seine schulische Ausbildung. Weil er Talent zeigte, schickte man ihn im Alter von 10 Jahren zum Lateinlernen nach Basel an die Schule von Gregor Bünzli. 1496 oder 1497 zog er weiter an die Schule von Heinrich Wölfflin in Bern. Dort lernte er unter anderem die lateinische Literatur kennen. 1498, im Alter von 14 Jahren, ging er auf die Universität Wien, wo der grosse Humanist Conrad Celtis lehrte. Mit 18 Jahren kehrte er zurück und schrieb sich an der Universität Basel ein. Einer seiner dortigen Lehrer war Thomas Wyttenbach. Unter den Mitstudenten befanden sich Leo Jud und Conrad Pellikan; sie wurden später seine Kollegen in Zürich. In Basel erwarb Zwingli 1504 den Grad eines Baccalaureus und 1506 den eines Magister artium. Noch als Laie wurde er 22jährig nach Glarus berufen, um dort das Amt eines Priesters zu versehen.

Die Priesterweihe empfing Zwingli im September 1506 in Konstanz, einige Wochen bevor er das Mindestalter erreichte. Er hielt seine erste Predigt in Rapperswil und feierte darauf seine erste Messe am Tag des heiligen Michael und aller Engel in Wildhaus. Zehn Jahre lang war er Priester in Glarus. Neben seinen priesterlichen Pflichten lernte er in jener Zeit Griechisch und trieb weiterhin humanistische Studien. Wohl begann Zwingli erst am Ende des Jahrzehnts als Reformator in Erscheinung zu treten, aber vor und während dieser Zeit sind schon drei Faktoren erkennbar, die seine spätere reformatorische Arbeit wesentlich beeinflussten: die Vaterlandsliebe, die Scholastik und der Humanismus.

Vaterlandsliebe – Scholastik – Humanismus

Zwingli war im höchsten Masse patriotisch, und er blieb es sein Leben lang. 1526 erinnerte er sich, dass er schon von Kindheit an allen die Stirn geboten habe, die die Schweizer verleumdeten oder beschimpften; dafür begab er sich sogar in Gefahr.[1] Von seiner Vaterlandsliebe zeugt auch, dass seine früheste erhaltene Schrift mit dem Titel *Das Fabelgedicht vom Ochsen*, geschrieben 1510 im Alter von 26 Jahren, ein patriotisches Gedicht ist. Das Gedicht bekämpft in Form einer Allegorie die Verwendung schweizerischer Söldner in den Kriegen fremder Mächte. Da er auf jener Stufe seiner Entwicklung dem Papsttum noch treu ergeben war, nahm er den Kriegsdienst für den Papst von seiner Kritik aus. Doch bald darauf machte er überhaupt keine Zugeständnisse mehr. Immerhin führte seine Unterstützung des Papsttums dazu, dass er vom Papst eine Jahrespension von 50 Gulden erhielt, bis er 1520 darauf verzichtete.

Sein Widerstand gegen den Solddienst verstärkte sich durch seine unmittelbaren Erlebnisse als Feldgeistlicher in den Kriegen von 1513 und 1515, vielleicht auch schon 1512. Im September 1515 erlebte er als Augenzeuge die furchtbare Schlacht von Marignano, bei der Tausende von schweizerischen Söldnern im Kampf gegen die Franzosen starben. Diese Erfahrung schärfte sein Bewusstsein für die Verwüstung, die ein Krieg anrichtet, und für die tiefen moralischen und sozialen Schäden, die sein Volk damals durch den Krieg erlitt. In einem zweiten Gedicht mit dem Titel *Der Labyrinth* verwendete er nochmals die Form einer Allegorie, um das Söldnersystem anzuprangern. Doch diesmal hatte sein Patriotismus eine ausgesprochen religiöse Note: «Es fehlt in uns die Gottesliebe ... Wer Unzucht, Totschlag schaffen kann, der gilt für einen kühnen Mann. Hat uns denn Christus das gelehrt? ... Was haben denn wir Christen mehr als noch den Namen?»[2] Mit seinen Angriffen auf das Söldnersystem und besonders auf das in Glarus geförderte Bündnis mit den Franzosen schuf Zwingli sich Feinde; dieser Konflikt stand 1516 hinter seinem Wegzug von Glarus nach Einsiedeln. Später wendete sich das Blatt: Seine Wahl nach Zürich wurde durch seinen Widerstand gegen den französischen Solddienst begünstigt, denn Zürich war gegen das Bündnis mit den Franzosen eingestellt.

Reicht Zwinglis Vaterlandsliebe bis in seine Kindheit zurück, so lässt sich der scholastische Einfluss auf seine Universitätszeit zurückführen. In Basel wurde Zwingli von Thomas Wyttenbach geprägt, einem Vertreter der älteren scholastischen Denkweise, der via antiqua. Diese Schule hatte

---

[1] Z V 250.6–11. Vielleicht hatte sein Ausschluss von der Wiener Universität mit solchen Auseinandersetzungen zu tun.
[2] Z I 60.

ihren literarischen Niederschlag in den Schriften von Petrus Lombardus, Thomas von Aquin und Duns Scotus gefunden. Demgegenüber war Luther durch die via moderna beeinflusst, der neueren scholastischen Schule. Ziemlich sicher lernte Zwingli in Basel beide Traditionen kennen. Aus seinen Büchern geht hervor, dass er Thomas von Aquin und Duns Scotus las, und in einem Brief von 1511 wird er als Anhänger des Aristoteles erwähnt. Möglicherweise gibt es in seiner Theologie Hinweise auf einen Einfluss von Duns Scotus, etwa insofern Zwingli Gottes freien Willen betont oder den Schöpfer deutlich von der Schöpfung abhebt oder beim Abendmahl den Akzent auf die Erinnerung des Opfers Christi legt. Vielleicht lässt sich auch in seiner Christologie (Lehre von Christus und seinen beiden Naturen) der Einfluss von Scotus erkennen. Und doch schätzen die Forscher Zwinglis scholastische Ausrichtung unterschiedlich ein. Locher deutet z.B. auf Thomas von Aquin und die *via antiqua*, während der Dominikaner Pollet auf die *via moderna* und Occam verweist.[3] Wie dem auch sei – obwohl Zwingli die scholastische Theologie ablehnte, konnte er sich jedenfalls ihrem Einfluss nicht entziehen. In späteren Auseinandersetzungen machte er von ihren Methoden und Unterscheidungen Gebrauch, nicht zuletzt im Streit um das Abendmahl.

Der Humanismus beeinflusste Zwingli wahrscheinlich in der Schule und an der Universität. Manche Forscher unterstreichen die Prägung durch Celtis in Wien; aber darüber lässt sich wenig mit Sicherheit sagen. Sicher ist, dass Zwingli in seiner Glarner Zeit (1506–16) als Humanist in Erscheinung trat. Er las viel und mit Eifer. Seine Liebe zur klassischen Antike lässt sich an seiner Bibliothek erkennen, die er damals anlegte und später mit nach Einsiedeln nahm. Darunter finden sich mit Randbemerkungen versehene Ausgaben von Aristoteles, Cicero, Demosthenes, Homer, Juvenal, Livius, Plinius und Plutarch. Seine damalige Korrespondenz mit Beatus Rhenanus, Heinrich Glarean und Conrad Pellikan zeugt eher von einem humanistischen Gelehrten als von einem Priester und Theologen, wie Farner gezeigt hat.[4] Im übrigen zeichnete sich der humanistische Kreis, dem Zwingli angehörte, durch eine stark schweize-

---

[3] Goeters bemerkt: «Bis zum Jahre 1513 ist somit Zwingli im wesentlichen uneingeschränkt als ein scholastischer Theologe scotistischer Schulrichtung mit einem gemeinkatholischen Frömmigkeits- und Priestertumsverständnis anzusehen.» J.F.Gerhard Goeters, Zwinglis Werdegang als Erasmianer, in: Reformation und Humanismus. Robert Stupperich zum 65. Geburtstag, hrsg. Martin Greschat und J. F. Gerhard Goeters, Witten 1969, S. 261.

[4] Oskar Farner, Huldrych Zwingli II, Zürich 1946, S. 109.

risch–vaterländische Gesinnung aus und durch die ernste Bereitschaft, der Eidgenossenschaft zu dienen.

Eine entscheidende Veränderung trat 1516 ein, als Zwingli dem Humanistenfürsten Erasmus von Rotterdam begegnete. Erasmus war ein Gelehrter sowohl auf dem Gebiet der Klassik als auch auf dem der Bibel und der Alten Kirche. Sein humanistisches Interesse an den Quellen veranlasste ihn nicht nur zum Studium der griechischen und römischen Sprache und Literatur, sondern gleichermassen zum Studium des Neuen Testamentes und der Kirchenväter. Er veröffentlichte ein griechisches Neues Testament und eine elegante lateinische Übersetzung des Neuen Testamentes sowie bemerkenswerte Ausgaben der Kirchenväter. Seine Bemühung zielte auf eine Erneuerung, ja Wiedergeburt des Christentums.

Unter dem Eindruck des Erasmus liess sich Zwingli neu auf Christus und die Bibel ausrichten. Nach seiner Überzeugung hatte Erasmus die Bibel von der Scholastik befreit. Durch seinen Einfluss wurde Zwingli zu einem Theologen – im humanistischen, nicht im scholastischen Sinn. Er wandte sich nun den Quellen zu, besonders dem griechischen Neuen Testament und lernte einen historischen und kritischen Zugang zum Text kennen. Seine Aufmerksamkeit beanspruchten jetzt eher die Kirchenväter als die Scholastiker. Sie sind unter seinen Büchern umfangreich vertreten. Denn mit der Zeit wuchs seine Bibliothek um Ausgaben von Ambrosius, Athanasius, Augustin, Basilius, Chrysostomus, Cyprian, Eusebius, Hieronymus, Origenes sowie um mehrere Werke von Cyrill, Gregor von Nazianz, Gregor von Nyssa, Hilarius von Poitiers, Irenäus, Johannes von Damaskus und Lactantius.

Die erste Frucht des Einflusses von Erasmus lässt sich im Gedicht *Der Labyrinth* erkennen; dort gibt es – wie bereits erwähnt – ein religiöses Element, das drei Jahre zuvor im *Fabelgedicht vom Ochsen* fehlt. Langfristig bewirkte Erasmus bei Zwingli das Reifen einer reformatorischen Theologie, die biblisch war und Christus ins Zentrum stellte. Zwischen Erasmus und Zwingli gab es viele Gemeinsamkeiten. Sie hatten gemeinsame Voraussetzungen, Schwerpunkte und Anliegen. So betonten beide: Gott ist Geist. Beide vertraten eine platonische Sicht des Menschen als Leib und Seele. Beiden war eine innere Frömmigkeit wichtiger als eine äusserliche. Sie hatten ähnliche Interessen: Beide begeisterten sich für die Literatur und Philosophie Griechenlands und Roms.

Aber es gab auch Unterschiede – insbesondere, doch nicht allein in ihrem Verständnis der souveränen Gnade Gottes und der Freiheit des Willens. Es ist nicht klar, inwieweit die Differenzen von Anfang an bestanden. Der Humanismus des Erasmus hatte eher einen internationalen als einen nationalen Beigeschmack. Als Zwingli 1523 erwähnte, wie entscheidend ihn ein Gedicht von Erasmus beeinflusst hatte, fügte er hinzu, dass dessen Anrufung von Heiligen um Fürbitte biblisch nicht zu begründen sei.[5] Später zeigen sich die Unterschiede an den kritischen Äusserungen des Erasmus zu Zwinglis *Archeteles* (1522); ebenso am Angriff Zwinglis auf die Freiheit des Willens in seinem Werk *De vera et falsa religione commentarius* (1525). Alles in allem konnte Zwingli sich jedoch auch später positiv zu Erasmus äussern – ganz anders als Luther.

Die frühen Jahre in Zürich

Von 1516 bis 1518 versah Zwingli das Amt eines Leutpriesters in Einsiedeln, einem bedeutenden Wallfahrtsort mit einem berühmten Marienheiligtum. Er setzte die vielfältige Arbeit eines Priesters fort: er feierte die kirchlichen Sakramente, nahm an Wallfahrten teil, erteilte Ablässe und übte Seelsorge. Er machte sich auch weiterhin einen Namen als Prediger. Da schrieb ihm am 29. Oktober 1518 Oswald Myconius, dass am Grossmünster in Zürich eine Stelle frei sei und er nichts mehr wünschte als Zwingli dort zu sehen.

Doch am 3. Dezember schrieb er ihm noch einmal, um mitzuteilen, dass etliche Einwände gegen ihn erhoben worden waren, darunter einer, auf den er nichts entgegnen konnte: Zwingli habe die Tochter eines führenden Bürgers von Einsiedeln entehrt.[6] Zwinglis Antwort an Heinrich Utinger vom 5. Dezember 1518 wurde im 19. Jahrhundert von dem Zwingliforscher Johannes Schulthess entdeckt. Oskar Farner berichtet, dass Schulthess den Brief seinem Schüler Alexander Schweizer zeigte und ihn dann an eine Kerzenflamme hielt, um ihn zu verbrennen. Doch er zog ihn gerade noch rechtzeitig zurück mit den trotzigen Worten: «Der Protestantismus ist die Wahrheit, Wahrheit unter allen Umständen».[7] In seinem Brief gab Zwingli nämlich zu, dass er trotz grosser Anstrengungen unkeusch gewesen sei – mit einer bekannten Dirne freilich – fuhr aber fort, seine Unkeuschheit gehöre nun der Vergangenheit an.[8] Der Brief stellte das Stiftskapitel zufrieden; und so wurde Zwingli am 11. Dezember

---

[5]   Z II 217.8–21.
[6]   Z VII 107–109.
[7]   Farner, Huldrych Zwingli, II 298f.
[8]   Z VII 110–113.

26

mit siebzehn Stimmen gegen sieben gewählt. Zwinglis Unkeuschheit bildete im 16. Jahrhundert übrigens alles andere als eine Ausnahme. Von einem Gegenkandidaten hiess es, er habe sechs Kinder gezeugt.

Zwinglis Wirksamkeit in Zürich begann am 1. Januar 1519, seinem 35. Geburtstag. Wie er bei der Annahme seiner Wahl angekündigt hatte, begann er am folgenden Tag über das Matthäusevangelium zu predigen. Er tat es auf neue Weise: Statt über die vorgeschriebene Lesung zum Tag predigte er fortlaufend über das ganze Evangelium, wie es schon einige Kirchenväter getan hatten.[9] Später betonte er, dass er schon vor seiner Ankunft in Zürich auf der Grundlage der Schrift und nicht der Kirchenväter gepredigt hatte.[10] Nach der Auslegung des Matthäusevangeliums und der Apostelgeschichte wandte er sich dem 1. Timotheusbrief zu, dann dem Galaterbrief, dem 2. Timotheusbrief, dem 1. und 2. Petrusbrief und dem Hebräerbrief. Damit wählte er solche Bücher, die nach seiner Überzeugung die Not der Menschen ansprachen.[11] Über die Rolle seiner Predigt schrieb er: «Dies ist die Saat, die ich gesät habe; Matthäus, Lukas, Paulus und Petrus haben sie begossen; Gott aber hat ihr ein wundervolles Wachstum verliehen. Aber dies will ich nicht laut ausposaunen, weil es sonst scheint, als werbe ich für meinen eigenen Ruhm und nicht für den Ruhm Christi».[12] Bis zum Ende des Jahres 1519 sprach Zwingli von «zweitausend vernünftigen Seelen, die sich jetzt von geistlicher Milch ernähren, aber bald kräftige Nahrung zu sich nehmen werden».[13] Und dies, obwohl er im selben Brief den Widerstand erwähnt, dem er begegnet.

Das erste Jahr in Zürich war ereignisreich. Zwischen August 1519 und Februar 1520 starb fast ein Viertel der Einwohner von Zürich an der Pest. Zwingli, der sich gerade in Bad Pfäfers zur Kur befand, kehrte zu seinen seelsorgerlichen Pflichten in die Stadt zurück. Im September wurde er selber auf den Tod krank, genas aber. Einige Zeit später schrieb er *Das Pestlied* (siehe unten Seite 58). Es zeugt von seiner Erfahrung der Souveränität Gottes und seiner Ergebung in Gottes Willen.

Im Juli 1519 nahm Luther an der Leipziger Disputation teil und bestritt das göttliche Recht des Papsttums. Dies war ein entscheidendes Datum für Zwingli. Er bejubelte Luther als neuen Elia und verzichtete 120 in einem Akt von symbolischer Bedeutung auf die päpstliche Pension, derer er sich

---

[9] Z VII 106.3–4.
[10] Z II 144.32–145.8.
[11] Z I 133.2–5; 284.39 – 285.25.
[12] Z I 285.25–28.
[13] Z VII 245.15–16.

seit seiner Glarner Zeit erfreut hatte. 1523 schrieb er, dass er schon 1517 darauf verzichtet hatte, dass die Pension aber bis zu seinem schriftlichen Verzicht 1520 immer noch ausbezahlt worden war.[14] Manche sehen in diesem Verzicht den Beweis, dass Zwingli zu einem reformatorischen Glauben durchgedrungen war.

Das Jahr 1520 wurde durch eine wichtige Entscheidung des Rates der Stadt geprägt: Der Rat beschloss nämlich, es sei künftig nach der Bibel zu predigen. Dies war ohne Zweifel ein Sieg für Zwingli. Aufgrund der Bibel bekämpfte er eine Reihe von Glaubensüberzeugungen und Bräuchen der mittelalterlichen Kirche wie z.B. das Ablasswesen, den Zehnten und die Anrufung der Heiligen – was umgekehrt Widerspruch gegen ihn hervorrief. Für solche Streitfragen stützte er sich auf Luthers Schriften; er förderte auch den Verkauf von Luthers Büchern als Teil seines eigenen Kampfes für eine Reform in der Kirche. Luthers Stimme taucht in seinem damaligen Briefwechsel immer wieder auf, wenn auch Zwingli in ihr offenbar nur eine Bestätigung für Meinungen sah, die er selber bereits vertrat. Auf Luthers «reformatorische» Anliegen wie die Theologie des Kreuzes und die Rechtfertigung aus Glauben geht Zwingli jedenfalls nicht ausdrücklich ein, wenn er Luther erwähnt. Für die Reifung seiner Theologie war das Studium von Augustins Abhandlungen über Johannes besonders wichtig sowie die Vertiefung in Johannes und Paulus.

Daneben blieb Zwingli, was seine Anliegen betraf, in vielerlei Hinsicht ein Humanist. Sein Briefwechsel zeugt von den stark literarischen und politischen Interessen des schweizerischen Humanismus. Manche stellen allerdings eine entscheidende Veränderung vom reformerisch gesinnten Humanisten hin zum Reformator des Jahres 1520 fest; dafür verweisen sie namentlich auf Zwinglis Brief an Myconius vom 24. Juli. Dieser Brief zeigt, auf wieviel Widerstand Zwingli in Zürich stiess, obwohl er zu jener Zeit mit der kirchlichen Hierarchie noch auf gutem Fusse stand. Er schreibt, er habe die Absicht, den päpstlichen Gesandten zu ersuchen, er möge den Papst vor einem Bann Luthers warnen. Gleichzeitig ist Zwingli auf die Möglichkeit seiner eigenen Exkommunikation vorbereitet. «Ich flehe Christus um dies eine an, dass er mir gewähre, alle Dinge männlich zu ertragen und mich als sein Geschirr zu brechen oder zu stärken, wie es ihm gefällt».[15] Bezeichnenderweise ist der Brief auf den Vorabend des

---

[14]   Z II 314.2–21.
[15]   Z VII 344.15–17.

Tages des Hl. Jakobus datiert, jenes Zebedäussohnes, der als erster unter den Aposteln zum Märtyrer wurde.

Im März 1522 wurde ein wichtiger öffentlicher Schritt unternommen. Der berühmte Zürcher Drucker Christoph Froschauer und andere Bürger assen in der Fastenzeit vor Ostern Fleisch – mit der Begründung, dass eine ungewöhnlich grosse Menge von Arbeit dies erfordere. Zwingli selbst, der dabei war, brach das Fasten nicht mit ihnen, aber er hielt danach eine Predigt zu ihrer Verteidigung und trat darin für die christliche Freiheit ein. Die meisten Forscher erkennen von dieser Predigt an einen klar evangelischen Zug in Zwinglis Schriften.[16] Aus Zwinglis Sicht brach allerdings nichts Neues an, als er die Predigt veröffentlichte; begann er doch mit der Feststellung, die Menschen hätten bereitwillig auf das Evangelium angesprochen, das er seit über drei Jahren predige.[17]

Im Mai veröffentlichte er eine Schrift zu einem Thema, das nicht den einzelnen betraf wie das Fasten, sondern die ganze Nation: Es ging um die schweizerischen Söldner. Von allen Gefahren, die er im Zusammenhang mit dem Soldsystem sah, wog für ihn nicht der sittliche Verfall am schwersten oder die politische Unterjochung, sondern die Tatsache, dass das ganze Volk unter Gottes Zorn geriet. *Eine göttliche Ermahnung der Schwyzer* richtete sich an Bewohner jenes Kantons, in dem Zwingli als Einsiedler Priester gearbeitet hatte. Die Ermahnung zeigt, dass Zwinglis Kritik dem ganzen Leben des Volkes galt, nicht nur seinem religiösen Leben, wie auch alle weltlichen Führer angesprochen waren, nicht nur die kirchlichen.[18] Diese Sorge um alle Bereiche der Gesellschaft war charakteristisch für das reformatorische Wirken Zwinglis und machte die Reformation einmal mehr zum Thema für die ganze Eidgenossenschaft.

Im Juli 1522 richtete Zwingli zusammen mit zehn anderen Geistlichen eine Bittschrift an den Bischof von Konstanz, er möge Priestern die Ehe gestatten. Ausserdem diskutierte er mit Franz Lambert, einem Franziskaner, über die Fürbitte der Heiligen sowie mit Mitgliedern der Mönchsorden von Zürich über die Autorität der Bibel. In seinen Predigten und Schriften des Jahres 1522 zeigt sich eine für die Reformation typische Berufung auf das Wort Gottes gegen alle menschliche Lehre; von daher

---

[16] Allerdings haben nur wenige Schriften von Zwingli aus der Zeit vorher überlebt: nämlich die erwähnten Gedichte, einige Briefe und ein Kriegsbericht. Das macht ein Urteil in dieser Frage schwierig.
[17] Z I 88.4–89.2.
[18] Z I 167–168.

stellte Zwingli auch die Autorität der Kirche in Frage.[19] Die Debatte kam zu einem Höhepunkt an der Ersten Zürcher Disputation im Januar 1523. Dort sollte aufgrund der Bibel ein Urteil gefällt werden. Zwingli sah die Disputation mit ihren über 600 Teilnehmern als eine Gelegenheit, den reformatorischen Glauben zu erklären und zu verteidigen – und zwar auf Deutsch und nicht wie in einer akademischen Disputation auf Lateinisch. Öffentliche Disputationen wurden übrigens infolge der Zürcher Disputation zu einem wichtigen «Medium», um die Reformation in der Schweiz und in Süddeutschland bekanntzumachen und zu festigen.[20] Zwingli legte 67 Artikel vor, die zusammenfassten, was er predigte. Darin stellte er zwei fundamentale Gegensätze auf: einerseits zwischen der Autorität der Bibel und der Autorität der Kirche, andererseits zwischen der Suche nach Heil durch Christus und der Suche nach Heil durch irgendjemand oder etwas anderes. Die zentrale Stellung Christi ist bei ihm eindeutig: die ersten 23 Artikel beziehen sich alle auf ihn. Zwinglis Gegner Johannes Faber, Generalvikar von Konstanz, griff jedoch die Frage nach der Autorität auf und fragte klug, ob nicht in Wirklichkeit der Rat es sei, welcher im vorliegenden Fall anstelle von Christus zwischen ihm und Zwingli urteile. Doch Zwingli beharrte auf seinem Standpunkt: Das Urteil liege bei der Bibel. Am Ende fällte der Rat, der ja die Disputation wegen der Meinungsverschiedenheiten einberufen hatte, seinen Beschluss: Zwinglis Predigt sei schriftgemäss, und jedermann solle in Übereinstimmung mit der Bibel predigen.

Im Juli 1523 veröffentlichte Zwingli die Schrift *Auslegung und Begründung der Thesen*. Sie ist die gehaltvollste Darstellung seiner Theologie auf Deutsch, und sie behandelt die meisten der für ihn typischen Schwerpunkte. So gibt es in seinen 67 Artikeln bezeichnenderweise ein umfassendes kirchliches und individuelles, aber auch soziales und politisches Reformprogramm. Die Artikel heben sich deutlich von Luthers 95 Thesen ab, die – freilich aus ganz anderem Anlass – nur ein einziges Thema behandeln, nämlich den Ablass. Mit Zwinglis Artikeln und ihrer

---

[19] Gäbler schreibt zu Zwinglis *Archeteles* vom August 1522 und Erasmus' Reaktion auf dessen Angriffe gegen die Hierarchie: «Auf diesen schonungslosen Angriff reagiert Erasmus mit Entsetzen», Ulrich Gäbler, Huldrych Zwingli. Leben und Werk, München 1983, S. 57.

[20] Siehe Bernd Moeller, Zwinglis Disputationen: Studien zu den Anfängen der Kirchenbildung des Synodalwesens im Protestantismus I+II, in: Zeitschrift der Savigny-Stiftung für Rechtsgeschichte 87 (Kanonistische Abteilung 56, 1970) S. 275–324; 91 (Kan. Abt. 60, 1974) S. 213–364.

Auslegung war die Einführung der Reformation in Zürich sozusagen abgeschlossen.

Zwingli wird zum Reformator

Die Frage, wann Zwingli zum Reformator wurde, ist eine der meistdiskutierten und faszinierendsten Fragen der Zwingliforschung. Die Gelehrten streiten sich, zu welchem Zeitpunkt und warum es geschah. Manche setzen den Zeitpunkt schon 1516 an, andere erst 1521. Manche sehen den entscheidenden Einfluss bei Erasmus, andere bei Luther oder Augustin.

Die Frage ist so kompliziert wegen des Beweismaterials, das uns zur Verfügung steht. Der einzige Beleg aus Zwinglis Zeit besteht in den Randnotizen, die Zwingli in seine Bücher einfügte.[21] Natürlich ist es schwierig, Randnotizen zu datieren. Immerhin entdeckte vor einem Jahrhundert Usteri[22] zwei Schlüssel zur Datierung: die Farbe der Tinte und die Schreibweise des Buchstabens «d». Er führte an, dass Zwingli bis zum Juli 1519 den Senkrechtstrich des «d» bis unter die Grundlinie zog, von da an in der heutigen Schreibweise bis auf die Linie. Zu diesem Zeitpunkt fand die Leipziger Disputation statt, die auf Zwingli einen gewaltigen Eindruck machte. Die Farbe seiner Tinte änderte sich in der Zeit, als er mit Erasmus in Verbindung trat. – Dennoch gibt es offene Fragen bei der Datierung dieser Notizen. Und dann gibt es das weitere Problem, dass aus den Notizen zwar hervorgeht, was Zwingli in oder aus den Werken anderer notierte, nicht aber notwendigerweise, was er von ihnen lernte.

Zwinglis eigene Meinung ist klar: Er habe seit seiner Hinwendung zu Christus und der Bibel das Evangelium gepredigt, also wahrscheinlich seit 1516. Wenn wir jedoch seine Schriften studieren, scheint dies zwar der Wendepunkt in seinem Leben zu sein, nicht aber der Zeitpunkt, zu dem er eine reformatorische Theologie entwickelt hatte. Erst 1522 bekunden Zwinglis Schriften ein umfassendes Verständnis der Gnade Gottes in

---

[21] Was die Verwendung der Randnotizen betrifft, verweist Gäbler sowohl auf die Schwierigkeit der Entzifferung als auch auf die Frage, wie sie zu interpretieren sind; denn Zwingli zitierte aus Schriften, ohne die Quellen anzugeben. Ausserdem haben andere, z.B. Bullinger, vielleicht Bemerkungen oder Unterstreichungen hinzugefügt, die sich nicht von denen Zwinglis unterscheiden lassen. Gäbler äussert auch Zweifel an der Zuverlässigkeit von Köhlers Ausgabe der Randnotizen. Siehe Gäbler, Huldrych Zwingli, S. 38.

[22] Johann Martin Usteri, «Initia Zwinglii», in: Theologische Studien und Kritiken 58 (1885) S. 607–672; 59 (1886) S. 95–159.

Jesus Christus. Was 1516 im Keim vorhanden war, entwickelte sich erst etliche Jahre später zur vollen Reife.

Trotzdem verwies Zwingli immer auf den früheren Zeitpunkt. In den 1520er Jahren nahm er oft Bezug auf die Zeit, in der er begonnen hatte, das Evangelium zu predigen. Das allgemeine Bild, das daraus entsteht, ist deutlich und kohärent, auch wenn das Jahr nicht feststeht. Zwingli versicherte seine Unabhängigkeit von Luther und rief Gott zum Zeugen an, dass er das Evangelium aus dem Johannesevangelium, aus Augustins Abhandlungen über Johannes und aus den Paulusbriefen gelernt habe. Er erwähnte Thomas Wyttenbachs Disputation in Basel (wohl 1515), die aufgezeigt hatte, dass die Ablässe ein Betrug seien, und er nannte ein Gedicht des Erasmus, von dem er seine Überzeugung herleitete, dass niemand ausser Christus zwischen Gott und uns vermitteln könne. Die Worte des Gedichts aufnehmend beklagte Zwingli, dass die Menschen nicht alles Gute bei Christus suchen, der doch der Brunnquell alles Guten sei. Er erblickte den grundlegenden Unterschied zwischen sich und seinen Gegnern darin, dass die Gegner ihr Vertrauen auf die Geschöpfe setzten, er selbst hingegen auf Christus und seinen versöhnenden Tod. Dementsprechend betrachtete er die Entdeckung Christi als des einzigen Mittlers als den grundlegenden Wendepunkt in seinem Leben. Das bedeutet auch, dass er – ebenso wie Bucer, anders als Luther – keinen echten Gegensatz zwischen Erasmus und der Reformation sah.

Zwinglis Predigt des Evangeliums war sowohl Ausdruck seiner Hinwendung zu Christus als auch seiner Hinwendung zur Bibel. In der Schrift *Die Klarheit und Gewissheit des Wortes Gottes* (1522) sprach er davon, dass er sieben oder acht Jahre zuvor begonnen habe, ganz auf die Bibel zu vertrauen, Gottes Lehre aus seinem eigenen klaren Wort zu entnehmen und dessen Verständnis bei Gott zu suchen statt aus Kommentaren und von Auslegern. Im selben Jahr schreibt er im *Archeteles*, man müsse allein auf Gottes Wort vertrauen, um das Heil zu erlangen.

Etwas ist bemerkenswert: Nach Zwingli gab es eine Kontinuität zwischen seinem ausgereift reformatorischen Bibel- und Evangeliumsverständnis der Jahre 1522/23 und dem seiner frühen Zürcher Jahre, aber auch eine Kontinuität zwischen diesem und dem Verständnis seiner Einsiedler und späten Glarner Zeit.[23] Bemerkenswert ist diese Sicht darum, weil die meisten Forscher in Zwingli zu jenem frühen Zeitpunkt eher einen Anhänger des Erasmus sehen als einen Reformator. Sein Gefühl

---

[23] Z I 88.10–89 2; II 14.11–14.

einer Kontinuität in seinem Wirken entspricht der Weise, in der Bucer zwanzig Jahre später eine Kontinuität zwischen Erasmus und Luther sah. Bucer schreibt, Erasmus habe gezeigt, dass das Heil aus dem Vertrauen zu Christus komme und nicht aus äusseren Zeremonien.[24] Zwingli sagte sowohl von Erasmus wie auch von Luther, dass sie durch die Schule Gottes gegangen seien; und er anerkannte, dass er abgesehen von der Bibel selbst von diesen beiden und den Kirchenvätern erfahren hatte, was wahre Religion ist.

Die entscheidende Rolle des Erasmus lässt sich also nicht bezweifeln. Aber wie steht es mit Luther und Augustin? Zwingli bestritt mit Nachdruck, dass er das Evangelium durch Luther kennengelernt habe. Vielmehr habe er es zu predigen begonnen, zwei Jahre bevor man in seiner Umgebung überhaupt von Luther hörte. Natürlich besteht der Verdacht, Zwingli habe sich damit von Luther distanzieren wollen – u.a. wegen der Gefahr, mit einem Ketzer in Verbindung gebracht zu werden. Auf der anderen Seite gibt es gute Gründe, die Behauptung seiner Unabhängigkeit gelten zu lassen. Nach Rich fand Zwingli, als er Luther las, offenbar nur Ansichten bestätigt, die er selbst schon vertrat; in seiner Wahrnehmung befürwortete Luther mehr eine reformerische Position als eine Position, die sich als reformatorisch bezeichnen liess.[25] Entscheidend war für Zwingli aber, was Luther tat, weniger, was er sagte. Ihm machte Eindruck, dass Luther an der Leipziger Disputation den Mut besessen hatte, gegen den Papst aufzutreten wie ein David gegen Goliath.

Die genaue Rolle Augustins lässt sich ebenfalls schwer bestimmen.[26] Das ist eng verknüpft mit der Datierung von Zwinglis Randnotizen. Anscheinend studierte Zwingli Augustin sowohl in Glarus und Einsiedeln als auch in Zürich, und Augustin regte ihn sicher an, sein Verständnis der Bibel und des Evangeliums zu vertiefen, wie Zwingli selber feststellt. Darüber hinaus finden sich wichtige Gedanken und Schwerpunkte seiner Theologie in den Randnotizen zu Augustin.[27] Aber neben der Frage nach deren Datierung stellt sich die Frage, ob Augustin Zwingli zu einer eingehenderen Beschäftigung mit der Bibel veranlasste oder ob umgekehrt das Bibelstudium ihn bewog, sich mit Augustin und anderen Kirchen-

---

[24] Vgl. Martin Bucer, *De vera ecclesiarum*, abgedruckt in: Walter Friedensburg, «Von der Wiedervereinigung der Kirchen (1542)», ARG 31 (1934), S. 145–191.

[25] Arthur Rich, Die Anfänge der Theologie Huldrych Zwinglis, Zürich 1949, S. 88.

[26] Vgl. Alfred Schindler, Zwingli und die Kirchenväter, Zürich 1984.

[27] Vgl. Walther Köhler, Huldrych Zwinglis Bibliothek, Zürich 1921, S. 29, und Rich, Die Anfänge der Theologie Huldrych Zwinglis, S. 127–138.

vätern zu befassen in der Absicht, die Bibel besser zu verstehen. Die Ähnlichkeiten zwischen Augustin und Zwingli reichen jedenfalls tief und erstrecken sich auf ein weites Feld. Sie lassen sich nicht nur in ihrem Verständnis von der Souveränität und Gerechtigkeit Gottes feststellen, sondern auch in ihrer Auffassung der Bibel und der Sakramente und in der platonischen Prägung ihrer Theologie.

Wahrscheinlich spielen bei der Veränderung von 1515/16 viele Faktoren eine Rolle: das Erlernen der griechischen Sprache, die Disputation Wyttenbachs, die Lektüre des Erasmusgedichtes, die Begegnung mit Erasmus, die intensive Beschäftigung mit dessen Werken, die griechische Abschrift der Paulusbriefe. Vielleicht spielen auch Erfahrungen mit hinein wie die verheerende Niederlage der Schweizer Söldner, die Zwingli im September 1515 in Marignano miterlebte, oder sein sexueller Fehltritt als Priester in Einsiedeln. Und doch: So bedeutend die Veränderung von 1515/16 sein mag, es besteht kein Zweifel, dass Zwingli erst in seinen frühen Zürcher Jahren zu einem tieferen Verständnis des Evangeliums und der Bibel durchdrang. Dazu trugen unterschiedliche Erfahrungen bei: seine Beschäftigung mit dem Johannesevangelium, mit Augustin und Paulus (wann immer das war), das Beispiel Luthers in Leipzig (1519), Zwinglis Erkrankung an der Pest im selben Jahr und sein späteres Nachdenken darüber in einem Gedicht, ferner die Widerstände in Zürich, die er in einem Brief vom 24. Juli 1520 erwähnt, sowie ein nicht datiertes Schlüsselerlebnis, als er um das Verständnis der Worte aus dem Unser Vater rang: «Vergib uns unsere Schuld, wie wir vergeben unseren Schuldigern» und seine völlige Abhängigkeit von der Gnade Gottes sehen und annehmen lernte.

Welchen Einfluss auch immer diese unterschiedlichen Erfahrungen ausübten, keine darf darüber hinwegtäuschen, dass es die Bibel selbst war, die Zwingli entscheidend prägte. In ihr begegnete er dem lebendigen Wort Gottes und spürte Gottes überwältigende Gnade.

Konservative und radikale Gegner

Zwingli sah sich zweierlei Gegnern gegenüber: solchen, die sich der Reformation widersetzten, und anderen, die eine radikalere Reformation wollten als er. Die Radikalen unterschieden sich von ihm nicht nur durch ihre Bibelauslegung – sie betonten einseitig das Neue Testament – , sondern auch durch ihr Verständnis von Kirche und christlichem Leben. Sie liessen sich auf eine Auseinandersetzung mit ihm ein über Zehnten und Zinszahlung, später über Bilder, den Eid, die Taufe und das Abendmahl. Ihr Widerspruch gegen Zwingli betraf sowohl den Inhalt als auch das Tempo der Reformation.

Erst identifizierten sich die Radikalen sehr mit Zwingli; einige hatten 1522 das Fasten gebrochen, und in der ersten Zeit traf sich Zwingli auch oft mit ihnen. Im Sommer 1522 schlossen sich Felix Manz und Konrad Grebel ihrer Bewegung an; letzterer war der Sohn eines Ratsherrn. Am 22. Juni 1523 trafen sich Vertreter der Radikalen aus verschiedenen Gemeinden mit dem Rat der Stadt und warfen u.a. die Frage des Zehnten auf. Zwei Tage später hielt Zwingli eine Predigt, die er später unter dem Titel *Von göttlicher und menschlicher Gerechtigkeit* zu einer gedruckten Abhandlung erweiterte. Darin machte er zwischen beiden Formen der Gerechtigkeit einen Unterschied. Er trat für die Achtung des Eigentums und für die Bezahlung von Zinsen und Zehnten ein, solange die Obrigkeit das verlangte. Andererseits kritisierte er unter dem Vorzeichen der göttlichen Gerechtigkeit den Privatbesitz: «Wir machen zu unserem Eigentum, was Gott gehört», sowie die Zinsen, «weil Gott von uns fordert, zu leihen oder auf Borg zu geben und kein Geld dafür zu erwarten».[28]

Später im selben Sommer wurde Zwingli von den Radikalen getadelt, seine Äusserungen zur Messe seien nicht biblisch genug. So lehnte er z.B. die eucharistischen Gewänder nicht ab[29] und liess um der Schwachen willen das Kreuzzeichen zu. In einer früheren Auseinandersetzung mit seinen konservativen Gegnern über das Fasten hatte er angeführt: Wo die Bibel etwas nicht verbietet, lässt Gott freie Wahl.[30] Zwingli betrachtete seine Gegner als biblizistisch. Im Gegensatz zu ihnen erachtete er Fragen wie die nach dem Zeitpunkt von Abendmahlsfeiern, oder ob das Brot gesäuert oder ungesäuert sein solle, als Ermessensfragen, in denen die Kirche frei sei, zu entscheiden. Ausserdem war er der Ansicht, das Bestreben der Radikalen, Neuerungen unverzüglich einzuführen, würde viele Menschen befremden und zu einem Aufruhr führen.

Nachdem die Radikalen die Heiligenbilder beschimpft und beim Stadelhofen ein Kruzifix niedergerissen hatten, berief der Rat auf den 26. Oktober 1523 eine zweite Disputation ein mit dem Ziel, die Bilder und die Messe im Lichte der Bibel zu prüfen. Der Rat hoffte klar, die

---

[28] Z II 515–516.
[29] Im *Kanon der Messe* (Z II 597f.).
[30] In *Eine Verteidigung des Kanons der Messe*, Z II 620–625.

Versammlung werde das Interesse der ganzen Eidgenossenschaft finden; aber die Bischöfe und die meisten Kantone lehnten die Einladung ab. Trotzdem kamen nahezu 900 Menschen zu der Disputation. Deren Urteil lautete, die Messe und die Bilder seien unbiblisch. Damit gaben sie Zwingli und den Radikalen recht. Im Unterschied zu den Radikalen war Zwingli damit einverstanden, dass der Rat festlege, wann die beschlossenen Änderungen in Kraft treten sollten. Die Rolle, die Zwingli für die Regierung vorsah, wurde in Zukunft ein Gegenstand wachsender Uneinigkeit zwischen den Radikalen und ihm.

Es gab aber nicht nur eine radikale, sondern auch eine konservative Gegnerschaft. Zu dieser zählte Conrad Hofmann, ein Chorherr vom Grossmünster, der in einer Klagschrift vom Dezember 1521 Zwinglis Predigt kritisiert hatte.[31] Er beklagte sich, Zwingli verachte die Tradition und prangere in der Öffentlichkeit lasterhaftes Verhalten von Mönchen und Nonnen an.

Hofmanns Standpunkt wurde im Januar 1524 von einer Zwölferkommission angehört, die zur Hälfte aus Mitgliedern des Rates bestand und zur anderen Hälfte aus Pfarrern. Auf dieses Gespräch verweisen manche als dritte Disputation, obwohl sie sich von der ersten und zweiten stark unterschied. Diese Disputation bezeichnete einen weiteren erfolglosen Versuch der Konservativen, die Reformation in Zürich zu untergraben. Im Juni 1524 erklärte sich der Rat bereit, auf Gottes Wort hin Heiligenfiguren und Bilder abzuschaffen. Während dramatischer dreizehn Tage wurden sie aus den Kirchen entfernt und die Kirchen «gereinigt». Die Messe wurde erst an Ostern 1525 durch das Abendmahl abgelöst. Am Gründonnerstag stellte man einen Tisch, bedeckt mit einem sauberen Leintuch, zwischen Chor und Schiff des Grossmünsters auf. Er war gedeckt mit Brot auf hölzernen Tellern und Wein in hölzernen Bechern. Der Gottesdienst fand in Deutsch statt, nicht in Latein. Männer und Frauen sassen getrennt rechts und links vom Mittelgang. Die Abendmahlshelfer reichten Brot und Wein durch die sitzende Gemeinde.

Das langsame Tempo der Reformation rief bei den Radikalen Empörung hervor. Monate bevor der Rat Massnahmen zur Beseitigung der Bilder ergriff, hatten sie Heiligenbilder zerstört; und schon im Januar

---

[31] Emil Egli, Actensammlung zur Geschichte der Zürcher Reformation in den Jahren 1529–1533, Zürich 1879, No. 213; Alfred Schindler, Die Klagschrift des Chorherrn Hofmann gegen Zwingli, in: Reformiertes Erbe. Festschrift für Gottfried W. Locher zu seinem 80. Geburtstag, hrsg. von Heiko A. Oberman u.a., Band 1, Zürich 1992 (Zwa 19/I), S. 325–359.

1525 feierten sie ihre eigene Form des Abendmahls – mehrere Wochen vor den Reformatoren. Die Bilder und die Messe waren aber nicht die einzigen Streitpunkte. Bald gerieten soziale und politische Themen in den Brennpunkt der Auseinandersetzung, darunter die Frage nach dem Gehorsam gegenüber der weltlichen Obrigkeit. Diese Fragen veranlassten Zwingli im Dezember 1524 zu seiner Schrift *Wer Ursache zum Aufruhr gibt.*

Schon im Februar 1524 weigerten sich eine Anzahl von Eltern, ihre Kinder taufen zu lassen. Im Dezember fand ein erfolgloses Treffen der Radikalen mit Zwingli und anderen Pfarrern statt. Daraufhin rief der Rat beide Parteien auf den 17. Januar 1525 zu einer Disputation zusammen. Am Ende der Disputation verlangte der Rat unter Androhung des Banns, dass die Radikalen innerhalb von acht Tagen ihre Kinder taufen lassen sollten. Am 21. Januar geschah jedoch etwas Neues: Der Widerstand gegen die Kindertaufe führte zur Wiedertaufe. Konrad Grebel taufte Georg Blaurock, dieser darauf fünfzehn andere. Weitere Begegnungen zwischen Radikalen und Reformatoren zeigten keine Früchte; und so drohte der Rat am 7. März 1526 denjenigen, die wiedertauften, mit dem Tod durch Ertränken. Am 5. Januar 1527 war Felix Manz der erste, der diese Strafe erlitt.

Das Jahr 1525 war in Zürich ein wichtiges Jahr – nicht nur wegen der ersten reformierten Abendmahlsfeier an Ostern, sondern auch wegen der Einrichtung einer Bibelschule, der «Prophezei», im Juni. Regelmässig versammelten sich die Chorherren, die Schüler der Lateinschule und die Geistlichkeit der Stadt zur Bibelexegese. Die anschliessende Predigt war öffentlich. Die Prophezei war eine typisch zwinglische Antwort an die Adresse der Konservativen und der Radikalen. Sie zeigte, wie Zwingli sich einen reformierten Pfarrer und Prediger vorstellte im Unterschied zum römisch-katholischen Priester und zum Wanderprediger der Radikalen. Das Herz der Prophezei bildete das Bibelstudium in den Originalsprachen Hebräisch und Griechisch. Dabei verstand man die Kenntnis der biblischen Sprachen als Entsprechung zur Gabe der Zungenrede im Neuen Testament. Nach Zwinglis Meinung konnte ein Prediger mit Bibelkenntnissen die Irrtümer derer vermeiden, die sich auf menschliche Lehre verliessen; dies galt sowohl für die Konservativen mit ihrer Berufung auf die Lehre der Kirche als auch für die Radikalen mit ihrer Berufung auf den Heiligen Geist. Die Prophezei erwies sich darum als wesentlich für die Ausbildung einer reformierten Pfarrerschaft: sie verkörperte die zentrale Stellung des Wortes Gottes in der reformierten Kirche. Aus der Prophezei erwuchs später die theologische Hochschule, deren Nachfolge wiederum die theologische Fakultät bei der Gründung der Universität (1833) antrat.

Zwingli verfolgte das Ziel, alle Bereiche der Gesellschaft unter die souveräne Herrschaft Gottes zu bringen. Ihm waren nicht nur Änderungen im liturgischen Leben wichtig, sondern er strebte auch eine soziale und politische Gesetzgebung an. Im Januar 1525 trat das Armengesetz in Kraft, im Mai das Ehegesetz. Die folgenden Jahre führten zum grossen Sittenmandat vom Mai 1530. Eine Aufsicht anderer Art wurde mit der Einberufung einer Synode ab 1528 eingeführt.

In allen diesen Reformen war der Rat unabdingbar wichtig. Seine aktive Rolle in kirchlichen Angelegenheiten war nicht neu – er hatte sich schon in den Jahren vor der Reformation neue Vollmachten angeeignet. Aber zweifellos versuchte er nun, diese Vollmachten auszudehnen, wo immer das möglich war. Zwingli trat aus theologischen und praktischen Gründen für eine Funktion des Rates bei der Reformation der Stadt ein. Im Gegenzug musste der Rat sich an das Wort Gottes halten, welches letztlich alle Dinge regeln sollte. Ausserdem durfte er nicht im Alleingang Beschlüsse fassen, sondern nur mit dem stillschweigenden Einverständnis der Kirche. Im stellvertretenden Handeln des Rates erblickte Zwingli eine gute Voraussetzung dafür, dass die Veränderung friedlich vonstatten gehen konnte. Eine kirchliche Volksversammlung hätte leicht zur Spaltung führen können. Andere Reformatoren wie Bucer, Oekolampad und Calvin strebten allerdings eine unabhängigere Rolle für die Kirche innerhalb des Stadtstaates an.

Die späteren Zürcher Jahre

Von Anfang an hatte Zwingli bei seinen Reformen die ganze Eidgenossenschaft im Blick, nicht nur Zürich. Er suchte auch in anderen Kantonen Freiheit für die Predigt des Wortes Gottes. Die fünf Stände Uri, Schwyz, Zug, Luzern und Unterwalden versuchten ihrerseits, Zürich aus der Eidgenossenschaft auszuschliessen. Der Konflikt zwischen beiden Parteien kam erst in Disputationen zum Ausdruck, später im Krieg.

An der Disputation mit Johannes Eck in Baden 1526 nahm Zwingli nicht direkt teil. Seine Sicherheit war zu stark gefährdet. Doch ein gut getarnter Bote brachte ihm jeweils Berichte von der Verhandlung und nahm seine Anmerkungen und Vorschläge mit. Die von Eck vorgebrachten Thesen betrafen die Messe, die Fürbitte der Heiligen, die Bilder und das Fegefeuer; aber all diesen Themen lag letztlich die Frage nach der Autorität der Bibel zugrunde. Wie erwartet endete die Disputation mit einem Sieg für Eck. Doch zwei Jahre später, an der Disputation in Bern im Januar 1528, wendete sich das Blatt. Dort nahm auch Zwingli teil, zusammen mit Bucer, Haller und Oekolampad. Das Ergebnis war ein Sieg für die Reformatoren. – Mit dem Berner Sieg war für die Ausbreitung der Reformation in der Schweiz eine entscheidende Etappe gewonnen; denn Berns herrschende Rolle im Westen war vergleichbar mit der Rolle Zürichs im Osten.

Im folgenden Jahr hörte das Disputieren auf und der Krieg begann. In seinem Eifer, die Verkündigung des Evangeliums zu verteidigen, drängte Zwingli 1529 zum Angriff auf die fünf Kantone. Er schrieb nach Bern: «Seid standhaft und fürchtet nicht den Krieg! Denn jener Friede, auf den manche so dringen, ist Krieg, nicht Friede. Und der Krieg, auf dem ich beharre, ist Friede, nicht Krieg ... Wenn das nicht stattfindet, werden weder die Wahrheit des Evangeliums noch ihre Diener unter uns sicher sein».[32] Der Krieg endete fast so schnell wie er begonnen hatte – ohne Blutvergiessen –, und ein Friedensvertrag, der erste Kappeler Landfriede, wurde unterzeichnet.[33] Die Städte der Reformation waren der Ansicht, dass der Vertrag die Predigt des Evangeliums garantiere. Die fünf Kantone sahen das aber anders. So kam es zu einer Pattsituation.

Das Jahr 1529 bezeichnet auch den Höhepunkt des Konflikts zwischen Zwingli und Luther. Der wichtigste Streitpunkt betraf das Abendmahl. Schon 1523 hatte sich in dieser und in einigen anderen Fragen eine unterschiedliche Theologie abgezeichnet. Zwar liessen sich Zwingli und Luther zuerst nicht auf eine direkte Auseinandersetzung ein, aber 1527 und 1528 schrieben sie grössere Werke gegeneinander. Eine Einigung schien notwendig; der altgläubige Widerstand gegen die Reformation machte sie noch dringlicher. Schliesslich lud Landgraf Philipp von Hessen die beiden und weitere Reformatoren 1529 zu einem Marburger Religionsgespräch ein. Dieses Gespräch zeugte von einer wesentlichen Übereinstimmung zwischen Luther und Zwingli, wenn auch beide Seiten die Marburger Artikel etwas unterschiedlich verstanden. In 14 von 15 Artikeln waren sie gleicher Überzeugung, und im fünfzehnten über das Abendmahl einigten sie sich in fünf Punkten. Der einzige Punkt, in dem ihre Meinungen aus-

---

[32] Z X 147.2–7.
[33] Während sich die Truppen im Feld gegenüberlagen, soll jene Episode stattgefunden haben, die als die «Kappeler Milchsuppe» bekannt wurde.

einandergingen, stand in einem untergeordneten Absatz. Doch gerade dieser Punkt, nämlich die leibliche Gegenwart Christi im Abendmahl, war für Luther entscheidend. Wegen dieser Frage war er am Ende nicht bereit, Zwingli als Bruder zu betrachten; und so kam auch keine Einigung zwischen ihnen zustande.

Dass das Marburger Religionsgespräch trotz der gescheiterten Einigung die bittere Auseinandersetzung beendete, ist zum grossen Teil der vermittelnden Rolle Bucers und Oekolampads auf reformierter Seite sowie Melanchthons auf lutherischer Seite zuzuschreiben. Allerdings verhinderte das Scheitern einer völligen Einigung ein Bündnis mit den lutherischen Mächten, das umso dringlicher gewesen wäre, als der Reichstag von Speyer 1529 und der Reichstag von Augsburg 1530 den wachsenden katholischen Widerstand offenbarten. Immerhin war Zürich 1527 ein Bündnis mit Konstanz eingegangen, 1528 mit Bern und St. Gallen, 1529 mit Basel, Schaffhausen, Biel und Mülhausen und 1530 mit Hessen. Auf der gegnerischen Seite hatten sich die fünf Kantone Uri, Schwyz, Zug, Luzern und Unterwalden schon 1524 zu einem Bündnis gegen die Reformation in Zürich zusammengeschlossen, und 1529 verbündeten sie sich mit König Ferdinand von Österreich. Um die Predigt des Evangeliums sicherzustellen, war Zwingli sogar bereit, sich mit nicht-reformierten Mächten zusammenzuschliessen, die einfach dem Kaiser trotzen wollten.

Das Eingehen von Bündnissen zeigt die Bereitschaft, die Predigt des Wortes Gottes notfalls mit dem Schwert zu verteidigen. Hierzu war Zwingli bereit: erst 1529, dann noch einmal 1531. 1529 schlossen die Reformierten mit den fünf inneren Orten Frieden, ohne das entscheidende Gefecht abzuwarten, das zu Zürichs Gunsten ausgefallen wäre. Die anschliessende Verfolgung einiger Anhänger der Reformation veranlasste Zwingli dazu, auf eine Invasion zu dringen. Bern beschloss Wirtschaftssanktionen, die Zwingli seinerseits als ungerecht betrachtete, weil darunter Unschuldige zu leiden hatten. Gegen seinen Einspruch verhängte man eine Ausfuhrsperre für Weizen, Wein, Salz, Eisen und Stahl. Mehrere Verhandlungsversuche scheiterten. Schliesslich versammelten sich die Streitkräfte der inneren Orte und überschritten am 9. Oktober 1531 die Grenze zum zürcherischen Territorium. Zürich selbst lag keine zwanzig Kilometer entfernt. Nach einer hastig einberufenen Sitzung des Zürcher Rates verliess eine Vorhut die Stadt. Das Gefecht begann, bevor das nächste Kontingent von 1500 Mann den Ort erreichte. Zwingli rief die 1500 Soldaten zur Unterstützung der 1200 auf, die bereits kämpften. Doch die

Zürcher konnten den Sieg nicht erringen, müde, schlecht vorbereitet und dreifach unterlegen, wie sie waren. Zwingli selbst wurde im Kampf verwundet und getötet.

Luther erblickte in seinem Tod ein Gottesurteil. Bucer war schockiert; aber nach ein paar Tagen schrieb er an Melanchthon: «Er war ein wahrhaft frommer Mann, der an den Herrn glaubte; er liebte auch von Herzen gute Schriften und verbreitete sie unter seinem Volk ... In Wahrheit hatte er nichts anderes im Sinn als die Ehre Christi und das Heil seiner Heimat».[34]

Zwinglis Tod und die Niederlage bei Kappel am 11. Oktober 1531 brachten die Reformation in der Schweiz für eine Weile zum Stillstand. Aber in Zürich trat der junge Heinrich Bullinger Zwinglis Nachfolge an und setzte das Werk fort, das Zwingli begonnen hatte. Ein paar Jahre später gewann die Reformation neuen Auftrieb in Genf, unter der Führung von Calvin.

---

[34] Zwa 14 (1978), 484.

III

Die Bibel

Die Bibel war das Herzstück von Zwinglis Reformation. Als er am 1. Januar 1519 in Zürich seinen Dienst antrat, teilte er mit, er werde vom folgenden Tag an das Matthäusevangelium auslegen. Bis zu seinem Tod 1531 stand die Auslegung und Verkündigung des Wortes Gottes im Mittelpunkt seines Wirkens. Er predigte regelmässig – nicht nur im Grossmünster, sondern freitags während des Wochenmarktes auch im Fraumünster. Im Grossmünster fuhr er nach der Auslegung des Matthäusevangeliums fort mit der Apostelgeschichte und 1521–22 mit einigen neutestamentlichen Briefen. Mit der Zeit predigte er aus fast allen Büchern der Bibel, aus dem Alten wie dem Neuen Testament. Seine Predigten waren lebensnah und aktuell. Sie behandelten nicht nur religiöse, sondern auch soziale und politische Fragen.

Welche Bedeutung Zwingli der Verkündigung des Wortes Gottes beimass, zeigt sich an seinem Einsatz für die Freiheit der Predigt auch in anderen Städten und Kantonen. Ein Beispiel dafür ist die erste Friedensbedingung der Reformierten im ersten Kappeler Landfrieden von 1529: Sie lautete auf Freiheit für die Predigt des Wortes Gottes.[1] Zwinglis Bündnisse verfolgten ebendiesen Zweck. «Wahrlich, wahrlich, das Wort Gottes wird so gewiss seinen Lauf nehmen wie der Rhein; den kann man wohl eine Zeit lang stauen, aber man kann ihn nicht zum Stillstand bringen».[2] Dies war Zwinglis feste Überzeugung.

Den Hintergrund seiner öffentlichen Predigt bildete das Bibelstudium. Schon 1513 fing der humanistisch gebildete Priester in Glarus an, Griechisch zu lernen, um die Bibel im Urtext zu lesen. Er vertiefte sich so in den griechischen Wortlaut, dass er später aus dem Neuen Testament spontan griechisch zitierte statt lateinisch oder deutsch. Er schrieb auch die Paulusbriefe in Griechisch ab und lernte sie auswendig, wie aus einer Andeutung hervorgeht.[3] Hebräisch bereitete ihm mehr Schwierigkeiten. Er

---

[1] Z VI/II 460.3–461.8.

[2] Z III 488.7–8.

[3] Das war nicht einzigartig. Patrick Collinson weist auf eine Überlieferung hin, die besagt, der englische Reformator Nicholas Ridley sei im Fellows' Garden des Pembroke College von Cambridge auf und ab gelaufen und habe das Neue Testament

begann damit, bevor er nach Zürich kam, und nahm in seinem ersten Zürcher Jahr einen neuen Anlauf, um die Psalmen auszulegen (1520). Am 25. März 1522 schrieb er an Beatus Rhenanus nach Basel: «Grüsse Pellikan von mir und teile ihm mit, dass ich begonnen habe, Hebräisch zu lernen. Gute Götter, was für ein mühsames und trauriges Unterfangen! Aber ich werde dranbleiben, bis ich zu einem Ergebnis gelangt bin».[4] 1522 war es soweit: Mit der Unterstützung von Böschenstein und Ceporin begann er, die hebräische Sprache zu meistern.

Sein Bibelstudium zeigte Früchte sowohl in seinen Streitgesprächen als auch in der Prophezei. In Disputationen, z.B. mit Faber und Luther, untermauerte er seine Einwände oft mit Zitaten aus der griechischen oder hebräischen Bibel. Doch am deutlichsten kam sein Interesse an einem wissenschaftlichen Bibelstudium in der Prophezei zum Ausdruck. Seit Juni 1525 trafen sich Prediger und Studenten fünfmal pro Woche im Grossmünster. Dort las man das Alte Testament erst in Latein aus der Vulgata-Übersetzung, dann in Hebräisch aus dem Originaltext und schliesslich in Griechisch aus der Septuaginta; das Neue Testament wurde in Latein und im griechischen Originaltext gelesen. Die Auslegung des hebräischen oder griechischen Textes geschah erst in Latein, der Sprache der Gebildeten, zuletzt aber in Deutsch, der Sprache des Volkes. Nach Zwinglis Auffassung konnte die Predigt der Kirche nur durch ein so gründliches Studium der Heiligen Schrift von Irrtümern frei sein; und zwar sowohl vom Irrtum der Konservativen, die sich auf die kirchliche Tradition stützten, als auch vom Irrtum der Radikalen mit ihrer Berufung auf den Heiligen Geist. Der Täufer Hubmaier war allerdings der Ansicht, Zwingli tausche die Abhängigkeit von Päpsten und Konzilen gegen eine Abhängigkeit von Sprachwissenschaftlern ein.[5] – Wie dem auch sei: Für die Ausbildung reformierter Pfarrer war die Prophezei von zentraler Bedeutung. Im Lauf der Jahre erarbeitete sie eine Reihe wertvoller Übersetzungen und Kommentare zum 1. und 2. Buch Mose, zu Jesaja und Jeremia und zu den Evangelien. 1531 erschien die ganze «Zürcher Bibel».

Wenn Zwingli die Bibel studierte und daraus predigte, tat er das in der Überzeugung, dass die Bibel Gottes Wort sei. Aus diesem Grund war die Bibel für seine Reformation zentral. Aus demselben Grund rief Zwingli an

---

auf Griechisch auswendig gelernt. Patrick Collinson, The Coherence of the Text: How It Hangeth Togehter: The Bible in Reformation England, in: The Bible, the Reformation and the Church, hrsg. von William Peter Stephens, Sheffield 1995, S. 91.

[4]   Z VII 497.27–29.
[5]   Z IV 601.1–602.4.

der Ersten Zürcher Disputation im Januar 1523 die Heilige Schrift als Richterin an und deutete dabei auf die hebräische, griechische und lateinische Bibel, die in der Versammlung auflag.[6] Auch in seiner Einleitung zu den 67 Artikeln, welche er an der Disputation verteidigen sollte, versicherte er, dass die Artikel sich auf die Bibel stützten.[7] In all seinen Streitgesprächen verwies er auf die Autorität der Heiligen Schrift und lehnte die Autorität der Kirche und ihrer überlieferten Lehre ab. Er forderte seine Gegner auf, ihn mit biblischen Argumenten zu korrigieren; und er liess keinen Zweifel an seiner Entschlossenheit, lieber als einziger mit der Bibel zu sprechen als mit aller Welt gegen sie.[8]

Die Autorität der Bibel

Die Autorität der Bibel lag für Zwingli darin begründet, dass sie Gottes Wort ist. Und er stellte das Wort Gottes dem Menschenwort entgegen wie Wahrheit gegen Irrtum. Die Überlieferung der Kirche sei letztlich Menschenwort, auch wenn Konzile oder der Papst sie formulierten. Zwingli bezog sich in dieser Streitfrage oft auf den Römerbrief Kapitel 3,4: «Vielmehr muss Gott wahrhaft sein, jeder Mensch aber ein Lügner».

Die Bibel ist Gottes Wort, weil Gott in ihr und durch sie redet. «Was Gott sagen will, kann nirgends eindeutiger als von ihm, nämlich aus seinen eigenen Worten geschöpft werden».[9]

Zwingli hielt an der Einheit und dem inneren Zusammenhang des Wortes Gottes fest. Er liess keinerlei Unstimmigkeit innerhalb der Bibel gelten und beharrte darauf, dass die verschiedenen Teile übereinstimmen müssen, da sie sich ja vom Geist herleiten, der ein Geist der Eintracht ist.[10] So behauptete er auch die Übereinstimmung von scheinbar unvereinbaren Bibelstellen. Dasselbe tat übrigens Bucer, obgleich dessen Behandlung solcher Texte in seinem Römerbriefkommentar viel systematischer war. Auf der anderen Seite war Zwingli kein Fundamentalist. Er gab zu, dass etwa zwischen dem Matthäus- und dem Markusevangelium geringfügige

---

[6] Z I 497.26–498.6.
[7] Z I 458.3–8 (Ernst Saxer, Huldrych Zwingli. Ausgewählte Schriften. In neuhochdeutscher Wiedergabe mit einer historisch-biographischen Einführung, Neukirchen-Vluyn 1988, 24 [im folgenden zitiert als Saxer, Schriften]).
[8] Z I 375.14–21; 380.34–381.4: 458.8–10 .
[9] ZwS I 147 (Z I 378. 17–18).
[10] Z V 735.21–23.

Unterschiede bestehen. Anders als Luther vertrat er auch nicht einen Kanon innerhalb des Kanons der biblischen Bücher, wenngleich er manche Teile der Bibel besonders hervorhob und Johannes den edelsten Teil des Neuen Testamentes nannte. Sein Interesse – wie das Bucers und Calvins – galt praktisch der ganzen Heiligen Schrift. Mit einer Ausnahme: Wie Luther erkannte er die Offenbarung des Johannes nicht als kanonisch an. Schon Hieronymus hatte die Meinung vertreten, die Offenbarung habe in der frühen Kirche keine kanonische Geltung besessen; in Zwinglis Augen fehlte ihr das Wesen und der Geist des Johannes.[11]

Zwischen der Bibel und der kirchlichen Überlieferung sah Zwingli also einen grundlegenden Unterschied. Im Gegensatz zur Heiligen Schrift waren die Äusserungen der Kirchenväter, der Konzile und der Päpste Menschenwort. Deshalb bestritt er in Auseinandersetzungen mit seinen konservativen Gegnern auch die Autorität der Kirchenväter, denn «es sollen die Väter dem Wort Gottes und nicht das Wort Gottes den Vätern weichen.» Die Bibel ist «Meisterin, Lehrerin und Führerin», nicht die Kirchenväter.[12] Ohnehin waren die Konzile und die Kirchenväter nicht immer einer Meinung, was bedeutet, dass sie durch die Bibel sowie – in Zwinglis Worten – durch Christus als den Prüfstein geprüft werden müssen.[13]

Nun könnte der Eindruck entstehen, Zwingli habe sich überhaupt nur für ein einziges Buch interessiert, nämlich für die Bibel. Doch dieser Eindruck wäre verfehlt. Zur Begründung seines Standpunktes zog er auch Kirchenväter, Konzile und Päpste heran. Damit bewies er, dass er mit seinen Ansichten nicht allein stand. Ausserdem focht er so mit seinen Gegnern auf deren eigenem Grund und Boden und schlug sie mit ihren eigenen Waffen. Im *Commentarius* nannte er selber den Grund, warum er die Kirchenväter zitiere:

«Das habe ich aus den gewichtigsten Vätern eingebracht, nicht um eine Sache, die an sich völlig klar und im Wort Gottes begründet ist, mit menschlichen Autoritäten zu unterstützen, sondern weil ich weniger standhaften Geistern beweisen wollte, dass ich nicht der erste bin, der diese Abendmahlsauffassung vorträgt, die sicher nicht gänzlich haltlos ist».[14]

Dieses Zitat aus dem *Commentarius* taucht nicht überraschend in einer Erörterung des Abendmahls auf, denn vor allem dieses Thema bewog

---

[11] Z II 208.33–209.5; VI/I 395.21–24.
[12] ZwS I 293 (Z III 50.5–9); I 307.1–4.
[13] Z I 302.35–303.10.
[14] ZwS II 315 (Z III 816.1–4).

Zwingli, bei den Kirchenvätern nach einer Bestätigung seiner Auffassung zu suchen. Im Verlauf der Jahre verwendete er immer mehr Zitate, wobei Augustin seine zentrale theologische Bedeutung behielt.[15] Im Streit mit Luther über die göttliche und menschliche Natur Christi brachte Zwingli u.a. den Einwand, Luthers Sicht der zwei Naturen stehe im Widerspruch zu den Kirchenvätern und ebenso zu den Scholastikern.[16]

Zwingli liess jedoch nicht gelten, dass sich jemand auf die Konzile berief – zum Teil weil diese untereinander nicht einig waren, aber mehr noch, weil eine solche Berufung das Wort Gottes den Menschen und damit den Gegnern seines Wortes unterordnete. «Nach Konzilen zu schreien ist nichts anderes als die laute Forderung, das Wort Gottes solle wieder eingesperrt werden und in die Gewalt der anmassenden Bischöfe kommen».[17]

Ein interessantes Beispiel für Zwinglis Ablehnung menschlicher Autorität findet sich in seinem Streitgespräch mit Hieronymus Emser. Emser beschrieb, wie Menschen in Seenot den Heiligen Nikolaus – also einen Menschen – um Hilfe anriefen. Zwingli wies das Argument zurück: Castor und Pollux hätten viel mehr Menschen vom Schiffbruch errettet; darum sollte man eher sie anrufen als den Heiligen Nikolaus. – Er zeigte auf, wie vergeblich es ist, sich an menschliche Autoritäten zu wenden, seien es nun überlieferte oder gegenwärtig erfahrbare, und verwies auf die Bibel, die sagt, dass unsere Hilfe allein von Gott kommt.[18]

Und dennoch macht Zwingli Gebrauch von ausserbiblischer Literatur – trotz der zentralen Bedeutung, die die Bibel bei ihm hat. Dies gilt besonders für zwei seiner grossen Werke: *Commentarius* und *De providentia*. Zwar konnte er ausserbiblische Schriften voll Verachtung als unwesentlich abtun; aber im nächsten Moment griff er wieder darauf zurück und verwendete sie zur Erhärtung seiner Argumentation. In seinem ersten reformatorischen Werk betonte er, dass er ein heidnisches Argument um derjenigen Leser willen benutze, die sich bei Aristoteles besser auskennen würden als im Neuen Testament.[19] Und er verteidigte seine Verwendung nicht-biblischer Autoren anhand des Paulus im Neuen und des Jethro im

---

[15] Insgesamt beruft sich Zwingli doppelt so häufig auf Hieronymus wie auf Augustin; der Grund liegt aber darin, dass er Hieronymus in den alttestamentlichen Kommentaren zu sprachwissenschaftlichen Fragen und Fragen der Auslegung sehr häufig benutzte.
[16] Z V 943.11–14.
[17] ZwS II 490 (Z II 449.17–19).
[18] Z III 273.1–276.17.
[19] Z I 98.3–6 (ZwS I 29).

Alten Testament: «Lasst uns von ihnen annehmen, was sie Gutes und Wahres gesagt haben und es zur Ehre unseres Gottes wenden und mit der Beute der Ägypter den Tempel des wahren Gottes schmücken!» (vgl. Apostelgeschichte 17,28 bzw. 2. Mose 3,22;12,35–36).[20] – Mit seiner Verwendung ausserbiblischer Autoren befand sich Zwingli übrigens nicht nur in der Tradition seiner humanistischen Zeitgenossen, sondern auch vieler Kirchenväter. Wie Hieronymus und Augustin vertrat er die These: «Alle Wahrheit kommt von Gott».

In *De providentia* bleibt die Bibel im Hintergrund; im Vordergrund steht die philosophische Argumentation. Hier verteidigt er die Verwendung von ausserbiblischen Zeugnissen wie Plato, Pythagoras und Seneca mit der These, dass «Schriften dann mit Recht heilig genannt werden, wenn sie die Gedanken der heiligen, reinen, ewigen und unfehlbaren Vernunft kundtun». Und er fügt hinzu: «Alles, was ich bisher gesagt habe, und alles, was ich in diesem Buch noch sagen werde, fliesst aus einer einzigen Quelle: nämlich aus dem Wesen und Geist der höchsten Gottheit. Aus dieser Quelle kostete auch Plato, und auch Seneca trank aus ihr».[21] Doch am Ende des Buches hielt Zwingli fest, die Grundlage seiner Argumentation sei die Bibel, auch wenn er philosophische Thesen verwendet habe. – Dies zeigt, dass er die Bibel als Massstab der Wahrheit betrachtete.

Ohne Zweifel benutzte Zwingli ausserbiblische Autoren in einem positiveren Sinn als Luther; aber nirgends haben ausserbiblische Schriften eine von der Bibel unabhängige Autorität. Im Gegenteil: Zwingli ruft den Christen die biblische Offenbarung ins Bewusstsein und leitet sie an, sich besser dort zu orientieren als an ausserbiblischen Büchern. Im *Commentarius* schreibt er:

«Wir aber, zu denen Gott selbst durch seinen Sohn und durch den Heiligen Geist geredet hat, dürfen die Antwort auf die Frage ‹Was ist Gott?› nicht nur bei denen suchen, die aufgeblasen in menschlicher Weisheit, das, was sie von Gott richtig empfingen, verdorben haben, sondern wir müssen die Antwort in der Heiligen Schrift suchen».[22] Nur das Zeugnis der Bibel nannte er «unangreifbar».[23]

An diesem Punkt besteht zwischen ihm und Luther ein wichtiger Unterschied. Zwingli sah die Einzigartigkeit der biblischen Offenbarung

---

[20] Z XIII 382.28–31.
[21] Z VI/III 106.5–8; 106.16–107.1.
[22] ZwS III 59 (Z III 643.24–27).
[23] Z VI/V 143.7–8.

weniger eng als Luther. Zum Teil liegt das daran, dass er – wie Augustin und Origenes – ausserbiblische Autoren im Licht der Bibel interpretierte. Wenn sie etwa von Göttern im Plural schrieben, interpretierte Zwingli das dahingehend, dass sie den einen Gott meinten; ebenso hatten ja die Hebräer das Pluralwort elohim für Gott gebraucht. – So christianisierte Zwingli ausserbiblische Autoren ganz beträchtlich, was ihm einen positiven Umgang mit ihnen ermöglichte. Gleichzeitig hielt er an der übergeordneten Autorität der Heiligen Schrift fest.

Die Interpretation der Bibel

Für die Reformatoren war die Bibel der Ausgangspunkt jeder theologischen Debatte. Die Bibel allein war massgebend. Indem sie aber auf ihr klares Zeugnis verwiesen, verwickelten sie sich unausweichlich in eine Diskussion, wie das klare biblische Zeugnis zu interpretieren sei. Dies geschah nicht zuletzt dann, wenn sie Bibelstellen anders benutzten oder deuteten als ihre Gegner. Zwingli entwickelte im Verlauf der Auseinandersetzung mit Konservativen, Radikalen und Lutheranern verschiedene Grundsätze der Bibelinterpretation. Sein wichtigster Grundsatz lautete, dass die Heilige Schrift aus dem Geist komme und nur richtig verstanden werden könne, wenn der Heilige Geist das Verstehen schenke.

Zwingli warf seinen konservativen Gegnern vor, sie läsen aus der Bibel heraus, was die menschliche Vernunft vorher hineingelesen habe. Diesen Vorwurf erhob er mit aller Deutlichkeit in einem seiner früheren Werke, nämlich der Schrift *Die Klarheit und Gewissheit des Wortes Gottes* (1522): «Ich weiss, du wirst zugestehen müssen, du habest dich nur über die Heilige Schrift gemacht, um Worte zu finden, die deine Meinung bekräftigen».[24] – Bis zu einem gewissen Grad anerkannte er zwar die Stichhaltigkeit der gegnerischen Argumente. Und doch verstanden seines Erachtens die Gegner die Bibel falsch; denn sie suchten darin Unterstützung für ihre eigenen Ansichten. Demgegenüber beschreibt Zwingli den rechten Umgang mit der Bibel folgendermassen:

«Bevor ich über etwas urteilen oder mir etwas von anderen Menschen erklären lassen will, will ich zuerst mit Psalm 85,9 hören, was der Heilige Geist dazu zu sagen hat: ‹Ich will hören, was der Herrgott zu mir reden will.› Erflehe mit Andacht Gottes Gnade, dass er dir seinen Geist gebe,

---

[24] ZwS I 145 (Z I 376.15–17).

damit du nicht deine, sondern seine Meinung erfassest ... Ihr müsst ‹theodidacti›, das heisst von Gott, nicht von Menschen Belehrte sein».[25]

Ohne den Heiligen Geist lesen die Menschen ihre eigenen Gedanken in die Schrift hinein. Bevor sie diese zur Hand nehmen, müssen sie deshalb zu Gott beten, damit sie Gottes Verständnis und Geist empfangen; sonst werden sie durch die sündhafte Natur oder Vernunft geblendet. Das bedeutet nicht, dass die Bibel nicht klar sei; das Problem liegt vielmehr darin, dass wir für sie nicht offen oder empfänglich sind. – Der Gedanke, dass für das Verständnis und die Auslegung der Schrift der Geist Gottes nötig sei, passt zu Zwinglis Theologie, die Gott überall in den Mittelpunkt stellt. Zwingli wird nicht müde, Bibelstellen zu zitieren wie: «Und alle werden von Gott gelehrt sein» (Johannes 6,45). Weil er die Rolle des Geistes so stark betont, spricht er im allgemeinen auch von «Geist und Wort» statt wie Luther von «Wort und Geist». Ohne den Geist können wir das Wort Gottes nicht verstehen.

Obwohl Zwingli den Geist so stark betont, lässt er den Geist aber nicht an die Stelle der Schrift treten. In diesem Punkt erblickt er gerade den Irrtum einiger Radikaler: Sie beriefen sich ebenfalls auf den Geist Gottes, waren aber in seinen Augen eher von ihrem eigenen Geist erleuchtet.

«Sooft sie nämlich von klaren Bibelstellen dahin getrieben werden, dass sie sagen müssten: ‹Ich gebe nach›, bringen sie alsbald den Geist ins Spiel und leugnen die Schrift; als kenne der himmlische Geist den Sinn der Schrift nicht, wo diese doch allein unter seiner Eingebung geschrieben ist; oder als stünde der Geist irgendwo im Gegensatz zu sich selber».[26]

Den Vorwurf Luthers, Zwingli sei ein Schwärmer, zahlte dieser mit gleicher Münze heim; Luther argumentierte seiner Meinung nach ohne Rückhalt im Wort Gottes. Als Vergleich zog Zwingli das Bild von Pferd und Zügeln heran: Beide sind zum Fahren nötig. Das Geschirr zieht nicht ohne das Pferd, es hält das Pferd aber auf dem Weg. «Denn es ist sowohl angenehm und erfreulich als gerecht und billig, wenn wir unser eigenes Urteil der Heiligen Schrift unterordnen sowie der Kirche, die gemäss der Schrift aus dem Geist entscheidet».[27] Weil der Geist sowohl Autor als auch Interpret der Schrift sei, stimme seine Führung immer mit der Schrift überein.

---

[25] ZwS I 146 (Z I 377.7–20).
[26] Z VI/I 24.2–6.
[27] Z VI/II 815.21–23.

Alle Reformatoren lasen Augustins Werk *De spiritu et littera* und liessen sich davon beeinflussen. Zwingli bildet keine Ausnahme. In 2. Korinther 3,6 sah Augustin den grundlegenden Unterschied zwischen Buchstaben und Geist nicht als Unterschied zwischen der wörtlichen und der übertragenen oder geistlichen Bedeutung einer Textstelle, sondern als solchen zwischen dem Buchstaben und dem Heiligen Geist. Als Beispiel für den Buchstaben, der tötet, nannte er das Gebot «Du sollst nicht begehren». Es sei wörtlich zu verstehen. Aber wenn man es wörtlich verstehe, töte es; wir hätten die Möglichkeit nicht, es ohne den Heiligen Geist einzuhalten, der lebendig macht. Auf der anderen Seite seien nicht alle Bibelstellen wörtlich zu nehmen. Auch schon Augustin wies daraufhin, dass es einen Unterschied gebe zwischen der wörtlichen und der geistlichen Bedeutung eines Textes; es gebe viele Bibelstellen, etwa im Hohenlied, wo wir nach der geistlichen oder übertragenen Bedeutung suchen müssten und nicht nach der wörtlichen. – Diese beiden Bedeutungen – wörtlich und geistlich – finden sich bei Zwingli wieder. Auch die Wirkung des Erasmus zeigt sich wohl dort, wo Zwingli zwischen dem Wortlaut oder Buchstaben und dem Sinn oder Geist eines Wortes unterscheidet.

Um die Bibel recht zu verstehen, benutzten Zwingli und seine Zeitgenossen eine Reihe von Auslegungsmethoden: So rückten sie eine umstrittene Textstelle in ihren Zusammenhang, verglichen sie mit anderen Stellen und griffen auf die Methode des vierfachen Schriftsinns zurück. Wie wichtig es ist, einen Text im Zusammenhang zu lesen und ihn mit anderen Texten zu vergleichen, zeigt sich besonders in Zwinglis Auseinandersetzungen um das Abendmahl. Zwingli betonte, dass man den entscheidenden Satz «Das ist mein Leib» im Zusammenhang der nachfolgenden Worte lesen müsse: «für euch hingegeben» und «Das tut zu meinem Gedächtnis». Ausserdem müsse man ihn mit anderen Schriftstellen vergleichen wie Johannes 6,63: «Das Fleisch hilft nichts». Zwingli verwendete auch den Analogieschluss, vor allem zum Vergleich zwischen Taufe und Abendmahl im Neuen Testament sowie zwischen Beschneidung und Passahmahl im Alten Testament. Oft zog er auch einen Vergleich heran, um offenbar widersprüchliche Stellen, wie etwa die Aussagen über den Glauben und die Werke bei Jakobus und Paulus[28], in

---

[28] «So ist auch der Glaube, wenn er nicht Werke hat, in sich selbst tot» (Jakobus 2,17) bzw. «So halten wir nun dafür, dass der Mensch durch den Glauben gerechtgesprochen werde ohne Werke des Gesetzes» (Römer 3,28) Z XIII 152.3–12.

Einklang zu bringen. Zwingli meinte, die Textstellen müssten doch miteinander harmonieren; denn der Geist – und darum auch die Schrift – sei doch überall eins mit sich selber.

Ein weiterer Auslegungsgrundsatz ist der Glaube – im Sinne von: Gott oder Christus mehr als sich selbst zu vertrauen. Zwingli berief sich – wie vor ihm Augustin – auf Jesaja 7,9, eine Stelle, die in der Septuaginta und Vulgata übersetzt ist mit: «Glaubt ihr nicht, so versteht ihr nicht». Durch den Glauben erkennen wir nach Zwingli, dass uns beim Abendmahl nicht das Fleisch Christi zum Essen gegeben wird. Wir sind ja durch den Glauben sicher, dass wir durch Christus gerettet sind und dass uns mit ihm alles gegeben ist. Was könnte das Essen des Fleisches zusätzlich bewirken? Zwingli protestierte gegen Luthers wörtliche Deutung von «Das ist mein Leib» und erinnerte Luther an dessen eigene Aussage, dass ein Wort in seinem natürlichen Sinn zu verstehen sei, es sei denn, der Glaube lege etwas anderes nahe.[29] Es sei also der Glaube, der uns veranlasse, die Einsetzungsworte nicht wörtlicher zu nehmen als das Wort Jesu «Auf diesen Felsen will ich meine Kirche bauen». Für diesen letzten Satz hatte nämlich auch Luther die wörtliche Bedeutung abgelehnt.

Im Streit mit seinen Gegnern berief Zwingli sich sowohl auf das Alte als auch auf das Neue Testament. Das Neue Testament hatte aber Vorrang, auch wenn er zuerst alttestamentliche Stellen zitierte. Von Anfang an war Zwingli bestrebt, «sich immer von der Heiligen Schrift Neuen und Alten Testamentes leiten» zu lassen.[30] Für ihn war das Alte Testament aber im Licht des Neuen zu lesen, nicht das Neue im Licht des Alten. So wies er z.B. Argumente aus dem Alten Testament zurück, die besagten, das Abendmahl sei ein Opfer; denn das hiesse sich vom Licht in den Schatten wenden. Bei rechtem Gebrauch der Schrift finde man im Alten Testament nur verborgen, was in Christus offenbar sei.

Indessen musste Zwingli sich gegenüber Radikalen für seine Verwendung des Alten Testamentes rechtfertigen; sie bestanden nämlich darauf, dass man nur aufgrund des Neuen Testamentes argumentieren dürfe. Besonders wichtig war das Alte Testament im Streit um die Taufe; dort unterstrichen die Täufer den Gegensatz zwischen dem Alten und dem Neuen Testament. Zwingli hielt ihnen entgegen, dass Christus selbst und auch die Apostel sich auf das Alte Testament berufen hatten. Er zitierte Johannes 5,39: «Ihr durchforscht die Schriften, weil ihr meint, in ihnen

---

[29]   Z V 662.2–663.15.
[30]   Z I 133.13–14 (ZwS I 70).

ewiges Leben zu haben; und diese sind es doch, die von mir zeugen»; Römer 15,4: «Denn alles, was vormals geschrieben worden ist, das ist zu unsrer Belehrung geschrieben» sowie 1. Korinther 10,11: «Dies aber widerfuhr jenen als Exempel; geschrieben aber wurde es zur Warnung für uns».

In Zwinglis Ansichten über das Alte Testament lässt sich eine wichtige Entwicklung beobachten: In seinen früheren Schriften legte er den Akzent eher auf den Gegensatz zwischen den Testamenten, in seinen späteren eher auf ihre Einheit. Diese Akzentverschiebung hängt mit der Entwicklung seines Verständnisses von Gottes Bund zusammen. Seit 1525 sprach er von dem einen Bund, den Gott mit den Menschen geschlossen und in Christus erneuert habe. Es gibt nur einen Bund, wie es nur einen Gott gibt und nur ein Gottesvolk. Diese Entwicklung in seiner Theologie stärkte Zwinglis Stellung gegenüber den Täufern. Denn nun konnte er ebenso aus dem Alten Testament argumentieren wie aus dem Neuen.

Mit seiner Auslegung des Alten Testamentes stand Zwingli übrigens in einer Tradition, die bis zu den Kirchenvätern und zu Philo zurückreicht. In dieser Tradition unterschied man mehrere Sinnebenen der Heiligen Schrift: die äusserliche (buchstäblich-geschichtliche), die seelische (moralische) und die geistige (übertragene, mystische). Diese drei Bedeutungen entsprachen seinem Bild vom Menschen als Körper, Seele und Geist. Daneben gab es den «vierfachen Schriftsinn»: buchstäblich, allegorisch, tropologisch oder moralisch und anagogisch. Ihn beschrieb ein Merkvers des Dominikaners Augustin von Dacien aus dem 13. Jahrhundert folgendermassen: «Der buchstäbliche Sinn lehrt, was geschehen ist; der allegorische, was du glauben sollst; der moralische, was du tun sollst; der anagogische, wonach du streben sollst».

Innerhalb des vierfachen Schriftsinns galt Zwinglis Hauptinteresse dem natürlichen Sinn, wobei man diesen als geistlichen Sinn sehen kann; denn er geht ja nicht aus der menschlichen Vernunft hervor, sondern aus dem Geist, dem Autor der Schrift. Dieses Interesse am natürlichen Sinn bewog ihn, den Text eingehend zu untersuchen, was eine Kenntnis der biblischen Sprachen sowie der vielen biblischen Redewendungen voraussetzte. [31] Für Fragen der Sprache, Geschichte und Geographie stützte sich Zwingli stark auf Hieronymus, besonders in seinen Kommentaren zu den

---

[31] Künzli hat siebzig rhetorische Begriffe in den Kommentaren zu Genesis und Exodus und zweihundert im Jesajakommentar gezählt. Vgl. Edwin Künzli, Zwingli als Ausleger von Genesis und Exodus, Diss., Zürich 1951, S. 57 und Z XIV 884.

Propheten. Übrigens verbindet die Betonung des natürlichen Schriftsinns Zwingli mit den anderen Reformatoren sowie mit mittelalterlichen Gelehrten wie Nikolaus von Lyra.

Neben dem natürlichen Sinn gibt es für Zwingli den moralischen Sinn. Texte wie 1. Korinther 10,11 würden zeigen, dass das Alte Testament um unseretwillen geschrieben worden sei. Dasselbe sei auch vom Neuen Testament zu sagen. Denn für Zwingli ist in der Bibel nichts zu finden, das nicht lehrt, ermahnt oder tröstet.[32] Dieser moralische Zweck wird durch die Heranziehung von Beispielen unterstützt. Insgesamt fügt er sich in Zwinglis Gesamtziel der Bibelauslegung ein, wie es in dem Gebet formuliert wurde, das jeweils zu Beginn der Zusammenkünfte der Prophezei gesprochen wurde: «Öffne und erleuchte unseren Verstand, dass wir deine Verheissungen auf reine und heilige Weise verstehen und in das verwandelt werden, was wir richtig verstanden haben»[33].

Zusätzlich zum natürlichen und moralischen Sinn sprach man vom allegorischen oder symbolischen Sinn. In diesem sah Zwingli eine biblische Art, die Schrift auszulegen. Er führte die Worte des Paulus in 1. Korinther 10,6 und 11 an, die besagen, dass alles im Alten Testament symbolisch geschieht, alles eine symbolische Bedeutung für uns hat und alles für uns geschrieben ist. Für Zwingli waren die biblischen Ereignisse sowohl historisch als auch symbolisch zu verstehen. Er bestand auf ihrer Geschichtlichkeit; wenn man jedoch andererseits die Verheissungen der Propheten nur auf ein irdisches Israel oder ein irdisches Jerusalem beziehe, verstehe man sie seiner Meinung nach auf fleischliche Weise wie die Juden. Die Verheissungen hätten auch eine allegorische oder symbolische Bedeutung.

Die allegorische Auslegung des Alten Testamentes schlage eine Brücke zum Neuen Testament und vor allem zu Christus. Zwingli war überzeugt, dass man von Christus als der Erfüllung der Schrift her zurückbuchstabieren müsse, um das Alte Testament recht zu verstehen. Nur was in Christus offenbar sei, dürfe man in eine Person oder ein Ereignis des Alten Testamentes hineinlesen. Dementsprechend verwendete Zwingli oft die Typologie als Stilmittel: Noah, Isaak, Joseph und Mose dienten als Urbilder Christi. – Die Geschichte von Isaaks Opferung 1. Mose 22 eignet sich als Beispiel, um verschiedene Züge in Zwinglis Typologie deutlich zu machen. Da gibt es Ähnlichkeiten: Die drei Tage entsprechen der Auf-

---

[32] Z XIII 157.26–28.
[33] Z IV 365.3–5.

erstehung Christi am dritten Tag; der Esel dem Esel, auf dem Christus beim Einzug in Jerusalem ritt; das Holz, das Isaak trug, entspricht dem Holzkreuz, das Christus trug, usw. Daneben gibt es Unähnlichkeiten: Die zwei Knaben, verglichen mit drei Jüngern, zeigen, dass die Wahrheit grösser ist als der Schatten. Oder: Isaak stirbt nicht, während Christus starb. Wäre nämlich Isaak in allen Dingen wie Christus, so wäre er die Wahrheit gewesen und nicht das Abbild der Wahrheit.[34]

Nicht nur von Christus gibt es solche Typen oder Abbilder, sondern auch von der Kirche, von bösen Mächten und von den letzten Dingen. Für moderne Leser sind nicht alle Bilder gleich überzeugend. Z.B. stehen in 1. Mose 32 die beiden Füsse Jakobs für das Begehren des Fleisches und des Geistes. Verflucht ist der Mensch, der an beiden Füssen lahm ist, d.h. der gleichzeitig Gott und dem Fleisch gefallen will. Glücklich ist der Mensch, der an einem Fuss lahm ist, nämlich dem Fleisch, so dass er nur auf dem Geist steht und dem Geist allein vertraut.[35] Zwingli sagt, der Glaube lehre, welche Dinge typologisch zu verstehen sind.

Beim allegorischen Schriftsinn zeigt sich sowohl Zwinglis Abhängigkeit als auch seine Unabhängigkeit von Origenes. Einerseits verweist er diejenigen, die mehr suchen, auf Origenes, andererseits kritisiert er Origenes, weil er eine bestimmte Bibelstelle nicht geschichtlich versteht.[36] Den natürlichen Sinn betont Zwingli stärker als Origenes; seine Auslegung ist auch mehr auf Christus bezogen. Die Allegorie ist für ihn nicht mehr als eine Würze zum Essen: In sich selbst ist sie nichts, aber sie kann dem glaubenden Menschen einen angenehmen Beigeschmack vermitteln zu etwas, das in der Schrift begründet ist.[37]

Zusammenfassend lässt sich sagen: Die Bibel steht für Zwingli im Mittelpunkt. Das wird an den drei grundlegenden Einrichtungen der Zürcher Reformation deutlich: der Predigt, den Disputationen und der Prophezei. Jede dieser Einrichtungen bekräftigt die Autorität der Bibel gegenüber allen anderen Autoritäten. Jede Institution, besonders die Prophezei, zeigt Zwingli im Ringen um die rechte Auslegung der Heiligen Schrift. Und schliesslich unterstreicht jede der drei Einrichtungen die Souveränität Gottes, die dem ganzen Denken Zwinglis zugrundeliegt.

---

[34] Z XIII 147.36–148.32.
[35] Z XIII 213.8–12.
[36] Z IX 458.4–13.
[37] Z III 193.18–195–15; II 398.17–400.6.

IV

Gott: Die Souveränität Gottes

Nach Zwinglis Ansicht hatten das Leben und die Lehre der Kirche seiner Zeit ihre Mitte nicht mehr in Gott; ihm lag daran, dass sowohl die Theologie als auch das praktische Leben diese Mitte wiederfänden. Insofern lauteten die grossen Leitworte der Reformation für ihn zutreffend: «Christus allein», «die Schrift allein», «die Gnade allein», «der Glaube allein». Seine eigene Theologie würde vielleicht noch besser ein Leitwort kennzeichnen wie «Gott allein» oder «die Ehre Gottes allein».

Was wahre und falsche Religion ausmacht, beschreibt er im *Commentarius* folgendermassen: «Wahre Religion oder Frömmigkeit besteht darin, dass man dem einen alleinigen Gott anhängt ... Wahre Frömmigkeit verlangt also, dass man am Mund des Herrn hängt und niemandes Wort ausser des Bräutigams hört und annimmt ... Falsche Religion, falsche Frömmigkeit ist die, die einem anderen als Gott vertraut. Wer auf Kreaturen, sie mögen noch so bedeutend sein, sein Vertrauen setzt, ist nicht wahrhaft fromm».[1]

Zwinglis Kritik galt einer Religion und Theologie, die Gott als ihre Mitte verloren hatten. Im Falle der Religion hiess das: Sein Vertrauen auf das Geschöpf statt auf den Schöpfer zu setzen. Im Falle der Theologie hiess es: Sein Vertrauen auf die menschliche Überlieferung und Lehre statt auf Gottes Wort zu setzen. Dieser doppelte Vorwurf kennzeichnet Zwinglis Schriften vom Anfang bis zum Ende.

Zwinglis Gewissheit hinsichtlich der Souveränität oder Ehre Gottes zieht sich wie ein roter Faden durch seine ganze Theologie und prägt jede Meinung, die er öffentlich vertritt. Ganz klar kommt sie zum Ausdruck in seinem Verständnis von der Vorsehung (Providenz) und Vorherbestimmung Gottes. Allerdings kommt die Vorherbestimmung, die Prädestination, in seinen Schriften bis 1526 noch nicht wirklich vor, so bedeutend das Thema beim späteren Zwingli wird; und wenn doch, dann als Reaktion auf die Täufer. Hingegen ist Zwinglis Bewusstsein von Gottes Vorsehung in fast allen seinen Schriften erkennbar – als persönliche Erfahrung wie auch als intellektuelle Überzeugung.

---

[1]   ZwS III 95.102 (Z III 669.17–25, 674.21–24).

55

Die Gotteserkenntnis

Die grundlegende Bedeutung der Gotteslehre zeigt sich in Zwinglis systematischen Darlegungen seines Denkens. Sowohl im *Commentarius* als auch in den Bekenntnisschriften *Rechenschaft über den Glauben* (*Fidei ratio*) und *Erklärung des christlichen Glaubens* (*Fidei expositio*) – letztere orientieren sich am Glaubensbekenntnis – beginnt er mit der Lehre von Gott. Diese Werke bekennen je auf ihre Art die zentrale Stellung Gottes gegenüber allem, was nicht Gott ist; sie bezeugen den Schöpfer in seinem Anderssein gegenüber dem Geschaffenen.

Der *Commentarius* beginnt mit Überlegungen zur Erkenntnis Gottes. Zwingli unterscheidet gemäss scholastischer Tradition zwischen der Erkenntnis von Gottes Existenz und der Erkenntnis von Gottes Wesen. Er räumt ein, dass die meisten Menschen wüssten, dass Gott existiere; doch betrachtet er Gotteserkenntnis nicht als angeboren, sondern – wie Paulus in Römer 1,19 – als von Gott offenbart.[2] Auch Religion gehöre nicht zur menschlichen Natur, sondern hänge von Gott ab. In Anspielung auf Adam sagt Zwingli: «Die Religion begann ganz offensichtlich, als Gott den flüchtenden Menschen, der ihn sonst für immer verlassen hätte, zu sich zurückrief».[3]

Natürlich stellt sich die Frage, wie eine solche Gotteserkenntnis sich zu Christus verhält, wenn man Gott auch unabhängig von seiner Menschwerdung erkennen kann. Zwingli griff diese Frage im *Commentarius* auf. Erst widmete er fast vierzig Seiten der Frage nach dem Wesen der Religion, nach Gott und dem Menschen; dann wandte er sich Christus und dem Evangelium zu. Gegen alle, die einwenden könnten, er habe «bisher vom Glauben gesprochen, ohne an das durch Christus beschaffte Heil und die Gnade zu denken», verteidigte er sich folgendermassen: «So werden sie [die Gegner] vergebens krächzen, einmal, weil man nicht alles auf einmal und an demselben Ort sagen kann, sodann, weil das von mir über die Vermählung Gottes mit der Seele Gesagte ebenso von Christus wie von Gott gilt – denn Christus ist Gott und Mensch –; schliesslich, weil die Gotteserkenntnis ihrem Wesen nach der Erkenntnis Christi vorausgeht».[4]

Locher versteht diesen geheimnisvollen Satz Zwinglis so, dass man erst die Lehre von Gott als Vater, Sohn und Heiligem Geist kennen

---

[2]   Z III 640.28–644.18 (ZwS III 54–60).
[3]   Z III 667.9–12, 30–33 (ZwS III 91f.).
[4]   ZwS III 104 (Z III 675.25–34).

müsse, um zu verstehen, wer Christus ist.[5] Man könnte jedoch den Satz auch ganz einfach geschichtlich verstehen: Gott offenbarte sich, bevor er sich in Jesus Christus offenbarte. Welche Ansicht auch immer zutrifft, die Frage nach dem Ausgangspunkt in Zwinglis Theologie bleibt offen: Gott an sich oder Gottes Offenbarung in Jesus Christus?

Im *Commentarius* befasst sich Zwingli zuerst mit der Existenz Gottes und dann mit Gottes Güte; in *De providentia*, wo es um ein anderes Thema geht, ist es umgekehrt. In beiden Werken ist bei der Erörterung der Erkenntnis Gottes der scholastische Einfluss unübersehbar. Besonders in *De providentia* verwendet Zwingli zum Teil eine philosophische oder scholastische Sprache mit Ausdrücken wie Entelechie und summum bonum (höchstes Gut).[6] Und doch verläuft die Diskussion auch in diesen Werken auf biblischer Grundlage – trotz der Verwendung ausserbiblischer Quellen und Gedanken; und dasselbe gilt auch für die vorhergehenden Schriften.[7]

Die Vorsehung Gottes

Verschiedene Einflüsse wirkten zusammen, um Zwinglis Verständnis von der Souveränität Gottes zu formen: vor allem die Bibel, daneben auch christliche und nichtchristliche Schriftsteller, insbesondere Augustin bzw. Seneca. Wahrscheinlich haben neben den intellektuellen Einflüssen auch persönliche Erfahrungen Zwinglis Verständnis von Gottes Souveränität bestätigt, ja gefestigt. Wie bereits erwähnt, litt er 1519 an der Pest und beschrieb diese Erfahrung später in einem Gedicht. *Das Pestlied* ist Ausdruck von bedingungslosem Gottvertrauen und dem starken Gefühl, ein Gefäss in den Händen Gottes zu sein. Die erste Strophe fängt mit den Worten an:

---

[5] Gottfried W. Locher, Die Theologie Huldrych Zwinglis im Lichte seiner Christologie, Zürich 1952, S. 55, Anm. 14.

[6] Bereits 1522 in *Die freie Wahl der Speisen* verwendet Zwingli biblische Texte wie Jeremia 2,13; Matthäus 19,16–17 und Jakobus 1,17 und bekräftigt damit, dass Gott allein gut und die Quelle, ja die einzige Quelle alles Guten ist (Z I 126.8–24/ ZwS I 63). Der christologische Zusammenhang des Begriffes «summum bonum» ist auch in der Schrift *Der Hirt* deutlich (Z III 44.11–14/ ZwS I 287).

[7] Pfister weist darauf hin, dass in der *De providentia* das Neutrum «numen» für Gott öfter vorkommt als das maskuline «deus», es aber trotzdem von «deus» her definiert wird. Vgl. z.B. Z VI/III 88.2. Vgl. «scio numen istud summum, quod deus meus est» in: *Fidei ratio* Z VI/II 794.31 (ZwS IV 103). Rudolf Pfister, Das Problem der Erbsünde bei Zwingli, Leipzig 1939.

«Hilf, Herr Gott hilf
in dieser Not!
Mir scheint, der Tod
stehe vor der Tür;
Christus, stell dich entgegen ihm,
denn du hast ihn überwunden.
Zu dir schreie ich.
Ist es dein Wille,
so zieh heraus den Pfeil,
der mich verdirbt,
der nicht eine Stunde lässt
mich haben Ruh und Rast.
Willst du denn doch
mich haben tot
inmitten meiner Tage,
so willige ich gerne ein.
Tu, wie du willst;
nichts halte ich für unannehmbar.
Dein Gefäss bin ich;
stelle es wieder her oder zerbrich es.»[8]

Dieses Gottvertrauen fällt auch in Zwinglis Briefen auf. So schrieb er in einem Brief an Myconius vom 24. Juli 1520: «Nur darum bitte ich Christus, dass er mich alles mit mannhaftem Herzen tragen lasse, mich, sein Geschirr, zerbreche oder fest mache, wie es ihm gefällt».[9] Das Empfinden, dass der Mensch ein Gefäss in den Händen des Töpfers ist, entnimmt Zwingli Bibelstellen wie Jesaja 64,8; Jeremia 18,5–6 und Römer 9,20–21. Es begegnet in seinen Werken immer wieder. Zwingli nahm Gottes Vorsehung nicht nur dort wahr, wo es um Tod und Leben ging, sondern auch in alltäglichen Ereignissen. In einem Brief an Vadian schrieb er am 28. März 1524 von dem unermesslichen Druck, unter dem er arbeite: Oft habe er seine Schreibtischarbeit unterbrochen und sich um die Nöte der Menschen kümmern müssen; und dann habe er vergessen,

---

[8] ZwS I 7 (Z I 67.5–24).
[9] Z VII 344.15–17.

was er eigentlich habe schreiben wollen. Doch sofort fügt er hinzu: «In all diesen Dingen erkenne ich die Vorsehung Gottes».[10]

Zwinglis persönliches Bewusstsein von der göttlichen Vorsehung und die Art, wie er in den frühen Schriften sein Verständnis von der Vorsehung entwickelte, lassen erkennen, dass seine Betonung der Souveränität und Vorsehung Gottes ihren Nährboden in der Bibel und in seiner persönlichen Erfahrung hatte. Sie wurzelte in seiner Überzeugung, dass Gottes Güte in Christus offenbar geworden ist. So zitierte er häufig die Fragen des Paulus in Römer 8,31–32: «Ist Gott für uns, wer mag wider uns sein?» und «Er, der seines eignen Sohnes nicht verschont, sondern ihn für uns alle dahingegeben hat, wie sollte er uns mit ihm nicht auch alles schenken?» Sein Glaube an die Vorsehung wurde gestützt durch eine Reihe biblischer Texte, die im Sinne von Jakobus 1,17 zeigen, dass alles Gute von oben herab kommt, vom Vater des Lichts.[11] Zwingli war nicht nur überzeugt, dass alles Gute von Gott kommt; er glaubte, dass überhaupt alles aus Gottes Vorsehung heraus geschieht und dass kein Spatz auf den Boden fällt, ohne dass Gott es so fügt. In der Schrift *Auslegung und Begründung der Thesen* verweist Zwingli auf die entsprechende Bibelstelle Matthäus 10,28–31 und zieht den Schluss, dass all unsere guten Werke von Gott gefügt sind und nicht uns selber zugeschrieben werden können.[12]

Seinen Glauben an die Souveränität Gottes benutzte Zwingli als Waffe gegen den Glauben des Erasmus und anderer an den freien Willen und an das Verdienst des Menschen. Es ist hier nicht der Ort, um auf die detaillierte Beweisführung Zwinglis einzugehen. Doch im Laufe derselben stellte er fest: Der glaubende Mensch weiss, dass er ein Werkzeug ist, durch das Gott wirkt, und darum schreibt er alles Gott zu; wenn hingegen Ungläubige scheinbar gute Werke tun, schreiben sie diese sich selber zu. Der ungläubige Mensch ist, mit anderen Worten, nicht in der Lage, die Souveränität Gottes zu erfassen, während der glaubende Mensch sie aus der Erfahrung kennt.[13]

Zu Beginn betonte Zwingli also die Vorsehung Gottes vor allem in zweierlei Hinsicht: entweder gegen die Lehre vom freien Willen und Verdienst, die dem Menschen einen Anteil an seiner Erlösung zuschrieb, oder im Sinne von völliger Abhängigkeit des glaubenden Menschen von

---

[10] Z VIII 166.14–167.4.
[11] Z II 96.27–34 (ZwS II 114).
[12] Z II 178.32–179.20 (ZwS II 212).
[13] Z II 180.30–181.23 (ZwS II 214f.).

Gott. Im *Commentarius*, wo er das Thema theologisch genauer abhandelte, betonte er die Tatsache, dass im Universum alles von Gott als einziger Ursache abhange und dass Gott nicht Gott wäre, wenn irgendetwas ausserhalb seiner Vorsehung läge.

«Somit steht fest, dass Gott nicht nur als Urstoff das ist, von dem alles herstammt, alles bewegt wird und lebt, sondern dass er zugleich Weisheit, Wissen und Vorsehung ist, und zwar derart, dass ihm nichts verborgen, nichts unbekannt, nichts zu fern, nichts ungehorsam ist. Daher rührt es, dass nicht einmal eine Mücke ihren so spitzen Stachel und ihr wohlklingendes Summen ohne Gottes Weisheit, Wissen und Vorsehung hat. Durch seine Weisheit werden alle Dinge erkannt, sogar ehe sie sind; durch seine Vorsehung wird alles geordnet. Denn das höchste Gute, das er ist, wäre Gott nicht, wenn er nicht zugleich die höchste Weisheit und Vorsehung wäre».[14]

Zusammenfassend konnte Zwingli sagen: «Gottes Vorsehung führt und ordnet alle Dinge so, dass ohne seinen Willen und Befehl nichts geschieht».[15]

Sowohl der *Commentarius* als auch *De providentia* lassen erkennen, dass Zwinglis Methode manchmal ebenso logisch war wie theo-logisch. Im *Commentarius* ging er so weit, festzustellen: «Es wird jetzt Zeit, für all das, was ich bisher über Gottes Weisheit und Vorsehung gesagt habe, Zeugnisse des Wortes Gottes selbst beizubringen». Allerdings kam Zwingli der Gedanke an das biblische Zeugnis nicht erst jetzt in den Sinn, denn er betonte, dass «das ganze Alte Testament darauf abzielt, zu zeigen, dass alles durch die Vorsehung Gottes geschieht».[16] Zwingli folgte dem Beispiel des Paulus in Römer 1: Er blickte zuerst auf die Welt, in der Gott sich offenbart hatte. Auf diese Weise passte er sich bewusst an die Menschen an, für die er schrieb.

De providentia, Zwinglis bedeutendstes Werk zu diesem Thema, ist die am wenigsten biblische und am stärksten philosophische unter allen seinen Schriften. Zwingli versuchte, die Lehre von der Vorsehung logisch zu begründen. So begann er mit dem Wesen Gottes als höchstem Gut. Seine erste These lautete: «Es muss eine Vorsehung geben; denn das höchste Gut kümmert sich notwendigerweise um alle Dinge und fügt sie».[17] Zwinglis Auffassung von der Vorsehung erfuhr keine grundlegende

[14] ZwS III 64 (Z III 647.5–16).
[15] ZwS III 353 (Z III 842.28–30).
[16] Z III 648.21–22; 649.1–3 (ZwS III 66f.).
[17] Z VI/III 70.7–8.

Änderung. Aber die Argumentationsweise und die nicht-biblische Darstellung der Lehre unterscheiden diese Abhandlung von den früheren. Zwingli räumte ein, dass er «von vernünftigen Argumenten häufiger Gebrauch machte als vom Zeugnis der Schrift», obwohl diese «der ganzen Argumentation zugrunde» lag.[18] Er wählte bewusst einen philosophischen Zugang zum Thema – von dem Grundsatz ausgehend, dass alle Wahrheit von Gott kommt; als Zeugen zitierte er neben Mose und Paulus auch Plato und Seneca;[19] und er schöpfte aus dem Gedankengut von Aristoteles, Plinius, Plutarch und Pythagoras.

Hier kommen Zwinglis tiefe humanistische Wurzeln zum Vorschein. Wenn er jedoch auch die Vorsehung auf so stark philosophische Weise verteidigte, bedeutet das nicht, dass Zwinglis Gottesvorstellung mehr philosophisch als biblisch war – obwohl manche das meinen. Zwinglis Überzeugung leitete sich von der Bibel ab und wurde durch seine eigene Erfahrung mit Gott geformt. Er hielt das Bekenntnis zu Gottes Vorsehung jedem anderen Ursachenprinzip entgegen, auch dem Glauben an den Zufall, der damals weit verbreitet war, oder an menschliches Wirken. Denn eine sogenannte sekundäre Ursache sei nicht mehr als ein Mittel oder Werkzeug in den Händen Gottes. Zwinglis Grundanliegen war es, Gott allein die Ehre zu geben.

Der Glaube an die Vorsehung hatte nicht nur einen theologischen, sondern auch einen praktischen Sinn. Wenn wir nämlich erkennen, dass aus der Vorsehung Gutes kommt, werden wir dankbar und aufmerksam. Wenn wir erkennen, dass auch Böses aus der Vorsehung kommt, gewinnen wir daraus Trost und Geduld und tragen am Ende den Sieg davon.[20] Der Glaube an die Vorsehung führt nicht zu einem Fatalismus, der alles Gott überlässt, zumindest nicht bei den Erwählten. In ihnen lebt Gottes Geist und wirkt unaufhörlich Gutes; Gott braucht sie als Werkzeuge, um seinen Willen umzusetzen.[21] Der Glaube an die Vorsehung oder Souveränität Gottes führt auch nicht in die Resignation, sondern vielmehr zu einer vertrauenden Ergebung in Gott; nicht in eine Passivität, sondern zur Aktivität, zum Bewusstsein, ein Werkzeug in der Hand Gottes zu sein, das Gutes bewirkt.[22]

---

[18] Z VI/III 229.20–230.4.
[19] Z VI/III 83.15–16.
[20] Z VI/III 223.24–225.14.
[21] Z VI/III 224.7–14.
[22] S VI/I 215.31–216.2; 273.14–16.

Gottes Vorherbestimmung

So bedeutend das Motiv der Vorherbestimmung (Prädestination) für Zwingli wurde – als unabhängige Lehre entwickelte sie sich erst 1526. Vor diesem Zeitpunkt war für Zwingli die Vorherbestimmung ein Teil von Gottes Vorsehung; umgekehrt bezeichnete er die Vorsehung «gleichsam als Vater der Vorherbestimmung».[23] Viele Themen, über die er sich später im Zusammenhang mit der Vorherbestimmung äusserte – z.B. freien Willen und Verdienst – behandelte er darum zunächst im Horizont von Gottes Souveränität oder seiner Vorsehung.

Doch 1526 kam er in der Auseinandersetzung um die Taufe, vor allem die Kindertaufe, auf die Lehre von Gottes Gnadenwahl oder Vorherbestimmung zu sprechen. In seiner Schrift *De peccato originali* griff er diejenigen an, die das Heil von der Taufe abhängig machen. Das Heil kommt «zu denen, die von Gott erwählt sind, nicht zu denen, die dies oder das tun»; und erwählt wurden sie, bevor sie geboren wurden.[24] Er kritisierte diejenigen, die meinten, Nichtchristen oder ungetaufte Kinder von Christen seien von Gott verworfen. Christus sagte ja nicht: «Wer ungetauft ist, wird nicht gerettet werden», sondern vielmehr: «Wer nicht glaubt». Diese Verwendung von Markus 16,16 rief den Widerspruch des lutherischen Theologen Urbanus Rhegius hervor, der Heil und Glauben zusammenbringen wollte wie Hebräer 11,6: «Ohne Glauben aber ist es unmöglich, Gott wohlzugefallen». Zwingli hatte in der Schrift *Auslegung und Begründung der Thesen* diese Verbindung selbst hergestellt.[25] Doch beharrte er nun darauf, dass beide Textstellen sich auf Erwachsene beziehen, die das Wort Gottes hören, und nicht auf Kinder. Bei Erwachsenen sei der Glaube ein Zeichen der Erwählung; wenn er aber bei Kindern fehle, sei das umgekehrt kein Zeichen, dass sie von Gott verworfen seien.[26]

Die Berufung auf Gottes Gnadenwahl wurde später ein Hauptargument Zwinglis im Kampf gegen die Täufer, obwohl offenbar diese selbst anhand von Römer 9,11–13 das Thema in den Streit eingebracht hatten. Römer 9 spricht davon, dass Gott schon vor der Geburt Esaus und Jakobs angekündigt hatte, Esau werde dem Jakob einst dienstbar sein – «nicht abhängig von Werken, sondern nur von dem Berufenden». In seiner Schrift *De catabaptistarum strophas elenchus* 1527 benutzte Zwingli diesen Text

---

[23] ZwS III 353 (Z III 842.9–11).
[24] Z V 378.2–5.
[25] Z II 426.19–25 (ZwS II 467).
[26] Z VIII 737.7–738.27.

zur Bestätigung seiner Überzeugung, dass das Fehlen von Glauben nicht unbedingt einschliesst, dass eine Person nicht erwählt sei. Am Beispiel Jakobs zeige sich ja, dass die Erwählten immer schon erwählt seien, bevor sie glaubten. – Zwingli war sich übrigens der Gefahr bewusst, dass eine zu starke Betonung der Erwählung die Rolle Christi in der Erlösung vermindern oder überflüssig machen kann. Darum betonte er, dass die Erwählten dazu bestimmt seien, durch Christus erlöst zu werden.[27]

In *De providentia* lieferte Zwingli die genaueste Begründung für die Vorherbestimmung oder Erwählung. Wieder legte er den Akzent deutlich auf die Erwählung statt auf die Verwerfung, wobei beide einander bedingen. Mit dieser Betonung der Erwählung stand er näher bei Augustin als Calvin. Zwingli zog das Wort Erwählung dem Wort Vorherbestimmung vor. Er sprach davon, dass die Erwählung ihren Ursprung in der Güte Gottes habe, und dass die Güte Gottes hier und anderswo Gottes Gerechtigkeit und Barmherzigkeit umfasse. Natürlich dürfe das nicht missverstanden werden, als komme die Erwählung aus Gottes Barmherzigkeit und die Verwerfung aus Gottes Gerechtigkeit.[28]

Zwingli war es wichtig, zu unterstreichen, dass die Erwählung ganz und gar Gottes Angelegenheit sei und nichts mit unseren Werken zu tun habe. Darum betonte er, dass die Erwählung aus Gottes Wollen heraus geschehe und nicht aus seiner Weisheit, obwohl Gottes Eigenschaften sich nicht voneinander trennen liessen. Er wandte sich – wie später Calvin – gegen die Ansicht, dass Gott einen Menschen dann erwählt, wenn er in seiner Weisheit voraussieht, wie der Mensch sich entwickeln wird.[29] Denn diese Auffassung mache die Erwählung und somit das Heil vom Menschen abhängig statt von Gott.

Zwingli erörterte auch die Frage, ob wir wissen können, dass wir selbst oder andere erwählt seien. Diese Frage gewann später in reformierten und puritanischen Kreisen eine grosse Bedeutung. Im Unterschied zu vielen anderen ging es Zwingli nicht in erster Linie um ein Ja oder Nein auf die Frage. Vielmehr wollte er der Vorstellung entgegentreten, dass das Heil von unserem Glauben oder unserer Liebe abhange; und er unterstrich, dass umgekehrt Glaube und Liebe von Gottes Erwählung abhängig seien. Immerhin versicherte er, dass wir unseren Werken und unserer Liebe und auch unserem Glauben entnehmen können, dass wir erwählt sind. An eini-

---

[27]   Z VI/I 181.19–22.
[28]   Z VI/III 150.3–152.12.
[29]   Z VI/III 155.22–165.4.

gen Stellen betrachtete er Glauben und gute Werke von anderen (bzw. deren Fehlen) als Beweis, dass sie erwählt beziehungsweise nicht erwählt sind. An anderen Stellen fand er, es sei Vorsicht geboten. Wir mögen uns auch täuschen, da wir ja andere nur von aussen beurteilen können.[30] In der *Fidei ratio* behandelte er die Erwählung im Zusammenhang mit der Kirche, die ohne Flecken und Runzeln ist, und die nur Gott kennt. Er schrieb: «Nichtsdestoweniger aber wissen die Glieder dieser Kirche, indem sie den Glauben haben, dass sie selber erwählt und Kinder dieser ersten Kirche sind. Sie wissen jedoch nicht, welche Glieder sonst noch dazu gehören».[31] Solche Vorsicht passt zu dem Eingeständnis, dass es bei den Erwählten Sünde geben könne wie z.B. bei David oder dem Verbrecher am Kreuz.

In der *Erklärung des christlichen Glaubens* war Zwingli allerdings weniger vorsichtig. In dem Werk, das er dem König von Frankreich widmete, beschrieb er eine Vision des Himmels und bevölkerte den Himmel nicht nur mit einigen Patriarchen, Propheten und Aposteln, sondern auch mit den Vorgängern des Königs: «Ludwig, Philipp, und Pippin» sowie mit Nichtchristen wie Herkules und Theseus.[32] Zur Begründung nannte Zwingli zum einen gewichtige Zeichen der Erwählung wie Glauben und Güte; zum andern hatte er wenige Seiten vorher die Meinung vertreten, dass «sowohl der Glaube als auch die Erwählung anderer Menschen uns verborgen sind, so sehr ... der Geist des Herrn uns über unseren eigenen Glauben und unsere eigene Erwählung gewiss [macht]».[33]

Die Erwähnung von Nichtchristen im Himmel versetzte Luther in Rage. Für ihn stellte Zwingli damit die Verbindung zwischen dem Heil und Christus in Frage. Zwingli betonte zwar immer die Notwendigkeit Christi und seines Todes für unsere Erlösung. Aber die starke Stellung, die er in seiner Theologie Gottes Souveränität und Gnadenwahl einräumte, liess ihn tatsächlich Christus, Wort und Sakrament anders verstehen als Luther oder führte ihn dazu, seine Akzente anders zu setzen.

Das Motiv der Souveränität Gottes durchzieht also die ganze Theologie Zwinglis. Aber wie wir sehen werden, wirft das auch Fragen hinsichtlich der Rolle Christi in der Erlösung auf sowie Fragen hinsichtlich der Bedeutung von Wort und Sakrament.

---

[30] S VI/I 348.20–37; 364.1–10; 385.6–12; 764.13–15; VI/II 106.41–43; 155.44–156.19; 259.3–8.
[31] ZwS IV 110 (Z VI/II 800.19–35).
[32] ZwS IV 340 (Z VI/V 131.10–132.9).
[33] ZwS IV 330 (Z VI/V 117.18–118.1).

V

CHRISTUS: DAS HEIL IN CHRISTUS

In der Art und Weise, wie sie Christus verstanden, ihn und insbesondere das Heil in Christus verkündigten, unterschieden sich die Reformatoren am stärksten von ihren Gegnern in der mittelalterlichen Kirche. Doch auch zwischen ihnen gab es Unterschiede. Sie setzten nicht die gleichen Schwerpunkte und deuteten manches verschieden. Dies erklärt teilweise die Unstimmigkeit zwischen Zwingli und Luther.

Im Vergleich zu Luther legte Zwingli z.B. ein stärkeres Gewicht auf die Rolle Christi als Lehrer und Vorbild. Wahrscheinlich rührt das vom Einfluss des Erasmus her. Damit soll nicht bestritten werden, dass auch er Christus zunächst als Erlöser und Sohn Gottes verstand. Aber sein Christusbild wurde geprägt und gewann Farbe durch die Funktion Christi als Lehrer und Vorbild. Dabei hatte Zwingli nicht, wie man erwarten könnte, den Menschen Jesus im Blick, sondern den Sohn Gottes. Er setzte überhaupt einen starken Akzent auf das Gottsein Christi. – Dies führte zu weiteren Meinungsverschiedenheiten mit Luther. Dieser beanstandete unter anderem, wie Zwingli die göttliche Natur und die menschliche Natur Christi aufeinander bezog und die Art, wie er Christus mit der Erlösung von Nichtchristen in Verbindung brachte. Sowohl die Rolle Christi als auch seine Person und sein Werk verstanden die beiden Reformatoren verschieden.

Die Rolle Christi

Meistens liegt der Ausgangspunkt von Zwinglis systematischen Werken bei Gott, nicht bei Christus, was jedoch nicht für sein umfangreichstes Werk in deutscher Sprache gilt, die *Auslegung und Begründung der Thesen* von 1523. Die zentrale Stellung die Christus hier einnimmt, mögen manche darin auch nur den damaligen Einfluss Luthers sehen, zeigt sich bereits in den Anfangskapiteln. Im Kern geht es Zwingli um das Evangelium, wie es in Christus zusammengefasst ist. Er schildert Christus unter anderem als den einzigen Weg zum Heil und widmet ihm die ersten 23 seiner 67 Artikel.

Trotzdem ist Christus für ihn nicht der Anfang, die Mitte und das Ziel seiner Theologie, wie er das für Luther ist. Und er konzentriert sich mehr auf den göttlichen als auf den menschlichen Christus.

Dass Christus für ihn eine zentrale Bedeutung hat, ist dem schon im zweiten Kapitel erwähnten Gedicht des Erasmus zuzuschreiben. Zwingli bemerkt dazu:

«Ich will euch, liebste Brüder in Christus Jesus, nicht verheimlichen, wie ich zur Überzeugung und zum festen Glauben kam, dass wir keinen anderen Mittler brauchen ausser Christus, und ebenso, dass zwischen uns und Gott niemand vermitteln kann ausser Christus allein. Vor acht oder neuen Jahren las ich ein hilfreiches Gedicht des hochgelehrten Erasmus von Rotterdam, das er dem Herrn Jesus in den Mund legte. Darin klagt Jesus in vielen und sehr klaren Worten, dass man nicht alles Gute bei ihm suche, obwohl er doch der Quell alles Guten, der Retter, die Zuflucht und der Schatz der Seele sei. Da dachte ich: Es verhält sich tatsächlich so; warum suchen wir dann noch Hilfe bei den Geschöpfen?»[1]

Ein Text, den Zwingli mit am häufigsten benutzte und der auf der Titelseite seiner Schriften abgedruckt war, ist Matthäus 11,28: «Kommet her zu mir alle, die ihr mühselig und beladen seid, so will ich euch Ruhe geben». Dieser Text ist bezeichnend für seine Überzeugung, dass Christus die Mitte des christlichen Glaubens ausmache.

Zwinglis Auslegung von Daniel 7,25 sieht Christus genau in der Mitte zwischen der Erschaffung und dem Ende der Welt.[2] Trotzdem wirft die Art, wie er von Menschen sprach, die vor Christus oder ohne Kenntnis von ihm lebten, wieder die Frage auf, wie zentral und unentbehrlich Christus, besonders sein Tod und seine Auferstehung, für ihn wirklich war.

In dem, was er über die Erlösung glaubender Menschen im Alten Testament sagte, stand Zwingli deutlich in der Tradition der Kirchenväter. Für ihn – wie auch für Augustin – glaubten die Menschen in alttestamentlicher Zeit an den Christus, der kommen sollte, während Christen an den Christus glauben, der gekommen ist. Obwohl übrigens Zwingli sowohl den Unterschied als auch die Ähnlichkeit zwischen dem Alten und dem Neuen Testament feststellte, betonte er ab Mitte der 1520er Jahre eher die Ähnlichkeit der Testamente. In seiner Auseinandersetzung mit den Radikalen verwies er zunehmend auf die Tatsache, dass Gott vor Zeiten mit

---

[1]   ZwS II 254 (Z II 217.5–14).
[2]   Z XIV 751.1–7.

seinem Volk einen Bund geschlossen und diesen Bund in Christus nicht widerrufen, sondern erneuert habe.

Im *Elenchus*, einer Schrift, die er gegen die Täufer schrieb, stellte er die Frage: «Was ist der Unterschied zwischen dem Alten und dem Neuen Testament?» – Seine Antwort lautete: «ein sehr grosser und ein sehr kleiner. Ein sehr kleiner, wenn du die Hauptpunkte betrachtest, die Gott und uns betreffen; ein sehr grosser, wenn du nur schaust, was uns betrifft. Das läuft auf folgendes Ergebnis hinaus: Gott ist unser Gott; wir sind sein Volk. Darin gibt es den geringsten, ja gar keinen Unterschied. Der Hauptpunkt ist nämlich heute derselbe wie er immer war. Wie nämlich Abraham Jesus als seinen gesegneten Nachkommen willkommen hiess und durch diesen erlöst wurde, so werden auch wir heute durch ihn erlöst. Was aber die menschliche Schwachheit angeht, wurde ihnen vieles bildlich zuteil, um sie zu unterrichten und uns als Zeugnis zu dienen. Dies sind also die Dinge, die das Alte vom Neuen Testament scheinbar unterscheiden, während in der Sache selbst, soweit sie sich auf den Hauptpunkt bezieht, die Testamente sich in gar nichts unterscheiden».[3]

Noch schärfer als bei vorchristlichen Israeliten stellt sich das Problem bei Heiden, die vor und nach Christus lebten. Zu Heiden, die vor Christus lebten, gibt es im Alten Testament Aussagen und konkrete Beispiele wie Moses' Schwiegervater Jethro. Zwingli stellte die These auf, dass vorchristliche Heiden dem einen, wahren Gott opferten. Als Beweis zitierte er Maleachi 1,11: «Denn vom Aufgang der Sonne bis zu ihrem Niedergang ist mein Name gross unter den Völkern, und allerorten wird meinem Namen reine Opfergabe verbrannt; denn gross ist mein Name unter den Völkern, spricht der Herr der Heerscharen». Zwingli verstand diese Opfer im Zusammenhang mit dem einen Opfer Christi.[4]

Die Stellung der Heiden behandelte er auf unterschiedliche Weise. Am schärfsten konzentriert er sich auf das Thema in der bereits erwähnten Schrift *Fidei expositio*, die er dem König von Frankreich widmete. Darin beschreibt er seine Vision von einem Himmel, in dem sich auch Heiden befinden. Zum König gewandt, sagt er: «Dann musst Du hoffen, dass Du die Gemeinschaft, die Gesellschaft und den Umgang mit den Heiligen, den Weisen, den Gläubigen, den Standhaften, den Tapferen und allen Tugendhaften sehen wirst, die alle seit der Schöpfung der Welt gelebt haben. Hier wirst du beide Adam, den Erlösten und den Erlöser sehen; Abel,

---

[3]   Z VI/I 169.19–30.
[4]   Z III 202.35–204.15.

Henoch ... Petrus, Paulus; hier auch Herkules, Theseus, Sokrates, Aristides, Antigonus, Numa, Camillus, die Catonen, die Scipionen und alle anderen Ahnen, die im Glauben von hier gegangen sind».[5] – Das Werk wurde 1536, nach Zwinglis Tod, von Bullinger veröffentlicht und forderte Luther zu einem *Kurzen Bekenntnis vom heiligen Sakrament* heraus. Darin wirft er Zwingli vor, er sei ein Heide und mache Christus, das Evangelium, die Bibel, die Sakramente und den christlichen Glauben überflüssig.[6] Auch wenn diese Sicht wahr wäre, träfe sie doch nicht Zwinglis Absicht oder seine Analyse der mit dem Thema verbundenen Fragen. Der Zusammenhang in der *Fidei expoistio* und der weitere Zusammenhang in Zwinglis Schriften rückt den Gedanken in ein anderes Licht.

In der *Fidei expositio* gibt es zwei Schlüssel, die helfen, den Gedanken zu verstehen. Erstens will Zwingli in keiner Weise sagen, dass Heiden durch ihr Leben, durch ihre Werke oder durch den eigenen Glauben erlöst worden sind. Das vorhergehende Kapitel macht dies klar. Darin bezieht Zwingli das Heil auf Gottes Güte, nicht auf unser Gutsein, sowie auf Christi versöhnendes Werk, nicht auf unsere Werke.[7] Zweitens beginnt die Vision mit einem Hinweis auf «die beiden Adam, den Erlösten und den Erlöser». Der Vergleich und der Gegensatz zwischen den zwei Adam ist für Zwingli wichtig. Er verwendet ihn, um zu sagen, dass, was in Adam verlorengegangen, in Christus wiederhergestellt worden sei; das erlösende Handeln Christi könne nicht schwächer sein als die Wirkung von Adams Fall.[8] Der Hinweis auf die beiden Adam zu Beginn der Aufzählung stellt wohl auch alle folgenden Namen in den Horizont des menschlichen Sündenfalls in Adam und in den Horizont seiner Erlösung in Christus.

Weitere Schlüssel zum Verständnis der Seligkeit der Heiden finden sich in Zwinglis früheren Schriften. So betont er dort die Freiheit des Geistes, der nicht auf Palästina begrenzt sei, sondern die ganze Welt umfasse.[9] Der Geist beschränke sich auch nicht auf Wort und Sakrament, sondern gebe, wann, wo und wem er wolle (Johannes 3,8), wie auch das Beispiel des Cornelius in Apostelgeschichte 10 zeige.[10] Weiter ist die Lehre von der Vorherbestimmung zu erwähnen, die Zwingli ab 1526 entfaltet.

---

[5] Z VI/V 131.10–132.7.
[6] WA 54.143.5–144.6.
[7] Z VI/V 121.2–10 (ZwS IV 333).
[8] Z V 381.27–388.14.
[9] Z IX 458.25–459.10.
[10] Z III 761.1–15 (ZwS III 233f.).

Er benutzt sie, um die Meinung zu entkräften, das Heil hange von der Beschneidung oder Taufe ab. Vielmehr hange es allein an Gottes Erlösung.[11]

Ein weiteres Argument bezieht sich auf Gottes Gnadenwahl und auf die Freiheit des Geistes und steht in Römer 2. Darin vergleicht Paulus beschnittene Juden zu deren Nachteil mit unbeschnittenen Heiden, die täten, was das Gesetz verlange. Zwingli sagt, wir sollten den Baum an seinen Früchten erkennen. Da Gott selbst das Gesetz in ihre Herzen geschrieben habe, sollten wir die Heiden nicht verdammen, nur weil sie nicht getauft seien.[12]

Zwingli weiss, dass seine Haltung Probleme mit sich bringt. Nach einer positiven Erwähnung Senecas und seines Glaubens fügt er hinzu: «Wer, bitte, schrieb diesen Glauben in das menschliche Herz? Lass niemand denken, diese Dinge seien ein Anzeichen, dass ich das Amt Christi abschaffe, wie einige mir vorwerfen; vielmehr rühmen sie seine Ehre. Denn alle, die zu Gott kommen, müssen durch Christus kommen».[13] Für Zwingli kommen «diejenigen, die erwählt sind und die Werke des Gesetzes tun, das in ihre Herzen geschrieben ist, allein durch Christus zu Gott».[14] Wie Augustin meint Zwingli: Heiden, die tun, was das Gesetz verlangt, tun das «aus Gnade, durch Glauben, durch Gottes Geist», und sie sind unter die zu zählen, die durch die Gnade Christi gerechtfertigt sind.[15] In diesem Zusammenhang benutzt Zwingli regelmässig die Beispiele von Jethro und Cornelius.

Und doch hinterlässt Zwinglis Auffassung ein paar Unklarheiten, auf die er nicht ausdrücklich eingeht. Insbesondere spricht er auf zweideutige Weise vom Glauben der Heiden; einerseits scheinen sie zu glauben, andererseits nicht. An manchen Stellen scheint Zwingli einzuräumen, dass sie nicht in demselben Masse an die Gnade Gottes glaubten und die Gewissheit ihres Heils hätten wie ein Christ.[16] – In jedem Fall steht Zwingli, wenn er in seiner Vision Heiden nennt, die im Himmel sind, im Widerspruch zu seiner eigenen Überzeugung, dass wir nicht wissen können, ob andere erwählt seien.

Die Vision vom Himmel, der fromme Heiden einschliesst, ist aber keinesfalls Ausdruck eines humanistischen Universalismus, wie manche

---

[11] Z V 377.28–378.2.
[12] Z V 378.10–25.
[13] Z V 379.22–29.
[14] Z V 380.15–18.
[15] S VI/I 242.6–243.1.
[16] Z VI/IV 31.19–32.16; VIII 738.12–17.

vermuten. Dann läge der Akzent auf den Werken oder dem freien Willen der Heiden. Dass sie in den Genuss ewigen Lebens in Gottes Gegenwart kommen, ist für Zwingli die Frucht von Gottes Gnadenwahl. Die Erwählung zeigt sich wohl in der Frömmigkeit, ist aber nicht davon abhängig. Zum anderen ist die Aufnahme in den Himmel die Frucht der Erlösung durch Christus, die soweit reicht wie Adams Fall und darum die ganze Menschheit umfasst. Und schliesslich zeigt sich in der Himmelsvision die Freiheit des Geistes, der gibt, wem er will, wann er will und wo er will, und der nicht auf äusserliche Mittel wie die Taufe beschränkt ist.

Person und Werk Christi

Die Bedeutung Christi im Heilsgeschehen hängt zum einen mit seiner Person zusammen – besonders seiner göttlichen Natur –, zum anderen mit dem, was er vollbracht und durchlebt hat – besonders in seinem Opfertod. Zwingli schrieb oft Kurzfassungen des Evangeliums wie im zweiten seiner 67 Artikel und nahm darin zwei wesentliche Elemente auf: dass Christus der Sohn Gottes gewesen sowie dass er für uns gestorben sei und damit der Gerechtigkeit Gottes Genüge getan hätte.[17]

In seiner Deutung des Todes Christi folgte Zwingli vor allem Anselm von Canterbury. Doch auch andere theologische Motive finden sich in seinen Schriften. So zeigt er gelegentlich ein fast an Abaelard erinnerndes Gefühl für die überwältigende Macht der Liebe Gottes, die sich in Jesus Christus offenbart.[18] An anderer Stelle versteht er wie Irenäus Christus als denjenigen, der alles, was in Adam geschah, wieder ins rechte Lot bringt.[19] Wie Athanasius vertritt er die Ansicht, dass Christus Mensch wurde, damit wir göttlich werden.[20] Und dann stellt er wieder Christi Tod als Sieg oder Befreiung von Sünde, Tod und Teufel dar.[21] Anselms Deutung, Christus habe an unserer Stelle der Gerechtigkeit Gottes Genüge getan, überwiegt allerdings.

Nach Zwingli ist es uns Menschen nicht gelungen, Gottes Gesetz zu halten; ja, wir können es gar nicht halten, weil wir Sünder sind. Darum verdienen wir Gottes Strafe. Gott ist gerecht und kann nicht einfach über

---

[17] Z II 27, 18–20 (Saxer, Schriften 24).
[18] Z II 39.1–7 (ZwS II 42f.).
[19] Z III 683.31–685.7 (ZwS III 117–119).
[20] Z III 685.5–7 (ZwS III 119).
[21] Z I 67.7–10; 217.7–10 (ZwS I 7).

die Sünde hinwegsehen. In seiner Barmherzigkeit sandte er jedoch seinen Sohn, der seinen Willen erfüllte und mit seiner Unschuld Gottes Gerechtigkeit zufriedenstellte.[22]

Gottes Gnadenwahl und Heilshandeln rührt aber für Zwingli nicht nur von seiner Barmherzigkeit oder Güte her, sondern auch von seiner Gerechtigkeit. «Aus seiner Güte heraus erwählt er, wen er will; aber aus seiner Gerechtigkeit heraus nimmt er die Erwählten an und verbindet sie mit sich selbst durch seinen Sohn, der zum Opfer gemacht wurde, damit er für uns der göttlichen Gerechtigkeit Genüge leiste».[23] Für Zwingli war Christi Opfertod die von Gott bestimmte Weise, die Welt mit sich selber zu versöhnen. Er betrachtete es als Frevel, zu fragen, ob das nicht auf andere Weise hätte geschehen können.[24]

Christus ist unser Heil, weil er zugleich Gott und Mensch ist. Diese Überzeugung kommt bei Zwingli in vielen Variationen zum Ausdruck. In *Auslegung und Begründung der Thesen* schreibt er: Da Christus Gott ist, kann er den Willen Gottes tun; da er Mensch ist, kann er ein Opfer sein, das der Gerechtigkeit Gottes Genüge leistet.[25] In seiner Berner Predigt stellt Zwingli fest: Da die Gottheit nicht leiden konnte, war die menschliche Natur nötig, denn sie konnte leiden; aber gleichzeitig kann niemand der Gerechtigkeit Gottes Genüge leisten als Gott allein.[26]

Die Betonung des Opfertods Christi führte Zwingli dazu, dass er sich mit dessen jungfräulicher Geburt befasste. Die Jungfrauengeburt hielt er deshalb für notwendig, weil die göttliche Natur den Makel der Sünde nicht ertragen konnte. Aber auch die menschliche Natur Christi musste rein sein, sollte durch sie der Gerechtigkeit Gottes Genüge geschehen; denn im Alten Testament war das Opfertier ohne Makel. «Dies wäre nicht möglich gewesen, wenn Christus nicht aus einer Jungfrau, und zwar aus einer unberührten, geboren worden wäre. Denn wenn die Jungfrau aus dem Samen des Mannes empfangen hätte, wäre dann die Geburt nicht befleckt gewesen? Wenn aber eine Frau, die früher einen Mann gehabt hat, Christus empfangen hätte, und zwar aus dem Heiligen Geist, wer würde dann je geglaubt haben, das von ihr Geborene sei aus dem Heiligen Geist?»[27]

---

[22] Z II 36.25–39.19 (ZwS II 39–43).
[23] Z VI/II 796.25–30.
[24] Z V 391.20–22.
[25] Z II 162.9–12 (ZwS II 191f.).
[26] Z VI/I 464.5–17 (ZwS IV 54f.).
[27] ZwS III 121f. (Z III 686.7–28).

Aufgrund von Stellen wie Ezechiel 44,2 glaubte Zwingli, dass Maria immer Jungfrau gewesen sei. Dort heisst es: «Dieses Tor soll verschlossen bleiben; es darf nicht geöffnet werden, und niemand darf durch dasselbe hineingehen, weil der Herr, der Gott Israels, hier eingezogen ist; darum soll es verschlossen bleiben». – Trotzdem war Zwingli kein Befürworter der Marienverehrung. Marias Aufgabe – wie die jedes Christen – bestehe darin, auf Christus hinzuweisen. Deshalb konnte Zwingli sagen: Die grösste Ehre, die wir Maria erweisen können, besteht darin, dass wir ihren Sohn ehren.[28]

Zwingli besass einen ausgeprägten Sinn für die Verschiedenheit der göttlichen und menschlichen Natur Christi. Damit übte er einen nachhaltigen Einfluss auf die spätere reformierte Theologie aus. In diesem Punkt stand er auch deutlich in der Tradition des Lehrschreibens von Papst Leo I. und des Konzils von Chalcedon von 451 nach Christus, auf dem das Dogma festgelegt wurde, dass Christus eine Person in zwei Naturen, in Gottheit und Menschheit sei. Trotzdem warf man Zwingli wiederholt vor, er sei ein Anhänger des Nestorius (vgl. S. 200). Dieses Urteil wurde Zwingli nicht gerecht. Denn er betonte die Einheit der Person Christi ebenso wie die Unterscheidung der Naturen. Es sei nicht, «als wollten wir die Naturen in Christus trennen, denn der eine Christus ist Gott und Mensch; jedoch wollen wir zwischen den Werken und Eigenschaften der Naturen Christi recht unterscheiden und sie nicht vermengen.[29]

Die scharfe Trennung zwischen den Naturen Christi war einer der Gründe, warum Zwingli und Luther das Abendmahl verschieden verstanden. Für Zwingli konnte Christus beim Abendmahl nicht nach seiner menschlichen Natur gegenwärtig sein, denn seine menschliche Natur könne sich – wie unsere – nur an einem einzigen Ort aufhalten. Nur seine göttliche Natur könne zum selben Zeitpunkt überall sein. Luther betonte mehr die Einheit der Person Christi und weniger die Unterscheidung der Naturen. Für ihn ist Christus in beiden Naturen gegenwärtig, wo immer er gegenwärtig ist; sonst wäre seine Person gespalten.

Sowohl Zwingli als auch Luther benutzten in ihrer Auseinandersetzung Gleichnisse; Zwingli zwei aus den Kirchenvätern, am liebsten das von Seele und Leib – ein Gleichnis, das bei Cyrill von Alexandria und Augustin sowie im Glaubensbekenntnis des Athanasius vorkommt: Der Mensch ist sowohl Seele als auch Leib, obwohl Seele und Leib zwei gegensätz-

---

[28] Z I 426.5–427.9.
[29] S VI/I 311.8–9; 357.15–28.

liche Substanzen sind. Ebenso ist der eine Christus sowohl Gott als auch Mensch. Zwingli verwendete auch das schon von Origenes und Johannes von Damaskus verwendete Gleichnis von einem rotglühenden Schwert, das schneidet und brennt. Er verwahrte sich dagegen, dass Luther dasselbe Gleichnis benutzte, um seine eigene Auffassung von der Gegenwart Christi zu begründen. Luther benutzte dieses Bild nämlich, um zu zeigen, dass sowohl Christus als auch das Brot im Abendmahl gegenwärtig sein können, wie ja auch die zwei Substanzen Feuer und Eisen in einem rotglühenden Schwert zusammen gegenwärtig seien. Auch das Gleichnis von der Sonne führte Zwingli an: Deren Körper befindet sich an einem einzigen Ort, aber das Licht scheint überall. – Mit Hilfe dieser Gleichnisse versuchte Zwingli, sowohl an der Einheit der Person Christi als auch an der Unterscheidung der Naturen festzuhalten.

Mit seiner Auffassung vom Austausch der Eigenschaften (communicatio idiomatum) stützte Zwingli sich hauptsächlich auf das Johannesevangelium. Er verwendete oft den rhetorischen Ausdruck «alloiosis» für jenes Stilmittel, «wo man die eine Natur erwähnt und die andere meint, oder wo man beide Naturen auf einen Begriff bringt und doch nur die eine meint».[30] Für ihn ergaben Stellen wie Johannes 3,13; 6,62; 10,30 und 12,25.28 nur dann einen Sinn, wenn sie sich entweder auf die menschliche oder auf die göttliche Natur Christi bezogen. Ein Beispiel aus seiner Auseinandersetzung illustriert die Art, wie Zwingli argumentierte. Er forderte Luther auf, zu sagen, ob sich das Wort Christi «Bevor Abraham war, bin ich» ebenso auf die menschliche wie auf die göttliche Natur Christi beziehe. Sagte Luther: nein, nur auf die göttliche, so war der Satz eine Alloiosis: Das Ich stand nicht für die ganze Person Christi, sondern nur für die göttliche Natur. Hielt Luther umgekehrt an der Einheit der Naturen fest, so war Christus nicht von Maria geboren; denn sie war nicht vor Abraham geboren – es sei denn, Christus hatte zwei menschliche Naturen, eine vor Abraham und eine von Maria.[31]

Zwingli hegte die Befürchtung, dass Luther Gott in Grenzen verwies, indem er ihn an Christus band und ihn in dessen menschliche Natur einsperrte, während Gott doch unendlich ist.[32] Demgegenüber sei Christus selbst bestrebt gewesen, das Göttliche zu bewahren, indem er z.B. ablehnte, das Wort «gut» für sich in Anspruch zu nehmen; die Person, die das

---

[30] Z V 926.1–3.
[31] Z VI/II 138.18–139.7.
[32] Z V 934.11–936.10.

Wort benütze, würde ihn nämlich nur als Menschen und nicht als Gott sehen.[33] Dasselbe Bestreben Christi zeigte sich für Zwingli in den Worten: «Wer an mich glaubt, der glaubt nicht an mich, sondern an den, der mich gesandt hat» (Johannes 12,44). Hier sage Christus, dass ihm in seiner Eigenschaft als Gott, nicht als Mensch, Vertrauen gebühre. Im Gegensatz dazu fand Zwingli, dass Luther der menschlichen Natur Christi jene Unbegrenztheit zuschreibe, die Christus selbst abgelehnt habe. Er meinte, Luther lehre letztlich, man solle sein Vertrauen in das Geschöpf setzen statt in den Schöpfer.[34]

Die menschliche Natur Christi war für Zwingli nicht der Lebensnerv der Theologie wie für Luther, auch wenn sie für unser Heil unentbehrlich sei. Zwingli legt den Akzent auf die göttliche Natur, die uns Heil erwirke und der wir vertrauen sollen. Stellenweise fehlt ein Gespür für die echte Menschlichkeit Christi. Z.B. meinte Zwingli, Jesus habe nicht deshalb gebetet, weil er das Beten nötig gehabt habe, sondern zum Vorbild für uns; und er habe nicht Fragen gestellt, um zu lernen, sondern um uns ein Beispiel zu geben.[35] Auf der anderen Seite erinnerte Zwingli manchmal mit grosser Anschaulichkeit an das irdische Leben Christi; und die menschliche Rolle Christi als unser Vorbild, die er zum Teil von Erasmus übernahm, blieb ihm immer wichtig.

Zwingli und Luther verstanden also nicht nur die Person Christi verschieden, indem Zwingli den Unterschied zwischen göttlicher und menschlicher Natur betonte und Luther die Einheit der Person; auch die Rolle Christi sahen sie mit unterschiedlichen Augen. Dieses unterschiedliche Verständnis der Rolle Christi hatte Auswirkungen auf ihre Lehre vom Heiligen Geist sowie auf ihre Lehre von Wort und Sakrament.

---

[33] Z V 700.1–17.
[34] Z V 687.21–34.
[35] S VI/I. 480.28; Z III 726.33–37 (ZwS III 181f.).

VI

DER HEILIGE GEIST: DER GEIST UND DAS WORT

Die Bedeutung, die Zwingli dem Heiligen Geist beimisst, entspricht bis zu einem gewissen Mass seiner Betonung der göttlichen Natur Christi und ist Ausdruck der zentralen Stellung und Souveränität Gottes sowie des Gegensatzes zwischen Gott und Mensch in seiner Theologie. Zum Beispiel fasst er die Notwendigkeit, von Gott gelehrt zu werden (Johannes 6,45), gelegentlich als die Notwendigkeit auf, durch den Geist Gottes oder den Heiligen Geist gelehrt zu werden, auch wenn in den entsprechenden biblischen Texten der Geist gar nicht erwähnt ist.

Dass der Geist bei Zwingli eine zentrale Rolle spielt, lässt sich der Tatsache entnehmen, dass seine Theologie manchmal als spiritualistisch oder pneumatologisch bezeichnet wird.[1] Manche Theologen, allen voran Luther, betrachten sie als spiritualistisch, weil der Geist bei Zwingli nicht

---

[1] Der Begriff «Spiritualist» wird in der Regel negativ gebraucht. Er weist darauf hin, dass Zwingli den Geist und nicht das Wort betonte, ja dass er den Geist oft vom Wort schied. Auch Luther schätzte Zwingli im Grunde so ein. Er betrachtete Zwingli als Spiritualisten von der Art Karlstadts (vgl. auch Erich Seeberg, Der Gegensatz zwischen Zwingli, Schwenckfeld und Luther 3, in: Reinhold–Seeberg–Festschrift, I, Zur Theorie des Christentums, Leipzig 1929, S. 43–80). Vgl. auch «In der Tat tritt neben die Christus–Offenbarung die des Heiligen Geistes» (Walther Köhler, Die Geisteswelt Ulrich Zwinglis. Christentum und Antike, Gotha 1920, S. 65). Der Begriff «pneumatologisch» wird normalerweise positiv verwendet; er besagt, dass Zwingli zwar den Geist hervorhob, aber als Heiligen Geist, den er nicht vom Wort schied; vgl. Fritz Schmidt–Clausing, Zwingli, Berlin 1965, S. 82–112, und ders., Das Prophezeigebet, in: Zwa 12 (1964), besonders S. 12–22.

Gestrich meint, der hauptsächliche Streitpunkt liege nicht in der Frage, ob der Geist der Heilige Geist ist – was er nicht bestreitet –, sondern wie der Geist sich zur Gnadenvermittlung durch Wort und Sakrament verhält und vor allem zur Schrift. In dieser Frage beschreibt er Zwingli als Spiritualisten. Er sieht dafür vier Ursachen. Die beiden wichtigsten sind die Theorie von der Erleuchtung bei Augustin und vom Dualismus von Fleisch und Geist bei Erasmus. (Vgl. Christof Gestrich, Zwingli als Theologe, Glaube und Geist beim Zürcher Reformator, Zürich 1967, S. 10, 73, 119, Anmerkung 138).

Burckhardt scheint sich in seiner Zwinglistudie weniger mit Zwinglis Theologie des Geistes zu beschäftigen als mit den vier Strängen, die er in Zwinglis Theologie findet: dem reformatorischen oder biblischen, dem spiritualistischen, dem mystischen und dem rationalen (Abel E. Burckhardt, Das Geistproblem bei Huldrych Zwingli, Leipzig 1932).

eng an das Wort gebunden, sondern vom Wort ziemlich unabhängig sei. Andere dagegen nennen seine Theologie pneumatologisch, weil der Geist bei Zwingli streng biblisch und im Zusammenhang der göttlichen Drei-einigkeit verstanden werde. Beide Beurteilungen haben etwas für sich.

Eine nähere Untersuchung ergibt, dass Zwingli den Begriff «Geist» nicht als vage Alternative zu «Gott» gebraucht. Vielmehr ist der Geist der Heilige Geist; er ist bei Zwingli ebenso auf Christus bezogen wie im Neu-en Testament. In dieser Hinsicht ist Zwinglis Theologie pneumatologisch.

Es gibt jedoch auch Gründe dafür, seine Theologie als spiritualistisch zu bezeichnen. Sie räumt dem Geist eine Vorrangstellung ein. So spricht Zwingli in der Regel von Geist und Wort statt von Wort und Geist. Auch stellt er den Geist und äussere Mittel in einen gewissen Gegensatz, ent-sprechend dem platonischen Gegensatz von Geist und Fleisch. Trotzdem ist es ungerecht, Zwingli einfach als Spiritualist zu etikettieren; dieser Be-griff deckt eine grosse Bandbreite von Personen ab. Jemand wie Sebastian Franck etwa, für den diese Etikettierung auch gebraucht wird, ist in der Frage des Geistes von Zwingli weiter entfernt als dieser von Luther.

Für Franck bestand zwischen dem Geist und dem «Wort» oder dem innerlichen und dem äusserlichen Wort ein scharfer Gegensatz, der sich so bei Zwingli nicht findet. Dabei verstand Franck unter dem «Wort» auch Christus, die Bibel und die Sakramente. Francks Theologie wird deutlich in seinem Brief aus Strassburg an Johannes Campanus (1531). Darin spricht er uneingeschränkt von einer Kenntnis Christi unter den Heiden – ausserhalb der Offenbarung Gottes in Jesus Christus. Zur Erläuterung dieser These beruft er sich nur auf den Geist, und er geht darin weit über Zwingli hinaus:

«Darum lass ab von solchem Vornehmen und lass die Kirche Gottes im Geist unter allen Völkern und Heiden bleiben und lass sie gelehrt, re-giert, getauft werden vom Doktor des Neuen Bundes, nämlich vom Heili-gen Geist, und neide oder missgönne Deiner Mutter, der Kirche, nicht ihr Glück. Halte für Deine Brüder auch alle Türken und Heiden, wo sie auch seien, wenn sie Gott fürchten und – gelehrt und inwendig von Gott gezogen – Gerechtigkeit wirken, obgleich sie niemals von der Taufe, ja niemals von Christus selber irgendeine Historie oder einen Buchstaben gehört haben, sondern seine Kraft allein durch das innerliche Wort in sich vernommen und dasselbe fruchtbar gemacht haben.. und darum meine ich, dass genauso wie viele zu Adam gehören, die nicht wissen, dass Adam existiert hat, so gehören viele zu Christus, die Christi Namen niemals gehört haben».[2]

Im selben Brief hebt Franck den Geist vom geschriebenen Wort der Bibel ab:

«Ich wollte aber wohl, dass Du dem Buchstaben der Schrift nicht so sehr zugetan wärest, dass Du deshalb Dein Herz der Lehre des Geistes entziehst und den Geist Gottes statt des Satans austreibst, ihn gegen seinen Willen zum Buchstaben drängst und Gott der Schrift unterordnest. Das ist oft geschehen und geschieht noch häufig. Vielmehr sollst Du die Schrift zum Zeugnis Deines Gewissens und Deiner Conscienz auslegen, so dass sie dem Herzen zeugt und nicht dagegen; auch dass Du nicht auf Grund der Schrift etwas glaubst oder annimmst, und Gott in Deinem Herzen der Schrift weichen muss. Eher sollte sie dem Antichristen bleiben!»[3] – Genau diese Scheidung von Geist und Schrift bekämpfte Zwingli bei den Wiedertäufern.

Franck stellt den Geist auch in einen Gegensatz zu den Sakramenten (dem «sichtbaren Wort»): Die Sakramente seien ein Zerrbild der von Gott vorgesehenen Anbetung im Geist, die in neutestamentlicher Zeit praktiziert worden sei.

«Ausserdem frage ich mich, wozu oder warum Gott wohl die verfallenen Sakramente wieder aufrichten und sie dem Antichristen wieder sollte wegnehmen wollen, ja warum er gegen seine Natur, die geistlich und innerlich ist, zu den schwachen Elementen Zuflucht nehmen sollte, da er doch jetzt tausendvierhundert Jahre lang selbst der Lehrer, Täufer, Speisemeister gewesen ist, nämlich im Geist und in der Wahrheit, ohne irgendein äusserliches Mittel – in dem Geist, sage ich, mit dem er unsern Geist tauft, lehrt, speist. Sollte er nun, gerade als wäre er der geistlichen Dinge überdrüssig und hätte seine Natur ganz vergessen, wieder zu den armen, kranken Elementen der Welt fliehen und den besudelten Sabbat und die Sakramente beider Testamente wieder aufrichten? Gott wird aber bei seiner Weise, besonders der des Neuen Testamentes, bleiben, solang die Welt steht».[4]

Zwischen diesen Worten und Zwingli liegen Welten. Zwingli scheidet nicht den Geist von den Sakramenten; vielmehr wirkt nach ihm der Geist manchmal in den Sakramenten und manchmal unabhängig von ihnen. Für

---

[2]   Heinold Fast (Hrsg.), Der linke Flügel der Reformation, Bremen 1962, S. 228.
[3]   a.a.O. S. 232.
[4]   a.a.O. S. 226–227.

Franck dagegen gehört alles Äusserliche, auch das Wort, zum Alten Bund und nicht zum Neuen.

«Wie darum nun allein der Geist Gottes ein Lehrer des Neuen Bundes ist, genauso tauft auch und bedient er allein alle Dinge, nämlich im Geist und in der Wahrheit. Und genauso wie die Kirche heute eine rein geistliche Sache ist, so sind Gesetz, Vater, Geist, Brot, Wein, Schwert, Reich, Leben alle im Geist, und nichts ist mehr äusserlich».[5]

Im Gegensatz zu Franck ist für Zwingli der Geist auf das Wort bezogen: das Fleisch gewordene Wort, das geschriebene Wort und das hörbare und sichtbare Wort. Insbesondere ist der Geist auf Christus bezogen: auf seine Geburt, sein Leben, seinen Tod und seine Auferstehung. Er wurde als Stellvertreter Christi an Pfingsten verliehen. Christus sandte den Geist; und durch den Geist ist Christus heute gegenwärtig und wirksam.[6] Der Geist führt uns zum Glauben an Christus und kommt mit dem Glauben an Christus. Er bringt Christi Erlösung in uns zur Wirkung und macht uns Christus ähnlich.[7] Den Satz «Ich werde euch nicht verwaist zurücklassen» (Johannes 14,18) gibt Zwingli so wieder: «Nach meiner Auffahrt in den Himmel werde ich in meinem Geist bei euch sein». In seiner Auslegung von Johannes 14,26 geht Zwingli noch über den Text hinaus und erklärt, der Geist werde nichts Neues lehren, da er ja in Erinnerung ruft, was Christus die Jünger gelehrt hat.[8] Zwingli spricht auch von Christus als dem Prüfstein des Geistes: Wenn etwas gesagt wird, das Christus bezeugt, kommt es aus dem Geist Gottes.[9] Diese Zitate belegen, dass Zwingli in seinen früheren und späteren Schriften den Geist eng an Christus bindet.

Es gibt auch Stellen, an denen Zwingli vom Geist spricht, ohne ihn mit Gottes Offenbarung in Jesus Christus ins Verhältnis zu setzen. Manchmal spiegelt sich darin der Spachgebrauch der Bibel oder eine mögliche Interpretationsweise. So spricht Zwingli vom Geist als Schöpfer (1. Mose 1), der das ganze Weltall geschaffen habe, nicht nur Palästina, und der darum nicht auf Palästina begrenzt bleibe.[10] Er erwähnt auch, dass Heiden Christen sein können, obwohl sie Christus nicht kennen, entsprechend einem Menschen, der Jude ist nicht aufgrund der äusserlichen Beschneidung,

---

[5]   a.a.O. S. 221–222.
[6]   Z II 80.15–16 (ZwS II 92).
[7]   Z II 61.25–27 (ZwS II 70); 80.12–19 (ZwS II 92); 650.2–7; Z III 760.25–28 (ZwS III 233); Z V 900.14–17.
[8]   S VI/I 751.41; 752.41–44.
[9]   Z II 25.20–26.19 (ZwS II 26f.).
[10] Z IX 458.25–459.10.

sondern aufgrund der Beschneidung des Herzens (Römer 2,28–29). An anderer Stelle erinnert Zwingli daran, dass der Geist das Gesetz in die Herzen von Nichtchristen schreibt (vgl. Römer 2,14–15). Hierin folgt er ebenso Augustin wie in seinem geistlichen Verständnis des Gesetzes der Natur.[11] Allerdings bezieht er das Wirken des Geistes in Nichtchristen dann doch wieder auf Christus, wie wir gesehen haben; die Nichtchristen seien ja vor Grundlegung der Welt in Christus erwählt worden.

Zwingli band den Geist fest an das geschriebene Wort der Bibel. Der Geist ist der Autor der Schrift – ohne dass die Individualität der Evangelisten dadurch geleugnet würde. Wohl bemerkte Zwingli die Unterschiede, ja sogar die Widersprüche in den Evangelien; aber sie beunruhigten ihn nicht. Denn der Glaube hänge nicht von solchen Dingen ab.[12] Die Irrtümer lägen niemals in der Sache selbst oder in einer wesentlichen Frage begründet (in re), sondern nur in Personen und Zeiten.[13] Im allgemeinen betrachtete Zwingli die Unterschiede ohnehin als scheinbare; er brachte sie in Einklang, indem er von der Voraussetzung ausging, dass der wahre Autor der Bibel der Geist ist, der sich nicht selber widerspricht[14].

Zwinglis Festhalten am göttlichen Ursprung und der göttlichen Autorität der Schrift zeigte sich am stärksten in seinen Auseinandersetzungen mit Konservativen und Radikalen. Gegen die Konservativen berief er sich auf die Schrift als Gottes Wort im Gegensatz zu den menschlichen Worten des Papstes, der Konzile oder der Kirchenväter. Gegen die Radikalen führte er die Schrift als Gottes Wort ins Feld im Gegensatz zu ihrem Anspruch, der Geist rede in ihnen; denn er betrachtete jenen Geist als ihren eigenen, jedenfalls nicht als den Heiligen Geist: «Denn sooft sie bei der Verwendung klarer Schriftstellen zu dem Punkt getrieben werden, wo sie sagen müssten ‹Ich gebe nach›, reden sie alsbald über den ‹Geist› und leugnen die Schrift. Als kenne der himmlische Geist den Sinn der Schrift nicht, die doch unter seiner Anleitung geschrieben wurde, oder als sei er irgendwo mit sich selbst uneins».[15] In der Schrift *Von dem Predigtamt* bestreitet Zwingli ebenfalls den Anspruch der Radikalen, der Geist spreche in ihnen.[16] Die Radikalen behaupteten nämlich, der Geist befähige sie, die Schrift zu verstehen, und sie kämen ohne die Kenntnis der biblischen

---

[11]   Z II 634.10–34; 327.3–7 (ZwS II 374).
[12]   S VI/II 70.37–38.
[13]   Z XIII 41.31–32.
[14]   Z V 735.21–23.
[15]   Z VI/I 24.2–6.
[16]   Z IV 413.2–4.

Sprachen aus. Weil Zwingli überzeugt ist, dass die Schrift der Prüfstein sei, um zu erkennen, ob etwas von Gott komme, unterstreicht er gegenüber solch heuchlerischen Ansprüchen, dass die Kenntnis der biblischen Sprachen notwendig sei. Darin klingt das Verständnis des Prophezeiens bei Paulus in 1. Korinther 14 an; in der Folge kam es zur Gründung der Prophezei in Zürich.[17] Gegenüber beiden Gegnern sah Zwingli die Autorität der Schrift in der Eingebung durch den Heiligen Geist begründet.

Wie gegen die Konservativen und die Radikalen, so berief sich Zwingli auch gegen Luther auf die Schrift. Wieder ging es um die Bibel als Gottes-, nicht als Menschenwort oder auch um den Heiligen Geist gegen unseren menschlichen Geist. An einem entscheidenden Punkt seiner Auseinandersetzung warf Luther Zwingli vor, er sei ein Schwärmer. Zwingli drehte den Spiess um und hielt Luther entgegen, er sei selber einer, indem er ohne Rückhalt in Gottes Wort einfach davonrase.[18] Indem Zwingli sich auf die Schrift beruft, beruft er sich auf den Heiligen Geist und wendet sich damit gegen Ansichten, die von unserem eigenen Geist her stammen. In diesem Zusammenhang spricht Zwingli bildhaft vom menschlichen Geist als dem, der durch die Zügel und Stricke der Schrift im Zaum gehalten werde.[19]

Zwingli war sich bewusst, dass man die Bibel auch missverstehen und missbrauchen kann. Diejenigen, die die Bibel lesen, müssen daher mit demselben Geist erfüllt sein, der die Bibel geschrieben hat; nur so können sie sie recht verstehen. In seiner einfachsten Form tauchte dieser Gedanke in Zwinglis frühen Auseinandersetzungen mit konservativen Gegnern auf. Dabei stützte sich Zwingli – typisch reformatorisch – auf 1. Korinther 2,14–16: «Ein natürlicher Mensch aber nimmt die Dinge, die des Geistes Gottes sind, nicht an ...».[20] Es ist der Geist selber, der beurteilt, was vom Geist ist – und das heisst praktisch die Gemeinschaft oder die Person, die mit dem Geist getränkt ist. Diese Überzeugung vertrat er auch an den verschiedenen Disputationen. Zwingli ging davon aus, dass diejenigen, die durch den Heiligen Geist gelehrt waren, fähig sein würden, in Übereinstimmung mit Gottes Geist zu entscheiden, ob die Schrift missbraucht werde oder nicht und wer die Schrift auf seiner Seite habe.[21] Gegen die

---

[17]   Z IV 417.10–419.6.
[18]   Z VI/II 234.6–20; V 421.17–422.15.
[19]   Z V 733.29–734.25; vgl. S VI/I 205.35–45; 680.9–11.
[20]   Z I 377.10–12; 380.6–26 (ZwS I 146. 149).
[21]   Z I 499.7–12.

Radikalen und gegen die Konservativen berief sich Zwingli auf den Heiligen Geist, der in der Kirche wohne.[22]

Doch er schränkte den Geist nicht auf die Schrift ein. Im *Elenchus* erwähnt er, dass Gott «auch durch heidnische Sibyllen, das heisst Prophetinnen, gesprochen habe, damit wir die Freiheit seines Willens und die Vollmacht seiner Erwählung erkennen».[23] Zwingli beruft sich auf die Sibyllen aber nur, wenn das seinen Absichten dient – nicht als Autoritäten neben der Schrift. Die Christen weist er von den Sibyllen weg zur Schrift, z.B. im *Commentarius*, wo er besonders auf nichtchristliche Autoren Bezug nimmt: «Wir aber, zu denen Gott selbst durch seinen Sohn und durch den Heiligen Geist geredet hat, dürfen die Antwort auf die Frage: ‹Was ist Gott?› nicht bei denen suchen, die, aufgeblasen in menschlicher Weisheit, das, was sie von Gott richtig empfingen, verdorben haben, sondern wir müssen die Antwort in der Heiligen Schrift suchen».[24]

Als Spiritualist wurde Zwingli meistens dann eingestuft, wenn es um die Beziehung des Geistes zu Wort und Sakrament ging, eben weil er Geist und Wort auseinanderhielt. Einerseits betonte er nämlich die Freiheit und Souveränität des Geistes, andererseits lag seinem Denken ein platonisches Menschenbild zugrunde, das Geist und Fleisch in einen Gegensatz stellte.

Zwingli hob die Freiheit des Geistes hervor, indem er immer wieder zitierte: «Der Geist weht, wo er will» (Johannes 3,8) und «Der Geist ist es, der lebendig macht; das Fleisch hilft nichts» (Johannes 6,63). Der Geist sei nicht in dem Sinn an Wort und Sakrament gebunden, dass er durch sie wirken müsse oder ohne sie nicht wirken könne. Wer eine Bindung des Geistes an Wort und Sakrament behaupte, stelle das Heil unter die Verfügungsgewalt des Menschen; denn dann könne das Heil einfach durch das Hören des Wortes oder die Taufe oder den Empfang des Abendmahls garantiert werden; umgekehrt könne man das Heil anderen vorenthalten, indem man versäume, das Wort zu predigen oder die Sakramente zu spenden.

Für Zwingli nützt das Wort des Lehrers nichts, es sei denn, die hörende Person werde von Gott gelehrt. «Und wenn du auch von einem Apostel das Evangelium Jesu Christi hörtest, könntest du ihm doch nicht folgen, ausser der himmlische Vater lehrte dich durch seinen Geist und zöge dich

---

[22] Z IV 395.25–397.9; 420.3–24.
[23] Z VI/I 162.8–11.
[24] ZwS III 59 (Z III 643.24–27).

zu sich».[25] Das Wort des Predigers, ja sogar das Wort des Menschen Jesus hilft nichts, wenn nicht der himmlische Vater den Hörer zieht. Das Fleisch oder der Leib des irdischen Jesus wie auch das Fleisch oder der Leib Christi im Sakrament hilft ebensowenig; denn es ist der Heilige Geist, der lebendig macht. Letztlich garantieren Wort und Sakrament also gar nichts. Sie sind nicht automatisch und nicht für alle wirksam. Denn der Geist weht, wo er will; man kann nicht einfach durch den Akt des Predigens oder Taufens oder durch die Spendung des sakramentalen Brotes bewirken, dass der Geist weht. «Denn auf diese Weise wäre die Freiheit des göttlichen Geistes, der sich doch einem jeden nach Belieben mitteilt, das heisst wem, wann und wo er will, gebunden. Wenn der Geist nur dann inwendig wirken dürfte, wenn wir ihn äusserlich mit den Zeichen andeuten, so wäre er völlig an die Zeichen gebunden».[26]

Wort und Sakrament sind also ohne den Geist wirkungslos. Aber der Geist ist nicht wirkungslos ohne Wort und Sakrament. Wort und Sakrament brauchen den Geist, aber nicht umgekehrt der Geist Wort und Sakrament. Dies wird deutlich, wenn Zwingli in der *Fidei ratio* auf den Geist und die Sakramente zu sprechen kommt.

«Der Geist aber braucht keinen Führer und kein Fahrzeug; er selbst ist nämlich Vermögen und Energie, durch die alles bewegt wird, und er hat es nicht nötig, bewegt zu werden; wir lesen auch niemals in den heiligen Schriften, dass wahrnehmbare Dinge wie die Sakramente den Geist mitbringen; wenn vielmehr wahrnehmbare Dinge sich jemals mit dem Geist bewegt haben, dann war es der Geist, der sie bewegte, nicht die wahrnehmbaren Dinge ... Kurz, der Geist weht, wo er will».[27]

Das andere Element in Zwinglis Denken ist sein teilweise platonisches Menschenbild – ein Bestandteil seines humanistischen Erbes. Dieses Menschenbild geht von der Voraussetzung aus, dass zwischen dem Inneren und dem Äusseren ein scharfer Gegensatz besteht, so dass das Innere (das Herz oder der menschliche Geist) nicht berührt werden kann durch das, was äusserlich ist (Worte, Wasser, Brot, Wein). Das Äusserliche spricht das Äusserliche an und beeinflusst es. – So wichtig allerdings dieser Gedanke ist, – ist für Zwingli die souveräne Freiheit des Geistes noch grundlegender. Darin liegt das Herzstück dessen, was Zwingli unter christlicher Theologie (mit theozentrischem Charakter) verstand, sowie

---

[25] ZwS I 134 (Z I 366.30–33).
[26] ZwS III 234 (Z III 761.4–8).
[27] Z VI/II 803.10–22.

das Herzstück des christlichen Lebens, zu dem gehöre, dass man sein Vertrauen in den Schöpfer setze statt in das Geschöpf.

Wenn Zwingli einerseits den Geist von Wort und Sakrament trennt, so verbindet er sie andererseits wieder, auch wenn die natürliche Reihenfolge Geist und Wort heisst mit der Betonung auf dem Geist. In der Schrift *Die Klarheit und Gewissheit des Wortes Gottes,* in der manche einen starken Einfluss Luthers erkennen, betont Zwingli Gottes Wort: «Das Wort Gottes ist so zuverlässig und mächtig, dass, was immer Gott will, von dem Moment an geschieht, wo er sein Wort ausspricht». Aber auch hier stellt er die Macht des Wortes in den Rahmen des souveränen göttlichen Willens. Und wenn er die Klarheit des Wortes erläutert, betont er im selben Atemzug die Rolle des Geistes; denn niemand versteht das Wort dank der menschlichen Verständigkeit, vielmehr ermöglicht dies «das Licht oder der Geist Gottes, der in seinen Worten so leuchtet und atmet».[28]

Bei der Auslegung von Jesaja 59,21, wo erst vom Geist und dann vom Wort die Rede ist, unterstreicht Zwingli, dass der Geist zuerst genannt wird – denn ohne den Geist verstehe der Mensch das Wort falsch. Darum besitze die Kirche sowohl das durch die Propheten verkündigte Wort als auch den Geist, der erleuchtet, wo er will.[29]

Das Empfinden für die Einheit von Wort und Geist kommt auch zum Ausdruck, wenn Zwingli sagt, der Geist wirke im Prediger und in der hörenden Person. Das lässt sich auf die Apostel zu ihrer Zeit beziehen oder auf uns in unserer Zeit. «Zudem: Die Jünger, die die Botschaft von Christus auf dem ganzen Erdkreis verbreiten sollten, empfingen auch den Geist Christi. Wie nämlich Christus gesandt war, so werden auch sie gesandt (vgl. Joh. 20,21); demnach mussten, die dasselbe Werk trieben, auch denselben Geist haben».[30] Dass der Geist zum Wort hinzukommen muss, findet auch in Zwinglis Eingangsgebet für die Prophezei Ausdruck. Dort heisst es, dass diejenigen, die die Wahrheit hören, den Geist empfangen mögen, damit sie die Wahrheit in sich aufnehmen und ihr Leben entsprechend der Wahrheit gestalten.[31]

Wenn Zwingli den Geist in einen Gegensatz zum Wort stellt, will er den Geist hervorheben und nicht die Bedeutung des Wortes abstreiten. Ohne dass der Geist inwendig lehre, sei das äusserliche Wort nutzlos. Jeder Mensch müsse nämlich von Gott gelehrt werden. «Doch daraus

---

[28] ZwS I 119 (Z I 353.8–13); ZwS I 132 (Z I 365.14–21).
[29] Z XIV 391.1–7.
[30] ZwS III 198 (Z III 737.34–37).
[31] S VI/I 262.44–48.

folgt nicht etwa, dass das äusserliche Wort nicht notwendig sei; denn Christus befahl den Aposteln, das Evangelium in aller Welt zu predigen».[32] In keinerlei Hinsicht können wir uns einfach auf den Geist verlassen und auf das Wort verzichten. Denn – dies macht Zwingli im *Commentarius* deutlich – «So müssen wir ... äusserlich durch das Wort Gottes, innerlich durch den Geist unterwiesen werden».[33]

Eine gewisse Ironie liegt in der Tatsache, dass der von Luther formulierte Marburger Artikel über das äusserliche Wort einen Zwinglischen Akzent enthält: Er erklärt den Geist zur Quelle des Glaubens. Das ist eine Aussage, die genausogut von Zwingli stammen könnte. Denn sie erklärt, dass der Geist gewöhnlich niemandem Glauben schenkt ohne das Wort, führt aber zum Schluss, dass der Geist Glauben erweckt, wo und in wem er will.[34]

---

[32] S VI/I 752.44–48.

[33] ZwS III 437 (Z III 901.6–7).

[34] Z VI/II 522.12–17: «Von dem usserlichen wort. Zum achten, das der heylig geyst, ordenlich zuo reden, niemants soelichen gloubenn oder syne gabe on vorgend predigt oder müntlich wort oder evangelion Christi, sonder durch unnd mit soelichem müntlichem wort würckt er und schafft er den glouben, wo und in welchen er wil. Rom. X».

VII

SÜNDE UND HEIL

Im Zentrum der Reformation stand die Frage nach dem Heil – eine Frage, die schon die ganze mittelalterliche Theologie und Religion bewegte. Vor diesem Hintergrund formulierten die Reformatoren ihr Heilsverständnis. Obwohl sie sich über diesen zentralen Gegenstand ihrer Lehre grundsätzlich einig waren, kamen auch manche Unterschiede zwischen ihnen zum Vorschein, worin sich ihre jeweilige theologische Tradition und der Weg spiegelte, auf dem jeder zum Glauben an Christus gefunden hatte. Für Zwingli war die Rolle des Erasmus und seines Humanismus ein wichtiger Faktor sowohl auf dem Weg zum Glauben wie in seiner theologischen Entwicklung.

Zur Wende kam es für ihn in den Jahren 1515–1516. Zwingli selbst datierte sie nach seiner Lektüre eines Gedichtes von Erasmus.[1] Dieses Gedicht führte ihn zur Erkenntnis, dass es keinen Mittler zwischen Gott und Mensch gibt ausser Christus, unseren Erlöser, und dass es dieser Erkenntnis widerspricht, wenn Menschen Hilfe bei Geschaffenem suchen, seien es nun Heilige, Sakramente oder gute Werke.

Sieben Jahre später legte Zwingli an der Ersten Zürcher Disputation 67 Thesen vor. Sie fassten zusammen, was er bis dahin auf der Grundlage der Schrift gepredigt hatte. Der Inhalt blieb grundsätzlich derselbe, präsentierte sich jedoch in ausgereifter Form. Zwingli stellte einen Gegensatz auf zwischen der Suche nach Heil bei Gott oder Christus, dem Sohn Gottes, und der Suche nach Heil bei jemand oder etwas anderem. Artikel 50 und 51 lauten: «Gott allein vergibt die Sünde, durch Christus Jesus, seinen Sohn, unseren Herrn allein» sowie «Wer dies den Geschöpfen erlaubt, entzieht Gott seine Ehre und gibt sie jemandem, der nicht Gott ist. Das ist eigentliche Abgötterei».[2]

Zwinglis Verständnis des Evangeliums entwickelte sich wohl vor und in seinen ersten Zürcher Jahren; aber in seiner Auffassung gibt es eine grundlegende Kontinuität. Beatus Rhenanus erwähnt Zwinglis geistvolle Predigten in Einsiedeln mit ihren Spitzen gegen äusserliche Zeremonien.

---

[1] Z II 217.5–14 (ZwS II 254).
[2] ZwS II 412; 436 (Z II 363.17–18; 391.9–11).

Seine Bemerkungen wurden später dahingehend interpretiert, dass Zwingli zu jener Zeit nichts weiter gewesen sei als ein typisch humanistischer Prediger im Sinne des Erasmus. Das mag so sein; doch ist zu bedenken, dass man Erasmus als zur Reformation gehörig betrachten kann – jedenfalls stand er nicht im Gegensatz zu ihr. Viele Jahre später konnte Bucer sagen, Erasmus habe die Reformation sogar in Gang gesetzt, indem er anprangerte, dass die Menschen ihr Heil in Zeremonien suchten statt in Christus. Vielleicht hörte Beatus Rhenanus aus Zwinglis Predigt auch nur das heraus, was seine eigene Meinung bestätigte, und überhörte Zwinglis eigentlich reformatorische Töne. In diesem Zusammenhang ist bemerkenswert, dass auch Bucer an der Heidelberger Disputation von Luther beeindruckt war, ohne offenbar zu hören, was dieser in so bezeichnender Weise über die Theologie des Kreuzes sagte. Auch Zwingli zeigte sich in seiner frühen Lektüre von Luther nicht durch das beeindruckt, was Luther kennzeichnete, sondern durch jene Gedanken, die seine eigenen bestätigten. – Wie dem auch sei: Zwinglis Verständnis des Evangeliums reifte wahrscheinlich in den Jahren zwischen 1516 und 1522, als er sich intensiv mit Paulus, Johannes und Augustin befasste und allerlei zu durchleiden hatte, vor allem eine schwere Pesterkrankung.

Während Luther in seiner Evangeliumspredigt die menschlichen Werke aufs Korn nahm, wandte sich Zwingli gegen die Abgötterei; dagegen, dass die Menschen ihr Vertrauen in etwas anderes setzten als in Gott – wozu natürlich auch die Werke zählten.[3] Mindestens seit der ersten Hälfte des 19. Jahrhunderts fällt den Forschern ein Gegensatz auf zwischen Zwinglis Kampf gegen die Paganisierung der Kirche und Luthers Kampf gegen ihre Judaisierung. Zwingli betont, dass Gott allein Ehre gebührt und nicht den Geschöpfen, – Luther betont die Gerechtigkeit allein aus Glauben ohne die Werke des Gesetzes.[4] Diese verschiedenen Akzente stehen für weitere Unterschiede in ihrer Theologie. Dabei muss man Zwinglis Besorgnis wegen der Abgötterei aus der Zürcher Situation heraus verstehen, wo – nach Farner – in vorreformatorischer Zeit die Anzahl an Heiligenbildern, Prozessionen und Wallfahrten um das Hundertfache zugenommen hatte.[5]

Zwei von Zwinglis Lieblingstexten sind in diesem Zusammenhang besonders aussagekräftig. Bei Jeremia kritisiert Gott den Götzendienst mit

---

[3] Z III 50.11–51.1 (ZwS I 293f.).
[4] vgl. Kurt Guggisberg, Das Zwinglibild, S. 212f..
[5] Oskar Farner, Huldrych Zwingli, Band 3, Zürich 1954, S. 19f.

den Worten: «Denn zwiefach hat mein Volk gefrevelt: mich hat es verlassen, den Quell lebendigen Wassers, und hat sich Brunnen gegraben, rissige Brunnen, die das Wasser nicht halten» (Jeremia 2,13); die Worte Christi in Matthäus 11,28 enthalten umgekehrt eine Einladung: «Kommet her zu mir alle, die ihr mühselig und beladen seid, so will ich euch Ruhe geben». Zwingli beklagte, dass die Prediger den Leuten nichts anderes sagten als: «Lauf dahin, wallfahre dorthin, kauf Ablassbriefe, bemale die Wände, gib dem Mönch, opfere dem Priester, mäste die Nonnen, so will ich dir – ein Mensch dem anderen – die Absolution erteilen». Angesichts dessen zitierte Zwingli das erwähnte Christuswort und fügte hinzu: «Schau, er ruft uns zu sich selbst. Er weist uns nicht zu diesem oder jenem Fürsprecher».[6]

Wallfahrten, Gebete zu den Heiligen, sogar Werke der Barmherzigkeit und die Sakramente waren für Zwingli Abgötterei oder konnten es sein, insofern sie für uns Christus und seinen Tod zweitrangig oder entbehrlich zu machen drohten. Den Glauben dürfe man nicht an solche Dinge hängen; Glaube war für Zwingli Glaube an Gott. Daher stellt er im *Commentarius* 1525 wahre und falsche Religion einander so gegenüber:

«Darin also besteht wahre christliche Religion, dass der unglückselige Mensch an sich selbst verzweifelt und alle seine Gedanken und sein Vertrauen auf Gott wirft in der Gewissheit: Der, der seinen Sohn für uns gegeben hat, kann nichts abschlagen (vgl. Röm. 8,32), und der Sohn, der in gleicher Weise Gott ist wie der Vater, kann nichts abschlagen, da er unser ist. Die falsche Religion aber, da sie ihre Hoffnung auf anderes richtet, trägt ohne Grund den Namen Christi. Der eine dingt, um seine Sünden abzuwaschen, betrunkene Sänger, der andere Mönche, damit sie saft- und kraftlos Psalmen singen, der dritte baut prunkvolle Gotteshäuser, ein vierter glaubt, seine Seligkeit zu erkaufen, wenn er einem Heiligen ein köstliches Kleid macht; der eine stützt sich auf seine eigenen, der andere auf fremde Werke ... Gott, der beste und höchste, verleihe, dass wir alle unsere Blindheit erkennen und dass wir, die wir bisher den Geschöpfen anhingen, uns nun mit dem Schöpfer verbinden, damit er unser einziger Schatz wird, bei dem unser Herz wohnt (vgl. Matthäus 6,21)».

Diese Gedanken nehmen in Zwinglis Theologie eine so zentrale Stelle ein, dass er diesen Abschnitt des *Commentarius* mit den Worten schliesst: «Soviel über das Hauptstück der christlichen Religion».[7]

---

[6] ZwS II 75; 259 (Z II 66.13–16;221.25–27).
[7] ZwS III 177f. (Z III 723.1–17).

Der starke Akzent auf Gott in Zwinglis Theologie ist kennzeichnend für seine Auffassung von Heil. Das Heil kommt für ihn von Gott und ruht in Gott. Es beginnt mit Gottes Gnadenwahl und hängt nicht von uns, sondern hängt ganz von Gottes Willen und seiner Absicht ab. Gottes Gnadenwahl zeigte sich nicht nur im ewigen Christus, sondern auch in jenem Christus, der geboren wurde, litt, starb, auferstand und zum Himmel fuhr für das Heil der Menschheit. Doch kommt das Heil in uns nicht zur Erfüllung, es sei denn, der Geist führe uns zum Glauben. – Damit wird deutlich: Zwingli betrachtete das Heil und die Erlösung ganz und gar als Werk Gottes: des Vaters, des Sohnes und des Heiligen Geistes.

Der beharrliche Hinweis auf Gottes Gnade in Christus war allen Reformatoren gemeinsam. Er führte dazu, dass sie den freien Willen und menschliche Verdienste in Abrede stellten und ging einher mit einer entsprechenden Auffassung von der Sündhaftigkeit des Menschen. In ihrem Konflikt mit Erasmus und anderen waren sowohl Zwingli wie Luther darin einig, dass der freie Wille und der Verdienstgedanke abzulehnen seien. Ebenso einig waren sie darin, dass das Heil vollkommen von Gott abhängt. Allerdings verstanden sie Sünde und Heil sehr verschieden und sprachen auch sehr unterschiedlich davon. Zwingli veröffentlichte einen Angriff gegen den freien Willen im *Commentarius*, bevor Luthers Antwort an Erasmus unter dem Titel *Vom unfreien Willen* erschien. Zwinglis wie Luthers Kritik richtete sich gegen Werke, die zwar gut hiessen, aber nicht gut waren, weil sie entweder nicht aus dem Glauben kamen oder nicht von Gott angeordnet waren wie z.B. die Wallfahrten.[8] Er zeigte auch, wie weit die entsprechenden Werke davon entfernt sind, wahrhaft gut zu sein.[9] Ausserdem richtete sich seine Kritik dagegen, dass wir unsere Werke als Grundlage unseres Heils oder unserer Gottesbeziehung betrachten. Beide Reformatoren betonten, dass wahrhaft gute Werke aus dem Glauben kommen; denn ein lebendiger Glaube bringt gute Werke hervor wie ein guter Baum gute Früchte.[10] Im Gespräch mit seinen Gegnern räumte Zwingli zwar ein, dass viele Bibelstellen den Werken Heilscharakter zuschreiben und davon sprechen, dass Gott unsere Werke belohnt. Doch versicherte er wie schon Augustin, dass in diesen Fällen Gott nicht unser, sondern sein eigenes Handeln belohnt; denn er ist es, der

---

[8]   S VI/I 519.26–29; 520.19–20.
[9]   Z III 678.35–680.12 (ZwS III 109–111).
[10] Z III 383.18–23; 849.36–37 (ZwS III 365); Z VI/III 125.5–18;S VI/II 220.21–26; 272.3–7.

in unserem Handeln das Gute bewirkt. Letzten Endes hängt ohnehin alles von Gottes Erwählung vor Grundlegung der Welt ab.[11]

Die ersten Artikel an der Ersten Zürcher Disputation zeigen, dass für Zwingli wie für Luther im Herzen des gepredigten Evangeliums Christus steht. Wie bei Luther liegt auch bei Zwingli das Hauptinteresse in der Sorge um das Seelenheil der Menschen.

«Die Summe des Evangeliums besteht darin, dass unser Herr Christus Jesus, wahrer Gottessohn, uns den Willen seines himmlischen Vaters offenbart und mit seiner Unschuld vom Tod erlöst und Gott versöhnt hat. Von daher ist Christus der einzige Weg zur Seligkeit für alle, die je waren, sind und sein werden. Wer eine andere Tür sucht oder zeigt, der irrt, ja ist ein Mörder der Seelen und ein Dieb».[12]

In seiner Zusammenfassung des Evangeliums weist Zwingli darauf hin, dass Gott im Evangelium seinen Willen offenbart hat. An diesem Punkt zeigt sich zwischen Zwingli und Luther einer jener Unterschiede in Akzent und Terminologie, von denen sich manche später zu beträchtlichen Differenzen zwischen lutherischer und reformierter Theologie ausweiteten. Zwingli ging es von Anfang an darum, dass das im Evangelium eröffnete neue Leben auch tatsächlich gelebt wird. Wahrscheinlich ist dieser Zug dem Einfluss des Erasmus und Zwinglis Lektüre der Kirchenväter zuzuschreiben.

In seinen frühesten Reformationsschriften sprach Zwingli davon, dass das Evangelium die Menschen mit der Liebe zu Gott und zum Nächsten entflamme.[13] Christlicher Glaube führe dazu, dass wir ein neues Leben leben. In Zwinglis Worten ist «der Gläubige aus dem Geist Gottes gläubig. Wo nun Gott ist, da wird immerdar Gutes gemehrt und wächst». Wo das nicht geschieht, liegt die Ursache darin, dass die Menschen nur vorgeben zu glauben oder dass ihr Glaube zwar noch wachsen wird, aber vorläufig noch schwach ist (vgl. Epheser 4,13).[14] Zwingli weist den Gedanken zurück, dass der Glaube an das Evangelium Christi die Menschen gegenüber der Sünde gleichgültig werden lässt. Ein solcher Glaube sei nicht echt. Ein Christ sei einem Menschen vergleichbar, der sein Bein gebrochen hat: Er meint nicht, er könne das Bein immer wieder brechen, nur weil er einen Arzt gefunden habe, der es heilen könne. Im Gegenteil: Ihm

---

[11]   Z VI/V 121.11–123.2 (ZwS IV 333f.).
[12]   Saxer, Schriften, 24 (Z I 458.13–19).
[13]   Z I 88.10–89.2 (ZwS I 19).
[14]   Z II 644.4–10.

bleibt der Schmerz vom Beinbruch in lebhafter Erinnerung.[15] Zwinglis Bestreben, dass im Leben der Menschen eine Veränderung stattfinden möge, war so stark, dass er sogar sagen konnte, es wäre besser gewesen, gar keinen Erlöser zu senden, als einen zu senden, ohne dass wir uns dadurch verändern.[16] In der Tat ist der Ruf zur Umkehr, der mit dem Evangelium einhergeht, ein Ruf zu einer völligen Umgestaltung des Lebens. Die Busse bezeichnet nicht einfach den Beginn des christlichen Lebens, sondern bleibt ein Wesenszug des Christseins.[17]

In allen diesen Fragen blieb das in humanistischen Kreisen so herausgehobene Vorbild Christi ein Bestandteil von Zwinglis reformatorischer Theologie. In seiner Auslegung von «Ziehet den Herrn Jesus Christus an» (Römer 13,14) beschrieb er das Leben eines Christen als: «nichts anderes als sich als Sünder anerkennen, auf Gottes Barmherzigkeit durch Christus vertrauen und ein Leben in Heiligkeit und Unschuld nach dem Vorbild Christi gestalten».[18] Ein solches Leben ist jedoch keineswegs mehr eine Frage menschlicher Anstrengung; Zwingli stellte es durchwegs als das Werk Christi oder des Geistes im Christenmenschen dar. Wo er das neue Leben des Christen hervorhob, warf er den Radikalen vor, dass sie lieber vom Leben Christi redeten als es lebten; und die Konservativen klagte er an, sie schnitten das christliche Leben von seiner Quelle in Christus ab.[19]

Einige Ähnlichkeiten und Unterschiede zwischen Zwinglis und Luthers Heilsverständnis zeigen sich in ihrer Verwendung von Begriffen wie Gerechtigkeit, Glaube, Gesetz und Evangelium. Für Luther ist Gerechtigkeit die Gerechtigkeit Christi, die uns angerechnet wird. Für Zwingli ist sie das auch, aber – hier steht er näher bei Augustin – Christus gibt uns auch Anteil an seiner Gerechtigkeit; er verleiht uns sowohl eine innerliche und geistliche als auch eine äusserliche Gerechtigkeit.[20] Diese Redeweise von der Einheit mit Christus ist für Zwingli nicht typisch.

---

[15] Z III 700.19–701.28 (ZwS III 142–144).
[16] Z III 692, 32–36.
[17] Z III 717.25 (ZwS III 118) Der Abschnitt über die Busse im *Commentarius* folgt unmittelbar auf den über das Evangelium. Zwingli anerkennt wie Luther, dass wir immer Busse tun müssen. «Denn wann sündigen wir nicht?» (ZwS III 135/ Z III 695.20–21).
[18] S VI/II 126.12–29. Unter Berufung auf die Kirchenväter spricht Zwingli davon, wie Christus Mensch wurde, damit wir göttlich werden (Z II 72.14–73.18/ ZwS II 82f.; S VI/II 56.7–14).
[19] S VI/II 271.8–21 Nach Köhler stellte Zwingli bereits eine Verbindung zwischen der Rechtfertigung und dem christlichen Leben her, als er in den Randglossen zum Römerbrief Origenes zitierte; Köhler, Die Randglossen, S. 95).
[20] Z V 625.22–28.

Trotzdem sagt er, dass Christi Gerechtigkeit zu unserer wird; denn Christus «ist gerecht und unser Haupt, und wir sind seine Glieder».[21] Gottes Gerechtigkeit, die dem glaubenden Menschen durch Christus und den Geist verliehen ist, führt zur inneren Erneuerung des Menschen. Aber der glaubende Mensch ist deshalb mit seinen guten Werken nicht einfach zufrieden; er sieht, wie unrein das ist, was er tut. Er verlässt sich nicht auf seine eigene Gerechtigkeit, sondern betet immer: «Vater, vergib uns unsere Schuld».[22]

Zwingli und Luther sprechen beide vom Glauben an Christus und vom Glauben an Gott. Manche beobachten bei Zwingli einen wesentlich stärkeren Akzent auf dem Glauben an Gott; umgekehrt bei Luther einen stärkeren Akzent auf dem Glauben an Christus. Dem entspricht, dass ein Lieblingstext Zwinglis Hebräer 11,1 ist: «Es ist aber der Glaube eine Zuversicht auf das, was man hofft, eine Überzeugung von Dingen, die man nicht sieht». Zwingli betont anhand dieses Textes den Gegensatz zwischen unsichtbaren und sichtbaren Dingen, d.h. zwischen Gott und allem Geschaffenem. – Hier könnte man Zwingli allerdings missverstehen. Denn Glaube ist für ihn zwar immer Glaube an Gott; aber nicht an Gott im Gegensatz zu Christus, sondern im Gegensatz zu jedem anderen und zu allem, was nicht Gott ist. Darum ist Glaube an Christus Glaube an ihn als Gott und nicht als Mensch. In diesem Punkt besteht ein echter Unterschied zwischen Zwingli und Luther. Zwingli war der Ansicht, man solle die Menschen gar nicht auf die menschliche Natur Christi allein hinweisen, weil Christus selber gesagt habe: «Wer an mich glaubt, der glaubt nicht an mich, sondern an den, der mich gesandt hat» (Johannes 12,44); das bedeute, man solle nicht an Christus in seiner Eigenschaft als Mensch glauben.[23]

Für Zwingli kommt der Glaube an Gott von Gott und nur von Gott. Er hängt in keiner Weise vom Menschen ab, auch nicht von etwas Äusserlichem wie Wort, Sakrament oder Wunder; nur von Gott selbst. Wir mögen Prediger brauchen – aber nicht sie bewirken, dass das Herz glaubt. Wieder legt Zwingli anders als Luther den Akzent auf das Göttliche statt das Menschliche. Die Verleihung des Glaubens ist Gottes Werk, insbesondere

---

[21] ZwS II 277 (Z II 236.5–9).
[22] S VI/I 203.15–34; 260.6–35.
[23] Z VI/II 207.26–210.4. Mit diesem Argument wandte Zwingli sich gegen Luthers Abendmahlsverständnis, insbesondere gegen dessen Glauben an das leibliche Essen Christi.

das Werk des Heiligen Geistes.[24] An dieser Stelle unterscheidet Zwingli wie Melanchthon den heilbringenden vom geschichtlichen Glauben. Predigt oder Sakramente mögen zum Glauben führen, aber nur der Heilige Geist kann uns befähigen, zu glauben, dass Christus für uns gestorben ist.[25]

In seinen frühesten Schriften verwendete Zwingli die Begriffe Gesetz und Evangelium ähnlich wie Luther: Das Gesetz stellt Forderungen an uns, das Evangelium ist die gute Nachricht von Gottes Angebot in Jesus Christus. Anders setzte Zwingli den Schwerpunkt seit seinem Brief nach Strassburg 1524.[26] Von nun an lautete die Reihenfolge Evangelium und Gesetz; Zwingli sprach vom Glauben als der Grundlage, auf der das Gesetz aufgebaut sei. Das Gesetz dürfe nicht vernachlässigt oder übergangen werden, denn «der Eifer für die Forderungen des Gesetzes entspringt dem Glauben». – Wie Luther sprach Zwingli in seinen frühen Schriften von der Unmöglichkeit, das Gesetz zu erfüllen, sowie davon, dass Christus uns das Gesetz gibt, damit wir unsere Unzulänglichkeit erkennen und bei ihm Zuflucht suchen. Aber mit Luthers negativer Art, das Gesetz zu beschreiben, war Zwingli nicht einverstanden. Das Gesetz an sich sei heilig; man solle nicht wie Luther sagen, es erschrecke uns, bringe uns zur Verzweiflung oder veranlasse uns, Gott zu hassen. Verzweiflung und Hass gegen Gott seien nicht eine Auswirkung des Gesetzes, sondern kämen aus unserer Schwachheit und unserer Unfähigkeit, das Gesetz zu halten. Wie Zwingli später in einem Kommentar zu Jakobus 1,25 formulierte, könne das Gesetz ebensowenig verurteilen, wie Licht, wenn es auf ungestalte Menschen scheint, diese verunstalten könne.[27]

Zwingli lag es fern, Gesetz und Evangelium in einen Gegensatz zu stellen wie Luther. Er konnte sogar vom Gesetz als Evangelium sprechen; denn im Gesetz erblickte er den unveränderlichen Willen Gottes. In der Auslegung des 16. Artikels von 1523 hielt Zwingli fest, dass er alles als Evangelium betrachtete, «was uns Gott bekanntgemacht hat durch seinen eigenen Sohn»; und das schliesst ein Gebot ein wie «Ihr sollt nicht gegeneinander Zorn hegen». Wenn man das Gesetz vom Standpunkt des glaubenden Menschen aus betrachte, sei es tatsächlich ein Evangelium oder eine gute Nachricht. «Der wahre Gläubige ist erfreut und genährt mit

---

[24] Z II 111.9–11 (ZwS II 132); Z III 42.11–20 (ZwS I 285); Z IV 227.28–228.2; Z VI/II 203.23–207.4; Z XIV 340.28–29.
[25] Z VI/V 151.14–153.8 (ZwS IV 354).
[26] Z VIII 263.18 – 265.24.
[27] S V/II 260.24–261.23.

jedem Wort Gottes, auch wenn es gegen die Begierden des Fleisches steht».[28]

Für Zwingli erfüllte Christus das Gesetz in zweierlei Hinsicht: Er führte vor Augen, was Gott von uns will, und tat, was wir nicht können, um Gottes Gerechtigkeit Genüge zu leisten. Indem Christus das Gesetz klarer zum Ausdruck brachte, hat er es erneuert.[29] Andererseits hat er uns vom Gesetz befreit – «nicht in dem Sinne, dass man das von Gott Gebotene und Gewollte nicht mehr zu tun hätte», sondern so, dass wir es aus Liebe tun sollen; denn «man wird mehr und mehr in der Liebe zu Gott entzündet, so dass man seine grosse Gnade und Freundschaft erkennt».[30] Weil das Gesetz Gottes unveränderlicher Wille ist, sind wir «niemals davon befreit, das Gesetz zu halten».[31]

Wir sind vom Gesetz befreit, weil Christus oder der Geist in uns wirkt, was das Gesetz verlangt, oder – und dies ist nichts grundlegend anderes – weil Liebende kein Gesetz brauchen, das ihnen sagt, was sie tun sollen. Da jedoch der Glaube vieler Menschen schwach ist, brauchen wir das Gesetz. «So dass wir dadurch das Gesetz nicht weniger verkünden als die Gnade. Aus dem Gesetz lernen nämlich die Erwählten und die Gläubigen den Willen Gottes, die Gottlosen aber werden erschreckt, dass sie entweder aus Furcht etwas zum Nutzen des Nächsten tun, oder aber ihre Verzweiflung und ihre Gottlosigkeit verraten».[32]

Hier sehen wir den sogenannten dritten Gebrauch des Gesetzes (tertius usus legis) in den Gläubigen, neben dem ersten: der Eindämmung des Bösen, und dem zweiten: der Aufdeckung der menschlichen Sündhaftigkeit.

Für Zwingli sind nicht diejenigen bürgerlichen und zeremoniellen Gesetze ewig gültig, die den äusseren Menschen betreffen, sondern nur jene, die für den inneren Menschen bestimmt sind. Die bürgerlichen Gesetze können nach Zeit und Ort verschieden sein; und die zeremoniellen Gesetze wurden durch Christus sogar ganz abgeschafft. Hingegen sind die Gesetze, die den inneren Menschen betreffen, ewig; sie sind in Christus oder in der Liebe zusammengefasst. Christus und die Liebe werden sogar als Ende des Gesetzes bezeichnet (Römer 10,4 und 1. Timotheus 1,5).[33]

---

[28] Z II 76.12–78.16 (ZwS II 87–90); Z II 79.11–18 (ZwS II 91); Z II 159.32–160.19 (ZwS II 189); Z II 231.33–233.15 (ZwS II 272–274).

[29] Z II 496.6–22 (ZwS I 185).

[30] ZwS II 278 (Z II 235.4–236.33).

[31] Z II 647.34–35.

[32] ZwS IV 336 (Z VI/V 125.5–21).

[33] Z II 481.18–23 (ZwS I 169); III 706.34–708.8 (ZwS III 153f.).

Mit Luther und im Unterschied zu den konservativen Gegnern betrachtete Zwingli die sogenannten evangelischen Räte, wie sie unter anderem in der Bergpredigt enthalten sind, als bindend für alle Christen.

Mensch und Sünde sind für Zwingli im Horizont der Erlösung zu verstehen; er erläutert die Sünde oft in diesem Zusammenhang: Der Mensch wurde als Ebenbild Gottes geschaffen, «um mit Gott Gemeinschaft zu haben»; die Ebenbildlichkeit findet sich dabei im Geist oder in der Seele.[34] Allerdings kommt der Mensch als Ebenbild Gottes in Zwinglis Schriften weniger ausführlich zur Sprache als der gefallene oder sündige Mensch; Zwingli unterstreicht ebenso wie Luther, dass der Mensch ein Sünder sei. So geht er etwa über die Vulgata, die lateinische Übersetzung der Bibel, hinaus und übersetzt 1. Mose 8,21 in dem Sinn, dass die Gedanken des menschlichen Herzens böse sind, nicht dass sie zum Bösen neigen – diese letztere Übersetzung hatte einige dazu verleitet, vom freien Willen des Menschen zu sprechen. – Zwingli drückte die Vorstellung vom sündigen Menschen wie Paulus durch den Gegensatz zwischen Fleisch und Geist aus. Das Wort Fleisch bezieht sich dabei auf den ganzen Menschen, nicht nur auf einen Teil von ihm, und kennzeichnet den Menschen als gefallenen. Darum kann der Mensch für seine eigene Erlösung gar nichts tun. Der zweite Begriff, Geist, spricht den Heiligen Geist an. Doch arbeitete Zwingli wie Erasmus auch mit dem griechischen Gegensatzpaar Fleisch–Geist oder Leib–Seele. Diese griechische Vorstellung zieht sich durch sein ganzes Denken hindurch, auch wenn die Auffassung des Paulus in seinem Heilsverständnis vorherrscht.[35] Insbesondere beeinflusste die griechische Vorstellung seine Sicht von der Art und Weise, wie Menschen das Heil empfangen; Zwingli lehnte die bei Luther so stark vertretene Meinung ab, dass Wort und Sakrament als äusserliche Dinge in der Lage seien, das Heil innerlich an Herz und Seele zu vermitteln. Seine einleitenden Gedanken zur Sünde in der *Auslegung und Begründung der Thesen* stehen im Horizont der Erlösung. Artikel 2 bis 4 bezeugen Christus als Erlöser; Artikel 5 handelt vom Wesen der Sünde. Zwingli

---

[34] Z I 342.21–344.7; 349.12–353.5 (ZwS I 107f.; 114–118).

[35] Pfister betont, dass Zwinglis griechisches, dualistisches Menschenbild mit seiner unausgesprochenen Leugnung einer menschlichen Sündenschuld nicht vereinbar sei mit Zwinglis Verständnis von Christus und dem Heil. Es habe auch keinen Einfluss auf seine Lehre von der Erbsünde (Pfister, Das Problem der Erbsünde, S. 15–16). Doch es sei 1523 vorhanden in der *Auslegung und Begründung der Thesen*, 1530 in *De providentia*, und vor allem sei es offenkundig, wenn er einfach das Wesen des Menschen erörtere.

redet von einem «Präst» (Gebrechen), das der Sünde zugrundeliegt, damit verständlicher wird, was es mit der Heilung oder Erlösung auf sich hat. Er beginnt seine Ausführungen mit Adam, der sich von Gott weg zu sich selber hinwandte, um zu sein wie Gott. Er missachtete Gottes Gebot und erlitt zur Strafe den Tod. Von daher sind alle seine Nachkommen dem Tod verfallen. Ohne den Geist Gottes sind die Menschen nicht imstande, Gutes zu tun, und bleiben in der Gewalt des Todes. Zwingli stützt seine Überlegungen zur Sünde weitgehend auf die biblische Urgeschichte (wie an dieser Stelle) und auf den Römerbrief. Diesem entnimmt er den Gedanken, dass das Gesetz uns aufdeckt, was Sünde ist, und uns der Hoffnung beraubt, wir könnten aus eigener Kraft zu Gott gelangen.[36]

Es fällt auf, dass im Kapitel über den Menschen im *Commentarius* Zwinglis ganze Aufmerksamkeit dem Menschen als Sünder gilt, obwohl ein eigenes Kapitel über die Sünde folgt. Die Sünde geht zurück auf den Fall Adams. Zwingli betont, dass Adams Bestreben, zu sein wie Gott, der Liebe zu sich selbst entspringe. Als Nachkommen Adams hätten wir sein Gebrechen geerbt. Er kennzeichnet dieses Gebrechen nicht mehr wie in seinen früheren Schriften als Tod und Unfähigkeit, sondern als Eigenliebe. In seinem Sprachgebrauch entspricht dieser Begriff dem, was Luther Begierde nennt. Traditionsgemäss unterscheidet er zwischen der Erbsünde (Krankheit oder Gebrechen) und der aktuellen Sünde, die daraus entsteht (Gesetzesübertretung). Wie Augustin und Luther betont er die totale Schlechtigkeit der Sünde und die Unfähigkeit des Menschen, irgendetwas dagegen zu tun.[37] Die Sünde gegen den Heiligen Geist sei Mangel an Glauben; vom Sünder gelte: «Denn niemals hält er sich an Gott oder ehrt ihn».[38]

Eine Gelegenheit, seine Vorstellung von der Sünde auf neue Art zum Ausdruck zu bringen, bot sich Zwingli in der Auseinandersetzung mit den Täufern. In seiner Schrift *Von der Taufe, von der Wiedertaufe und von der Kindertaufe* vom Mai 1525 charakterisierte Zwingli die Sünde als willkürliche Übertretung des Gesetzes und machte einen Unterschied zwischen Erbsünde und Erbschuld. Wenn er mit Täufern diskutierte, trat er jeweils für die Kindertaufe ein; er konnte sich aber nicht auf das herkömmliche Argument stützen, dass die Taufe mit der Erbsünde in Verbindung stehe; denn das widersprach seinem Taufverständnis. Darum

---

[36] Z II 33.9–38.18; 43.19–45.34; 98.31–100.3 (ZwS II 35–42; 48–51; 117f.).
[37] Z III 654.27–667.29; 706.34–723.20 (ZwS III 75–92; 152–178).
[38] ZwS III 175 (Z III 721.25–28).

argumentierte er: Die Erbsünde, die uns angeboren ist, ist «ein Gebrechen, das für sich genommen nicht sündhaft ist an dem Menschen, der es hat». Und er fuhr fort:«Es kann ihn auch nicht verurteilen, was immer die Theologen sagen, solange der Mensch nicht aus diesem Gebrechen heraus etwas gegen Gottes Gesetz tut. Aber er tut ja nichts gegen das Gesetz, solange er das Gesetz nicht kennt». – Zwingli gründete seine Argumentation auf Stellen wie «Wo aber kein Gesetz ist, da ist auch keine Übertretung» (Römer 4,15) und «Ein Sohn soll nicht die Schuld des Vaters mittragen» (Ezechiel 18,20).[39]

Luther kritisierte Zwinglis Haltung als pelagianisch und meinte, Zwingli öffne dem freien Willen Tür und Tor: «Zwingli hat niemals Christus erkannt, denn er irrt im Hauptartikel, nämlich dass die Erbsünde keine Sünde sei. Wäre dem so, wie leicht könnte der freie Wille bejaht werden».[40] In seiner Schrift *De peccato originali* (1526) sprach Zwingli von der Erbsünde als einer Krankheit (morbus) – nicht im Sinne von etwas zeitlich Begrenztem, sondern im Sinne eines bleibenden Defekts (vitium): «Ich gebrauche den Begriff in Verbindung mit einem Defekt, und zwar einem bleibenden – wie wenn Stottern, Blindheit oder Gicht in einer Familie erblich ist ... Wegen einer solchen Krankheit gilt niemand als schlechter oder bösartiger. Denn solche Dinge, die aus der Natur kommen, kann man nicht als Verbrechen oder Schuld anlasten».[41] Zwingli zog einen weiteren Vergleich zu einem Menschen, der als Sklave geboren wurde, weil man seine Vorfahren gefangengenommen und versklavt hatte.

Auf die Frage, ob die Erbsünde uns verurteilt, gibt er eine differenzierte Antwort: Wir sind Sünder, weil wir von einem Sünder abstammen. Wenn wir aber Sünder sind, sind wir Feinde Gottes und verworfen. Diese scheinbar klare Aussage schränkt er sogleich wieder ein und verweist auf Jakob, der schon vor seiner Geburt von Gott geliebt wurde, so dass die Erbsünde ihn nicht verurteilen konnte. Als Beleg führt Zwingli den Bund mit Abrahams Nachkommen an (1. Mose 17,7), der die Kinder von christlichen Eltern mit einschliesse. «Wenn Gott deshalb verheisst, dass er für Abrahams Nachkommen Gott sein will, kann diese Nachkommenschaft nicht aufgrund der Erbschuld verdammt sein». Neben diesen auf die Erwählung bezogenen Gründen entfaltete Zwingli auch ein Argument, das sich auf Christus bezieht: Christus machte wieder gut, was Adam

---

[39]   Z IV 307.11–312.4; 315.10–25.
[40]   Z V 359–360.
[41]   Z V 370.23–27; 371.11–372.3.

Böses getan hatte (vgl. Römer 5,19–21).[42] Diese Aussage bezog Zwingli auf die Kinder christlicher Eltern, scheute sich aber, sie für das ganze Menschengeschlecht in Anspruch zu nehmen.

Zwinglis ausgereifte Position war die, dass es an sich dem Wesen der Erbsünde entspreche, den Menschen zu verdammen, denn die Erbsünde führe zur aktuellen Sünde. Doch Christus habe das Handeln Adams wiedergutgemacht, so dass die Erbsünde diejenigen nicht verdamme, die auf Christus vertrauen, und auch nicht deren Kinder. Diese Haltung geht auch aus dem vierten Marburger Artikel hervor, der Zwingli zumindest dem Wortlaut nach mit Luther vereinigte. Der Artikel lautet: «Dass die Erbsünde uns von Adam her angeboren und vererbt und eine solche Sünde sei, dass sie alle Menschen verdammt, und wenn Jesus Christus uns nicht zur Hilfe gekommen wäre mit seinem Tod und Leben, hätten wir auf alle Zeit daran sterben müssen und nicht zu Gottes Reich und Seligkeit kommen können».[43] Der Artikel hält fest, dass die Erbsünde verdammt, wenn man ihr Wesen betrachtet und sie nicht mit dem Werk Christi in Verbindung bringt. Natürlich enthält er keinen Hinweis auf Zwinglis Unterscheidung zwischen Erbsünde und Erbschuld und ebensowenig auf seine Überzeugung, dass es keine Verurteilung gebe ohne Gesetzesübertretung.

Fazit: Zwingli verstand den Menschen von der Heilserfahrung in Christus her. Das öffnete ihm die Augen, um zu erkennen, wie grundlegend unwahr das Selbstverständnis des Menschen ist. Zwingli wollte den Menschen zur Einsicht verhelfen, dass sie Erlösung brauchen; darum spielte in seinem Denken die Sündhaftigkeit des Menschen eine stärkere Rolle als die Erschaffung zum Ebenbild Gottes. Wie Augustin und Luther betonte er die völlige Verdorbenheit des Menschen und seine Unfähigkeit, etwas zum eigenen Heil beizutragen. Von daher wandte er sich auch gegen die mittelalterliche Hochschätzung der Werke und gegen die These vom freien Willen bei Erasmus und anderen. Zwinglis Sinn für die Souveränität und zentrale Bedeutung Gottes prägte sein ganzes Heilsverständnis, auch sein Verständnis von der Sünde. Beim Angriff auf die Abgötterei lenkte er die Aufmerksamkeit auf das Vertrauen zu Gott gegenüber allem und jedem, was nicht Gott ist. Wo er über Erwählung, Glauben und Werke oder die Liebe nachdenkt, legt er den Akzent auf Gott, der erwählt, und auf Christus oder den Geist, der in uns wirkt und uns zum Glauben und zu einem neuen Leben der Liebe führt.

---

[42]   Z V 380–388.
[43]   Z VI/II 521.20–24.

VIII

WORT UND SAKRAMENT

Der Begriff «zwinglianisch» wird meistens im Zusammenhang mit seinem Sakramentsverständnis verwendet und schliesst dann gewöhnlich folgende Sichtweise ein: Während Luther positiv die reale Gegenwart Christi im Abendmahl behauptet habe, habe Zwingli negativ die reale Abwesenheit behauptet; und das eben sei «zwinglianisch»! – In Wirklichkeit äusserte sich Zwingli an vielen Stellen positiv über Wort und Sakrament. Doch die mehreren hundert Seiten, die er gegen seine konservativen, lutherischen und gegen seine radikalen Gegner schrieb, sind eher mit der Widerlegung gegnerischer Positionen gefüllt als mit der Darstellung seiner eigenen Auffassung. Zwingli versuchte mit demselben Eifer zu erklären, was Wort und Sakrament nicht sind, wie was sie sind.

Heftig kritisierte er die Art, wie Wort und Sakrament zum Gegenstand falschen Vertrauens geworden seien, indem die Menschen den Glauben an Gott durch den Glauben an das äusserliche Wort oder das äusserliche Sakrament ersetzt hätten. Wie wir sahen, war das in seinen Augen Abgötterei; die Menschen raubten Gott die Ehre, die Gott gebührt, und gaben sie dem Geschaffenen. Es schien, als könne das Heil garantiert werden durch das Hören des Wortes, durch das Getauftwerden oder durch das Empfangen der heiligen Kommunion. Wenn das Heil aus Wort und Sakrament komme, dann waren für Zwingli Busse und Glaube unnötig.

Zwinglis Betonung der Souveränität Gottes, welche ja seiner ganzen Theologie zugrunde liegt, zeigt sich in seinem Verständnis von Wort und Sakrament am deutlichsten. Er wies jeden Gedanken von sich, Wort und Sakrament könnten in sich oder aus sich selbst heraus wirksam sein; denn eine solche Auffassung leugne die Souveränität Gottes. Wäre Gott durch Wort und Sakrament gebunden, so stünde das Heil in der Verfügung des Menschen. Wir könnten dann etwas tun oder an uns geschehen lassen, was unser Heil garantierte. Gegen diese Vorstellung erhob Zwingli viele Einwände. Der grundlegende Einwand lautete, dass das Heil völlig von Gott abhängt und nicht von Wort und Sakrament, auch wenn diese von Gott gegeben seien. Gott ist nicht an Wort und Sakrament gebunden in dem Sinne, dass er durch sie handeln müsste und nicht ohne sie handeln könnte; das würde nämlich die souveräne Freiheit seines Geistes einschränken, der weht, wo er will. Zwingli hielt gegenüber konservativen und lutherischen Gegnern konsequent an dieser Position fest.

Der Unterschied zwischen Zwinglis und Luthers Verständnis des Wortes Gottes lässt sich an jenen Bibelstellen erkennen, die sie jeweils besonders herausstrichen, wenn sie vom Wort redeten. Bei Luther waren es Texte wie «Also kommt der Glaube aus der Predigt, die Predigt aber durch das Wort Christi» (Römer 10,17) und «So auch mein Wort, das aus meinem Munde kommt: Es kehrt nicht leer zu mir zurück, sondern wirkt, was ich beschlossen» (Jesaja 55,11). – Zwingli zitierte Texte von Johannes wie «Niemand kann zu mir kommen, es ziehe ihn denn der Vater, der mich gesandt hat» (Johannes 6,44), «Und alle werden von Gott gelehrt sein» (Johannes 6,45), «Der Wind weht, wo er will» (Johannes 3,8); daneben zitierte er jenen Text, den er Luther unermüdlich entgegenhielt: «Der Geist ist es, der lebendig macht, das Fleisch hilft nichts» (Johannes 6,63). Er führte auch häufig das Wort des Paulus an: «Ich habe gepflanzt, Apollos hat begossen, Gott aber hat das Gedeihen gegeben. Somit ist weder der etwas, welcher pflanzt, noch der, welcher begiesst, sondern Gott, der das Gedeihen gibt» (1. Korinther 3,6–7).

Die Betonung der Souveränität Gottes bedeutete nicht, dass das Predigen unnötig oder bedeutungslos wäre. Für Zwinglis reformatorisches Wirken in Zürich war die Predigt zentral, und durch das Predigen veränderte sich die Stadt. Aber der Geist kam von Gott, nicht vom Predigen. So konnte Zwingli 1522 bei einer Rückschau auf seine Predigten seit seiner Ankunft in Zürich (1518) sagen: «Das ist die Saat, die ich gesät habe, Matthäus, Lukas, Paulus und Petrus haben sie begossen und Gott hat ihr ein wunderbares Wachstum gegeben».[1]

Gelegentlich sprach Zwingli vom Wort, als wäre es automatisch wirksam. Wenn er jedoch von der Macht des Wortes sprach, dann war klar, dass die Macht nicht im Wort selbst lag, sondern dass es Gott war, der alles nach seinem souveränen Willen wirkte. «Das Wort Gottes ist so zuverlässig und mächtig, dass, was immer Gott will, von dem Moment an geschieht, wo er sein Wort ausspricht».[2]

Zwinglis Auffassung wurzelte in der Schrift und in der Erfahrung. Aus beiden gehe deutlich hervor, dass das Wort nicht aus sich selbst heraus wirksam sei; denn damals wie heute glaubten viele Menschen nicht. Die Schrift zeuge aber auch davon, dass Gott Menschen zum Dienst am Wort

---

[1] Z I 285.25–27.
[2] ZwS I 119 (Z I 353.8–9).

berufen hat und noch immer den Dienst von Menschen in Anspruch nimmt, um andere zum Glauben zu führen. Das Wort war für Zwingli auch unentbehrlich für das Heilsangebot und für die Erneuerung der Kirche. Diese positive Ansicht brachte er in der *Fidei ratio* folgendermassen zum Ausdruck: «Halten wir uns an das, was die Regel ist, so sehen wir, dass bei allen Völkern die äussere Verkündigung der Apostel und Evangelisten oder der Bischöfe dem Glauben voranging, dessen Annahme wir dennoch allein dem Wirken des Geistes zuschreiben».[3] Die Sendung eines Predigers ist ein Zeichen der Gnade Gottes. Gott sendet immer einen Propheten, um dem Herrn den Weg zu bereiten – obwohl er ebensogut direkt durch den Geist die Herzen der Menschen erleuchten könnte.[4] Wegen der grossen Bedeutung des Wortes machte Zwingli 1529 die Predigt des Evangeliums zu einer Bedingung für den Frieden mit den katholischen Orten der Eidgenossenschaft.

Hier wie auf anderen Gebieten unterschied er zwischen dem, was Gott hätte tun können, und dem, was Gott in Wirklichkeit tat. Gott hätte die Menschen ohne das Wort und ohne menschliche Mittel erlösen können; aber er zog es vor, sich menschlicher Mittel zu bedienen, wie er es vorzog, zum Heilen Pflanzen zu benutzen. Als Hauptgrund für Gottes Verwendung von Predigern führte Zwingli an, dass Gott die Menschen mit Sinnen erschaffen hat und dass sie Zurechtweisung brauchen im Unterschied zu den Engeln, die Gott immer vor Augen haben.[5] Allerdings sind der Prediger und das Wort nicht Ursachen, sondern nur Mittel, ebenso wie Wasser, Feuer und die Sonne jeweils nur Mittel sind. Gott ist die wahre Ursache von allem, auch von der Wärme des Feuers oder der Sonne.[6]

Zwischen Zwingli und Luther bestand ein grundlegender Unterschied, obwohl Zwingli sich so positiv über das Wort äussern konnte und trotz der in Marburg erreichten Verständigung. Auch der achte Marburger Artikel war von Luther so formuliert worden, dass Zwingli ihn ebenso unterschreiben konnte; und er hielt fest, was für ihn von höchster Bedeutung war: dass es der Geist ist, der Glauben schenkt, und nicht das äusserliche Wort.[7] Aber nach Luther empfangen wir den Geist und den Glauben

---

[3] ZwS IV 125f. (Z VI/II 813.8–11).
[4] S VI/I 550.8–22.
[5] S VI/I 582.19–32.
[6] Z VI/III 112.18–24.
[7] Zum achten, das der heylig geyst, ordenlich zuo reden, niemants soelichen gloubenn oder syne gabe on vorgend predigt oder müntlich wort oder evangelion Christi, sonder durch unnd mit soelichem müntlichem wort würckt er und schafft er den glouben, wo und in welchen er wil. Rom.X (Z VI/II 522.13–17).

«durch das Wort, welches ist das Tor und Fenster des Heiligen Geistes ... Er wird jene Tür benutzen, welche ist das Wort, geschrieben oder gesprochen».[8] Für Zwingli hingegen braucht «der Geist ... keinen Führer und kein Transportmittel. Er selbst ist nämlich Kraft und Träger, durch den alles gebracht wird, er hat nicht nötig, selber gebracht zu werden».[9] An diesen Zitaten zeigt sich die unterschiedliche Einstellung Zwinglis und Luthers zum Wort; und derselbe Unterschied begegnet uns im Verständnis der Sakramente. Er wurzelt in ihrer verschiedenartigen Auffassung von der Souveränität Gottes sowie von anderen Glaubensinhalten. Zwingli betonte Gottes Souveränität über Wort und Sakrament, während Luther Gottes Souveränität in Wort und Sakrament hervorhob. Für Zwingli stand das Geschöpf Gott gegenüber, es verleitet sogar zur Abgötterei; für Luther war das Geschöpf eher eine Maske, durch die Gott uns begegnet. Der Platonismus unterschied Zwingli ebenfalls grundlegend von Luther. Äusserliche Dinge wie Wort und Sakrament konnten nach seiner Meinung nicht beeinflussen, was innerlich war.

Bei den Sakramenten treten die Unterschiede zu Zwinglis konservativen, lutherischen und seinen radikalen Gegnern noch deutlicher zutage als beim Wort. Da Zwinglis Schriften gewöhnlich die Auffassungen seiner Gegner bekämpfen, erscheint seine eigene Position oft eher in negativer als in positiver Gestalt. Trotzdem konnte Bucer im Jahre 1536, als er von vielen als Lutheraner betrachtet wurde, positiv von Zwinglis Haltung sprechen: «Christus allein bewirkt die ganze Erlösung in uns, und er tut das nicht durch irgendeine andere Kraft, sondern allein durch seinen Geist. Doch benutzt er dafür bei uns das Wort, und zwar sowohl das sichtbare Wort in den Sakramenten als auch das hörbare Wort im Evangelium. Durch beide bringt und schenkt er Vergebung der Sünden ... Zwingli anerkannte das; wenn er darum leugnete, dass die Sakramente Gnade spenden, meinte er, dass die Sakramente, d.h. die äusserlichen Handlungen, nicht aus sich selbst heraus wirksam sind, sondern dass alles, was zu unserem Heil gehört, vom inwendigen Handeln Christi abhängt, dessen Mittel jeweils die Sakramente sind».[10]

Ursprünglich formulierte Zwingli seine Ansichten gegenüber katholischen Gegnern. So störte er sich bereits in seiner *Auslegung und Begründung der Thesen* (1523) an der Verwendung des Begriffs Sakrament.

---

[8] WA 20.451.7–10.
[9] ZwS IV 113 (Z VI/II 803.10–12).
[10] Martin Bucer, In sacra quatuor evangelia, Enarrationes perpetuae, Basel 1536, 485 B.

Seine Einwände waren zahlreich. Der Begriff sei lateinisch und für Deutschsprachige missverständlich; ferner habe Christus diesen Ausdruck nicht verwendet; und er fasse religiöse Handlungen als Oberbegriff zusammen, obschon diese doch unter ihren individuellen Namen besser hätten verstanden werden können.[11] Ebenso wie Erasmus erklärte Zwingli, dass der Begriff Sakrament von sacramentum komme und Eid bedeute. Von daher liess das Wort sich für Dinge verwenden, «die Gott mit seinem eigenen Wort – welches so unabänderlich und zuverlässig ist, als hätte er dafür einen Eid geschworen – eingesetzt, geboten und verordnet hat».[12] Auf dieser Grundlage lehnte Zwingli religiöse Handlungen wie die Firmung als Sakramente ab, weil Gott sie nicht angeordnet hatte. Das Sakrament des Abendmahls nannte er hingegen zu jenem Zeitpunkt eine Vergewisserung von Menschen, die einen schwachen Glauben haben, hinsichtlich der Vergebung ihrer Sünden durch Christus; das Abendmahl stärkte nach seiner Auffassung also den Glauben der Schwachen.[13]

1524 trat eine bedeutsame Veränderung ein: Zwingli begann das Wort Eid als unseren Eid oder unser Pfand zu verstehen statt als Gottes Eid. In einer Auslegung von 1. Korinther 10,16–17 betrachtete er das Sakrament als «eine innerliche und äusserliche Vereinigung der Christen». Darin essen und trinken wir, «damit wir allen Menschen bezeugen, dass wir ein Leib und eine Bruderschaft sind».[14] Der Akzent verlagerte sich von Gott zu den Christen. Sie waren nun Subjekt der Sakramente.

Diese Akzentverlagerung von Gott zum Menschen fällt zusammen mit einer Abwendung von der früheren Auffassung, wonach die Sakramente die Menschen ihrer Vergebung gewiss machen und den Glauben stärken sollen. In einem Brief an Fridolin Lindauer vom Oktober 1524 schreibt Zwingli, die Sakramente seien gegeben, um den äusserlichen Menschen zu unterweisen, der die Dinge durch die Sinne erfasst, während der innere Mensch nicht durch äusserliche Dinge lernen oder zum Glauben kommen könne. Nach Zwingli erfüllt Gott auf diese Weise die Bedürfnisse des ganzen Menschen, des inneren und des äusseren, indem er anordnet, dass ein Mensch, der innerlich schon glaubt, äusserlich noch getauft werden soll.[15] Wie Zwingli im Dezember 1524 formulierte, «wollen unsere Augen

---

[11] Z II 120.15–127.15 (ZwS II 143–151).
[12] Z II 120.25–28.
[13] Z II 127.20–27 (ZwS II 151); Z VIII 85.15–18; 86.12–21.
[14] Z III 124.32–33; 125.10–14.
[15] Z VIII 236.3–13.

ein wirkliches Zeichen sehen, sonst hätte Christus die Taufe und das gesegnete Brot nicht eingesetzt».[16]

Das Verständnis der Sakramente als Eid oder Pfand bildete im *Commentarius* die Grundlage, von der aus Zwingli andere Ansichten bekämpfte, besonders konservative und lutherische, aber auch radikale. «Da nun ein Sakrament nichts anderes sein kann als eine Einweihung oder öffentliche Amtseinführung, kann es nicht die Kraft haben, das Gewissen zu befreien».[17] Nur Gott ist imstande, das Gewissen zu befreien. Zwingli wies die Meinung zurück, dass, was äusserlich vollzogen wurde, auch innerlich vollzogen worden sei. Er erinnerte an Beispiele aus dem Neuen Testament und an die Freiheit des Geistes und stellte ein anderes Sakramentsverständnis zur Diskussion. Demnach sind Sakramente «Zeichen oder Zeremonien, mittels derer der Mensch der Kirche glaubhaft macht, dass er entweder ein Kandidat oder ein Soldat Christi ist, und die Sakramente machen die ganze Kirche deines Glaubens mehr gewiss als dich selbst».[18] «In der Taufe empfangen wir das Zeichen, nämlich das Symbol, das uns verpflichtet, dass wir das Leben nach der Regel Christi gestalten werden; im Abendmahl leisten wir den Beweis, dass wir auf den Tod Christi vertrauen ...» Diese Auffassung wird zwei Monate später in der Schrift *Von der Taufe, von der Wiedertaufe und von der Kindertaufe* lebendig zum Ausdruck gebracht; dort entspricht das Sakrament einem «Pflichtszeichen». «Wenn einer sich ein weisses Kreuz annäht, so kennzeichnet er sich, dass er ein Eidgenosse sein will; und wenn er auf der Fahrt nach Näfels Gott auch Lob und Dank sagt für den Sieg, den er unseren Vorfahren verliehen hat, so zeigt er, dass er von Herzen ein Eidgenosse ist».[19]

Später im Jahre 1525 gab es noch eine bedeutende Veränderung in Zwinglis Sakramentsverständnis: Infolge seiner veränderten Auffassung vom Bund sah er nun die Sakramente als Bundeszeichen. Bis dahin hatte er den Begriff Bund für Gottes Bund mit den Menschen gebraucht. 1525 erweiterte er diese Bedeutung und brachte den Bund mit den Sakramenten in Verbindung als Zeichen jenes Gnadenbundes, den Gott mit den Menschen geschlossen hatte und der ihnen verhiess, er werde ihr Gott sein und sie sein Volk. Die Auffassung von den Sakramenten als Zeichen des Gnadenbundes versetzte Zwingli in die Lage, von seiner früheren Auffassung

---

[16] ZwS I 372 (Z III 411.16–18).
[17] ZwS III 231 (Z III 759.18–21).
[18] ZwS III 235 (Z III 761.22–38).
[19] Z IV 217.6–218.13.

abzurücken, wonach die Sakramente ein Bund oder Pfand zwischen Christen waren. – Diese ganze Entwicklung vollzog sich am Thema des Abendmahls. Besonders bedeutsam wurde sie jedoch in Zwinglis Auseinandersetzung mit den Wiedertäufern; denn sie brachte eine zwingendere Logik in seine Argumente zugunsten der Kindertaufe. Die Veränderung verlieh seinem Sakramentsverständnis auch eine stärkere geschichtliche und theologische Dimension. Denn angesichts des einen Bundes verglich er nun die beiden wichtigsten Zeichen des Alten Testamentes, Beschneidung und Passah, mit den beiden wichtigsten Zeichen des Neuen Testamentes, Taufe und Abendmahl. Dieser Vergleich prägte künftig seine Lehre von den Sakramenten.

Zwingli bejahte die traditionelle Definition von Augustin und Petrus Lombardus, ein Sakrament sei «Zeichen für eine heilige Sache».[20] Doch machte er einen scharfen Unterschied zwischen dem Zeichen selbst und seiner Bedeutung. Zeichen können nicht sein, was sie bedeuten; sonst seien sie keine Zeichen mehr. Ein Sakrament mache daher nicht gegenwärtig, was es bedeutet. Nach einer späteren Formulierung ist das Sakrament nicht das Zeichen einer Gnade, die verliehen wird, sondern einer Gnade, die verliehen worden ist.[21] Zwinglis Auffassung vom Zeichen steht im Zusammenhang mit seinem Verständnis der Souveränität Gottes, aber auch im Zusammenhang mit dem platonischen Gegensatz zwischen äusserlich und innerlich.

In seinen späteren Schriften von 1530 und 1531 stellte Zwingli seine Ansichten positiver dar, zum Teil durch den vermittelnden Einfluss Bucers und anderer und infolge der Versöhnungsversuche, die zum Marburger Religionsgespräch von 1529 geführt hatten. Aber die Veränderungen betrafen mehr die Tonart als den Inhalt. Zwingli betonte weiterhin die Souveränität Gottes sowie dass der Geist keine äusserlichen Mittel benötige und schon gar nicht durch sie gebunden sei. Zum einen müsse er nicht dort wirken, wo die äusseren Mittel eingesetzt würden, denn «wenn das so wäre, wüsste man, wie, wo, woher und wohin der Geist weht»; zum anderen sei es nicht so, dass der Geist ohne äussere Mittel nicht wirken könne, denn der Geist weht, wo er will. Allerdings beschreibt Zwingli die Freiheit des Geistes im Zusammenhang mit den Sakramenten ebenfalls in einem positiveren Ton: «Und ein und derselbe Geist bewirkt all diese

---

[20]   ZwS II 144 (Z II 121.3–4).
[21]   Z VI/II 805.6–7 (ZwS IV 115f.).

Dinge, manchmal ohne, manchmal mit den äusserlichen Mitteln; und wo er weht, zieht er wohin, soviele und wen er will».[22]

Den Ausdruck «Sakramentierer» benutzten Luther und andere als Etiketten für Zwinglis Haltung in der Frage der Sakramente. Nach ihrer Meinung entleerte Zwingli die Sakramente und beraubte sie der Gegenwart und Macht Christi. Zwingli drehte den Spiess um und nannte Sakramentierer jene, die «den Symbolen zuschreiben, was nur zur göttlichen Macht und zum Heiligen Geist gehört, der unmittelbar in unseren Seelen wirkt». Sakramentierer bringen die Menschen vom einfachen Gottvertrauen ab und verleiten sie dazu, sich auf die Macht von Symbolen zu verlassen. Zwingli geht es darum, dass man Gott die Ehre geben soll, nicht den Sakramenten.[23] Dieses Anliegen und das damit verbundene Misstrauen gegen äusserliche Dinge darf man nicht nur im Zusammenhang mit Zwinglis Betonung der Souveränität Gottes und seinem Platonismus sehen; sein Anliegen steht auch im Zusammenhang mit dem Zustand der mittelalterlichen Religion und deren abergläubischer Fixierung auf Menschen, Orte, Gegenstände und nicht zuletzt Sakramente. Diese Zustände wurden noch verschlimmert durch die finanzielle Ausbeutung entsprechender Glaubensüberzeugungen und Praktiken von seiten der Kirche. Die Bindung an äusserliche Dinge war für Zwingli ganz einfach eine Wiederherstellung des «Judaismus».[24]

Da die Bibel voll ist von Beispielen dafür, dass Gott äusserliche Dinge benutzt, um seine Absichten zu erfüllen, nehmen Zwinglis biblische Kommentare natürlich darauf Bezug. Sie anerkennen, dass Gott äusserliche Mittel in Anspruch nahm, obwohl er ohne sie hätte wirken können. Trotzdem liege aber die Macht bei Gott und nicht in den Mitteln. «Und um es kurz zu sagen: Die Erde bringt nichts hervor, das Wasser nährt nicht, die Luft befruchtet nicht, das Feuer wärmt nicht, nicht einmal die Sonne selbst wärmt; vielmehr benutzt jene Kraft, die der Ursprung aller Dinge, ihr Leben und ihre Stärke ist, die Erde wie ein Instrument, um hervorzubringen und zu erschaffen».[25]

Dieses Empfinden, dass Gott in allen Dingen am Werk ist, hätte zu einem positiveren Sakramentsverständnis führen können. Gottes Souveränität wäre dabei gewahrt geblieben. Wie Bucer hätte Zwingli mit Hilfe der Erwählungslehre zeigen können, dass die Sakramente nur in den Erwähl-

---

22 Z VI/II 803.22–804.25 (ZwS IV 114f.).
23 Z VI/III 173.4–5; 270.18–21.
24 Z VI/II 805.23–29 (ZwS IV 116).
25 Z VI/III 112.20–24.

ten wirksam sind. Wie Bucer hätte er auch die Unterscheidung zwischen äusserlichen und innerlichen Dingen durch die Präposition «mit» ausdrücken können; dies anstelle der von Luther verwendeten Präpositionen «in» und «unter». Doch der starke Gegensatz zwischen aussen und innen verhinderte wahrscheinlich bei Zwingli eine solche Entwicklung, auch wenn Zwinglis letztes grosses Werk *Erklärung des christlichen Glaubens* die Sakramente im wesentlichen positiv darstellt.

Unter der Überschrift «Die Kraft der Sakramente» listet Zwingli sieben solche Kräfte auf: Erstens wurden die Sakramente durch Christus eingesetzt, der das eine Sakrament (Taufe) empfing und das andere Sakrament (Abendmahl) feierte. Zweitens zeugen sie von echten geschichtlichen Ereignissen. Drittens stehen sie für das, was sie bedeuten, und haben von daher ihren Namen. Viertens bezeichnen sie wichtige Dinge; Zwingli braucht das Beispiel vom Ring der Königin, der seinen Wert weniger vom Gold her bezieht als von der königlichen Würde, die der Ring repräsentiert.[26] Fünftens gibt es eine doppelte Analogie: Brot erhält das menschliche Leben wie Christus die Seele; und Brot entsteht aus vielen Körnern wie der Leib der Kirche aus vielen Gliedern. Die sechste Kraft wird am ausführlichsten erklärt. Sie besteht darin, dass die Sakramente «helfen und den Glauben unterstützen». Das kommt daher, dass sie die Sinne so stark ansprechen. Wenn die Sinne uns in die Irre führen wollen, «sind die Sakramente wie Zügel, mit denen die Sinne zurückgerufen und zurückgeholt werden, damit sie der Seele und dem Glauben dienen», so dass sie «die Betrachtung des Glaubens unterstützen».[27] Die siebte Kraft besteht darin, dass die Sakramente als Eid wirken, durch den wir zu einem Leib verbunden sind.[28]

Diese letzte Kraft zeigt, wie Zwingli durch alle seine Schriften hindurch die Sakramente an die Kirche bindet. Er versteht sie kollektiv im Rahmen der Kirche, weniger individuell im Rahmen des persönlichen Heils. Das kommt zum Ausdruck in den beiden Weisen, in denen die Sa-

---

[26] Wie Zwingli an anderer Stelle formuliert, stellt das Sakrament den dar, der uns so liebt, dass wir mit dem geistigen Auge auf ihn blicken und ihn verehren und anbeten.

[27] Gleichzeitig ist es klar, dass für Zwingli der Geist innerlich wirkt und Glauben schenkt. Im *Sendschreiben an die Fürsten von Deutschland* schreibt er: «Denn der Herr selbst redet, und sie [sc. die Sakramente] sagen und raten (suadent) den Sinnen dieselben Dinge wie das Wort und der Geist dem Verstand.» «Wenn aber diese Dinge betrachtet werden, stellen die Sakramente sie uns nicht nur vor unsere Augen, sondern ermöglichen ihnen sogar, bis zum Verstand vorzudringen. Wer aber zeigt den Weg? Der Geist.» (Z VI/III 270.12–14; 262.2–7).

[28] ZwS IV 356–361 (Z VI/V 155.10–162.7).

kramente Zeichen des Bundes sind. Einerseits sind die Sakramente ein Pfand für unsere Glaubensgenossen, dass wir mit ihnen in Gottes Volk vereinigt sind, andererseits sind sie Gottes Pfand für uns, dass er unser Gott ist und wir sein Volk.

Zusammenfassend kann man sagen: Obwohl sich in der Entwicklung von Zwinglis Sakramentsverständnis eine grundlegende Kontinuität feststellen lässt, gibt es doch auch Veränderungen. Zunächst sind die Sakramente für ihn Zeichen des Bundes, mit denen Gott uns gewiss macht; dann sind sie Zeichen, mit denen wir andere gewiss machen, dass wir mit ihnen in der Kirche vereint sind; zuletzt fliessen beide Bedeutungen zusammen. Zu Beginn sagt Zwingli, die Sakramente stärkten den Glauben; später weist er diesen Gedanken von sich; doch am Ende taucht er in abgewandelter Form wieder auf: Indem nämlich die Sakramente die Sinne ansprechen, kann man sagen, dass sie den Glauben stärken, auch wenn sie in keiner Weise Glauben schenken können. Dennoch ist die Rolle der Sinne beim späten Zwingli keineswegs neu, auch wenn er sie mit positiveren Worten beschreibt als zuvor. Alles in allem darf bei Zwingli nichts der Souveränität Gottes Abbruch tun. Gott allein schenkt Glauben und benötigt keine äusserlichen Mittel, auch wenn er sich ihrer bedienen mag.

IX

TAUFE

Von Anfang an gab es in Zürich eine Gruppe von Personen, die radikaler waren als Zwingli und bei der Erneuerung der Kirche schneller und gründlicher vorgehen wollten als er. Der Konflikt zwischen Zwingli und diesen Radikalen betraf soziale Fragen wie den Zehnten, die Zinsen, den Eid und die Rolle der Regierung sowie religiöse Fragen wie die Heiligenbilder und die Taufe.

In einigen Fällen hatten die Meinungsverschiedenheiten mit dem rechten Zeitpunkt oder dem geeigneten Vorgehen zu tun, zumindest vordergründig. So etwa als in der Fastenzeit 1522 einige Bürger bei dem Buchdrucker Froschauer das Fasten brachen und Fleisch assen. Zwingli war anwesend, stimmte ihrem Vorgehen zu und verteidigte danach die Fastenbrecher; aber er nahm nicht persönlich an der Aktion teil. Ein anderes Beispiel ereignete sich im Sommer 1523, als der Widerstand gegen die Heiligenbilder ein paar Radikale dazu verleitete, in Kirchen in- und ausserhalb der Stadt Bilder und beim Stadelhofen ein Kruzifix zu zertrümmern. Wiederum stimmte Zwingli ihrer Auffassung zu, aber er beteiligte sich nicht an der Aktion. Ein drittes Beispiel ereignete sich anlässlich der Ersten Zürcher Disputation im Oktober 1523. Die Disputation kam zum Schluss, dass Heiligenbilder und die Messe nicht in der Schrift verankert seien. Darum sollten sie abgeschafft werden. Soweit ging auch Zwingli mit den Radikalen einig. Aber wieder zeigte Zwingli mehr Zurückhaltung; er war bereit, den Termin für die Abschaffung dem Rat anheimzustellen.

Neben diesen Differenzen hinsichtlich des Vorgehens unterschieden sich Zwingli und die Radikalen auch inhaltlich. Manchmal verbargen sich die inhaltlichen Differenzen auch nur hinter den methodischen oder terminlichen. Offen traten sie aber zutage, als es um das Verständnis der Taufe und der Kirche ging. Weitere Differenzen zeigten sich im Juli 1523 anhand der verschiedenen Vorstellungen rund um Zehnten und Zinsen. Die Radikalen entfalteten damals die Vision einer Gesellschaft, die auf der Bergpredigt aufbaute. Zwingli anerkannte das Gewicht ihrer Berufung auf das, was er göttliche Gerechtigkeit nannte; er wandte aber ein, dass eine menschliche Gesellschaft auf menschlicher und nicht auf göttlicher Gerechtigkeit beruhen müsse. Unterschiede im Verständnis der Kirche tauchten im Oktober 1523 auf, als Zwingli Bereitschaft zeigte, den Termin für die Abschaffung von Messe und Bildern dem Rat anheimzustellen, während nach Meinung der Radikalen der Rat im Leben der Kirche gar keine Funktion hatte. In den Jahren 1524 und 1525 spitzte sich der Konflikt im Zusammenhang der Tauffrage zu. Die Radikalen lehnten die Kindertaufe ab und traten für die Glaubenstaufe ein. Sie erinnerten daran, dass Zwingli einst diesen Standpunkt geteilt hatte. Zunächst wollten sie ihre Kinder einfach nicht mehr taufen lassen; doch im Januar 1525 begannen sie, Personen nochmals zu taufen, die bereits als Kinder die Taufe empfangen hatten. Daraufhin schrieb Zwingli seine vier Hauptwerke über die Taufe. Dabei standen seine Ansichten zu den Ansichten der Konservativen und der Lutheraner mindestens ebenso quer wie zu jenen der Täufer.

Vor dieser Auseinandersetzung hatte sich Zwingli kaum über die Taufe geäussert; in seinen Schriften legte er mehr Gewicht auf den Glauben als auf die Taufe. Er war überzeugt, dass die Taufe den Glauben stärken könne, bestritt jedoch, dass sie ihn wecken könne. In der *Auslegung und Begründung der Thesen* im Juli 1523 schien er die Kindertaufe zu bejahen; nur legte er Wert darauf, dass diejenigen, die als Kinder getauft worden waren, auch wirklich im Glauben unterwiesen wurden und dass sie keine Firmung empfingen, bevor sie imstande waren, ihren Glauben zu bekennen.[1] Im Rückblick räumte er aber ein, dass es eine Zeit gab, als er es viel besser fand, Kinder erst zu taufen, wenn sie mündig geworden wären.[2] Der Grund lag darin, dass nach seiner früheren Meinung die Taufe den Glauben stärkte, was bei Kindern nicht möglich war, da sie noch keinen Glauben haben konnten.

Im Jahre 1524 traten einige Radikale mit ihren Bedenken hinsichtlich der Taufe immer mehr an die Öffentlichkeit. Schon im Februar weigerten sich manche, ihre Kinder taufen zu lassen; im Herbst standen Grebel und andere im Kontakt mit Müntzer und begrüssten dessen Kritik an der Kindertaufe. Im Dezember führte Zwingli fruchtlose Diskussionen mit einigen Radikalen; und im selben Monat erläuterte er seine Haltung in einem Brief nach Strassburg.[3] Er stellte fest, dass in der Bibel «die Taufe die feierliche Aufnahme derer ist, die schon glauben, sowie jener, die glauben werden». Bei Johannes dem Täufer ging die Taufe der Kenntnis Christi voraus und wurde vollzogen, damit die Menschen «Christus nachher ken-

---

[1]   Z II 122.20–124.3 (ZwS II 146–148).
[2]   Z IV 228.20–229.7.
[3]   Z VIII 261–278.

nenlernen» konnten. Ausserdem wies Zwingli darauf hin, dass es «überhaupt keinen Unterschied gab zwischen der Taufe des Johannes und der Taufe Christi». Weiter trat er deshalb für die Kindertaufe ein, weil sie die Beschneidung ersetze (Kolosser 2,11), die ja ebenfalls an Kindern vollzogen wurde – obwohl nach Römer 4,11 die Beschneidung Abrahams ein Siegel seines bereits vorhandenen Glaubens war. – Und drittens berief sich Zwingli auf Matthäus 19,13–14, wo Christus (nach Zwinglis Interpretation) sagt: Wenn jemand den Kindern die Taufe verwehrt, verwehrt er ihnen den Zugang zu Christus.

Auf eine Reihe von Einwänden gegen die Kindertaufe ging Zwingli direkt ein. So erwiderte er auf das Argument, dass es im Neuen Testament keine Aussagen oder Beispiele für die Kindertaufe gebe, es sei eher wahrscheinlich als unwahrscheinlich, dass zu den in 1. Korinther 1 und Apostelgeschichte 16 erwähnten Haushalten, die getauft wurden, auch Kinder gehörten. Andere Einwände lauteten, in Markus 16,16 werde erst der Glaube und dann die Taufe erwähnt und die Apostel hätten erst den Glauben geprüft, bevor sie jemand getauft hätten. Darauf entgegnete Zwingli, dass sich Markus 16,16 laut dem vorangehenden Vers nicht auf Kinder beziehe, sondern nur auf Erwachsene, denen vorher das Evangelium gepredigt worden ist. Und was die Apostel betrifft, so hätten sie nur gelegentlich Menschen vor der Taufe auf ihren Glauben hin geprüft.

In einer anderen Abhandlung aus derselben Zeit befasste sich Zwingli noch einmal mit der Tatsache, dass das Neue Testament kein Gebot hinsichtlich der Kindertaufe erlässt und auch kein Beispiel einer Kindertaufe erwähnt. Er räumte ein, dass es tatsächlich kein Gebot gibt, fügte aber hinzu, dass es auch kein Verbot gibt. Die Tatsache, dass die Apostel keine Kinder tauften, bedeute nicht, dass wir ebenfalls keine Kinder taufen sollen – wie ja auch die Tatsache, dass die Apostel nicht in Kalkutta tauften, nicht bedeute, dass wir nicht in Kalkutta taufen sollen. Da ausserdem das Neue Testament ohnehin in diesem Punkt keine klare Orientierung liefere, sollten wir uns an das Alte Testament wenden; das weise uns auf die Beschneidung hin, die an Kindern vollzogen wurde. – Der Hinweis auf das Alte Testament befremdete die Radikalen. Zwingli musste sich später dafür rechtfertigen. Unter anderem erinnerte er daran, dass Christus selbst sich auf das Alte Testament berufen hatte.

Der Konflikt mit den Radikalen spitzte sich im Januar 1525 zu. Der Rat bot sie zusammen mit Zwingli und anderen Pfarrern auf den 17. Januar zu einer Disputation auf. Nach der Disputation verfügte er unter Androhung der Exkommunikation, dass neugeborene Kinder innerhalb von acht Tagen zu taufen seien. Daraufhin fand in Zürich am 21. Januar die erste Erwachsenentaufe statt: Grebel taufte Blaurock, danach dieser fünfzehn andere. Ein oder zwei Tage später leitete Blaurock eine evangelische Abendmahlsfeier in einem Haus in Zollikon. Trotz amtlichem Einschreiten breitete sich die Bewegung der Radikalen in andere Kantone und darüber hinaus aus. Weitere Zusammenkünfte oder Disputationen zwischen Reformatoren und Radikalen im März und November bewirkten keine Veränderung. Am 7. März 1526 erklärte der Rat, er werde künftig jeden, der die Erwachsenentaufe praktiziere, mit dem Tod durch Ertränken bestrafen. Der erste, der diese Strafe erlitt, war Felix Manz am 5. Januar 1527.

Die Auseinandersetzung mit den Radikalen zwang Zwingli, seine Position gegen die ihrige abzugrenzen, obwohl die Radikalen sein Sakramentsverständnis ein Stück weit teilten. Ihr Beharren auf der Glaubenstaufe zog in Zwinglis Augen das alleinige Heil in Christus in Zweifel – ein Vorwurf, den er in anderer Weise auch gegen das katholische und lutherische Taufverständnis erhob. Im Verlauf der Debatte entwickelte er seine früheren Ansichten über die Taufe weiter; besonders gilt das für seine Auffassung vom Bund. Das neue Bundesverständnis verlieh seinem Taufverständnis eine stärkere Kohärenz, sowohl im Blick auf die Erwachsenentaufe als auch im Blick auf die Kindertaufe.

Ein typisches Beispiel, wie die Radikalen für die Glaubenstaufe eintraten, findet sich in einem Dokument, das wahrscheinlich aus der Feder von Grebel oder Manz stammt. Beide waren im Sommer 1522 zu den Radikalen gestossen. Jene Abhandlung beurteilt die Kindertaufe als eine päpstliche Erfindung und stellt fest, dass weder Christus die Kindertaufe gelehrt noch die Apostel sie praktiziert hätten. Christus habe sogar ausdrücklich geboten, diejenigen zu taufen, die zuvor die Unterweisung empfangen hätten. Die Apostel hatten nur Frauen und Männer getauft, die unterwiesen waren und die Taufe begehrten. Als Vorbild werde uns Christus vor Augen gestellt; denn er wurde zwar acht Tage nach seiner Geburt beschnitten, aber erst im Alter von dreissig Jahren getauft. Und im übrigen sei die Taufe für jene bestimmt, die ein neues Leben führen wollten.[4] Diese beiden Bedingungen, dass nämlich ein Taufbewerber glauben und nach einem neuen Leben verlangen müsse, werden in jener Abhandlung als klarer Beweis gesehen, dass nur Erwachsene getauft werden können. Einige Täufer vertraten jedoch sehr gemässigte Ansichten. So schrieb

---

[4]   Z III 368–372.

Hubmaier in einem Brief an Oekolampad, er wäre bereit, Kinder zu taufen, wenn deren Eltern schwach wären und darauf bestehen würden.[5]

Zwinglis erste Reaktion auf die Erwachsenentaufe im Januar 1525 erschien im *Commentarius*. Darin bekräftigte er die Identität der Taufe des Johannes mit der Taufe Christi und erachtete es als notwendig, «Taufe» im Neuen Testament je nach Situation als «Lehre» zu verstehen. Er wollte mit diesem Hinweis zeigen, dass bei der Geisttaufe der Johannesjünger in Ephesus (Apostelgeschichte 19) keine Erwachsenentaufe nötig gewesen sei und auch kein Fall einer Erwachsenentaufe vorliege. Dieses Kapitel wurde nämlich von den Radikalen als Beleg für eine Erwachsenentaufe herangezogen. Zwingli ging auch allgemein auf die Bedeutung der Sakramente ein und beschrieb sie als Zeichen, «mittels deren der Mensch der Kirche glaubhaft macht, dass er entweder ein Kandidat oder ein Soldat Christi ist, und die Sakramente machen die ganze Kirche deines Glaubens mehr gewiss als dich selbst». Die Taufe sei eine «Weihe» oder «Verpflichtung» und nicht, wie die Radikalen behaupteten, ein Zeichen, das eine Person dessen vergewissere, was in ihr geschehen sei. Auch befreie oder reinige die Taufe weder das Gewissen, wie die Katholiken behaupteten, noch versichere sie eine Person dessen, dass der Geist innerlich bewirke, was das Sakrament äusserlich bedeute, wie die Lutheraner behaupten.[6]

Der Konflikt verschärfte sich daraufhin. Zwingli veröffentlichte drei grosse Werke gegen die Täufer – zwei im Jahr 1525, nämlich *Von der Taufe, von der Wiedertaufe und von der Kindertaufe* und *Antwort über Balthasar Hubmaiers Taufbüchlein* sowie eine Schrift im Jahre 1527, nämlich den *Elenchus*. 1530 erschien schliesslich seine Antwort auf Schwenckfelds Fragen zur Taufe. Zwingli ging es dabei nicht allein um die Tauffrage, sondern um die Bedrohung, die die radikale Haltung der Täufer für die ganze Reformation darstellte – auch in sozialen Fragen.[7] Er kritisierte, dass sie Uneinigkeit stifteten, indem sie sich von der Kirche absonderten und ihre eigenen, sündlosen Kirchen gründeten.

Die Grundzüge von Zwinglis Verteidigung der Kindertaufe blieben dieselben wie in dem Brief nach Strassburg. Im Verlauf der Auseinandersetzung verfeinerte er lediglich seine Argumentation und fügte wichtige

---

[5] S II/I 339.4–11.
[6] ZwS III 228–235 (Z III 757–762).
[7] Mit einigen dieser Fragen hatte er sich bereits befasst. Das Gebot «Du sollst nicht stehlen» benutzte er etwa zur Verteidigung des Privateigentums; die Radikalen hatten das Privateigentum bekämpft.

Gründe hinzu. Zwar blieb die Kindertaufe das Hauptthema, doch wurde sie im Zusammenhang einer allgemeinen Erörterung der Taufe diskutiert.

In seiner Schrift *Von der Taufe, von der Wiedertaufe und von der Kindertaufe* unterscheidet Zwingli zunächst vier Weisen, in denen der Begriff «Taufe» in der Bibel verwendet wird: Eintauchen in Wasser, Geisttaufe, äusserliche Unterweisung und Erlösung. Das Eintauchen in Wasser sieht er dort, wo klar auf Wasser Bezug genommen wird wie in Johannes 3,23; die Geisttaufe, wo ein Text wie Apostelgeschichte 1,5 zwischen Wassertaufe und Geisttaufe unterscheidet; die äusserliche Unterweisung ist dort gegeben, wo sich die Taufe nicht auf eine Wassertaufe beziehen kann wie Johannes 3,22 und Matthäus 21,25; und die Erlösung, wo sich die Taufe auf den Glauben beziehen muss, weil ihr eine erlösende Kraft zugeschrieben wird wie in 1. Petrus 3,21. Wassertaufe, Geisttaufe und äusserliche Unterweisung seien verschiedene Formen der Taufe und seien je für sich eingesetzt worden. Nach Zwinglis Ansicht können Menschen mit Wasser getauft werden, ohne dass sie den Heiligen Geist empfangen, wie Simon Magus; oder sie können unterwiesen werden, ohne die Wassertaufe zu empfangen, wie die Juden in Apostelgeschichte 18; oder sie können den Geist empfangen, ohne mit Wasser getauft zu werden, wie der Verbrecher am Kreuz. Die inwendige Geisttaufe könne allein Gott vollziehen; und ohne sie könne niemand erlöst werden; hingegen könne man wie der Verbrecher am Kreuz ohne die äusserliche Taufe erlöst werden, d.h. ohne Unterweisung und Eintauchen in Wasser. Die äusserliche Geisttaufe, nämlich die Gabe der Zungenrede, sei nicht heilsnotwendig und würde nur wenig Menschen verliehen.[8]

Nach Zwingli war es der Fehler der Konservativen und der Täufer, dass sie die äusserliche Taufe überbetonten; denn «kein äusserliches Element und keine äusserliche Handlung kann die Seele reinigen»:[9] Christus schaffte äusserliche Dinge gerade ab, damit wir in ihnen nicht unser Heil suchen sollten. Dass er uns die Taufe gab, war ein Zugeständnis an unsere Schwachheit, aber er gab sie als Pfand, als Zeichen einer heiligen Sache, nicht als heilige Sache selbst.[10] Die Taufe ist ein Zeichen der Aufnahme – ähnlich wie die Kutte, die ein Mann erhält, wenn er in einen Orden eintritt; und die trägt ja er bereits, bevor er die Ordensregeln lernt. Einen Rückhalt für seine Auffassung glaubte Zwingli im «Missionsbefehl»

---

[8] Z IV 219.1–226.28. Die Unterscheidung zwischen innerer und äusserer Taufe begegnet im *Commentarius* Z III 764.25–765.5 (ZwS III 239f.).

[9] Z IV 252.21–26.

[10] Z IV 216.26–217.23.

(Matthäus 28,19–20) zu haben, einem Lieblingstext der Täufer, in dem aber zuerst von der Taufe die Rede ist und erst danach von der Unterweisung der Getauften.[11] Zwingli merkte an, dass auch im Alten Testament die Unterweisung von Kindern auf die Beschneidung folge und nicht der Beschneidung vorausgehe.[12]

Dieses Verständnis der Taufe als Zeichen der Aufnahme oder als Pfand liess sich sowohl auf die Kinder- als auch auf die Erwachsenentaufe beziehen. Zwingli war der Meinung, dass die Taufe an Kindern vollzogen werden solle, weil sie Teil des Gottesvolkes seien; die Kinder von christlichen Eltern seien nicht weniger Kinder Gottes als ihre Eltern, genauso wie im Alten Testament. Wenn sie aber schon zu Gott gehörten, wer wollte ihnen dann noch die Taufe verweigern?[13] Wenn man sie nicht taufte, dann würde das Volk Gottes gespalten in einen Teil, der getauft, und einen anderen Teil, der nicht getauft wird.[14] Auch sollten sie zu einem frühen Zeitpunkt getauft werden, weil die Taufe an die Stelle der Beschneidung trete, die schon an ganz kleinen Kindern vollzogen wurde.

Neben diesem im wesentlichen positiven Punkt musste sich Zwingli mit einer ganzen Reihe weiterer Argumente gegen die Kindertaufe befassen. Dabei brachte er einige zusätzliche Argumente vor. So wies er den Gedanken zurück, Kinder könnten den Geist nicht haben. Er machte unter anderem darauf aufmerksam, dass Johannes der Täufer noch im Leib seiner Mutter Christus mit grösserer Freude begrüsst habe als die Erwachsenen. Gott wirke, wie und wann er wolle, unabhängig vom Alter.[15]

Am ausführlichsten ging Zwingli einmal mehr auf die Einheit oder Identität der Taufe des Johannes mit der Taufe Christi ein. Diese Idee war ein grundlegender Bestandteil seiner Position, wie umgekehrt der Gegensatz der beiden Taufen für die Argumentation der Täufer wesentlich war. Nach Zwinglis Ausführungen wurde die Taufe auf Gottes Befehl durch Johannes eingeführt, der deshalb unter dem Namen «Täufer» bekannt war; die Taufe wurde also nicht durch den «Taufbefehl» Christi (Matthäus 28,18–20) eingesetzt – jenes Wort, das den Täufern gelegen kam, indem Christus erst dazu aufforderte, zu Jüngern zu machen und dann zu taufen. Da aber Johannes kam, um dem Herrn den Weg zu bereiten (Maleachi 3,1), und sogleich taufte, folge daraus, dass er die Taufe des Herrn ein-

---

[11]   Z IV 231.26–30; 231.32–233.16.
[12]   Z IV 292.4–294.31.
[13]   Z IV 333.24–26.
[14]   Z IV 318.3–12.
[15]   Z IV 242.10–27.

führte. Zwingli wies die Ansicht zurück, die Taufe des Johannes sei nur eine Vorstufe der Taufe Christi gewesen. Denn das würde Johannes dem Alten Testament zuordnen, während er doch das Reich Gottes predigte, d.h. das Evangelium. Johannes und die Jünger hätten dieselbe Lehre vertreten und mit derselben Taufe getauft; darum sei auch die Taufe des Johannes und die Taufe Christi ein und dieselbe Taufe. Für ihre Identität spreche auch, dass Christus selbst uns ein Beispiel gegeben habe, indem er sich taufen liess – mit der Taufe des Johannes. Wenn wir seinem Beispiel folgen wollten, müssten wir uns mit seiner Taufe taufen lassen. – Die in Apostelgeschichte 19,1–5 erwähnte Taufe interpretierte Zwingli als Unterweisung. Er machte darauf aufmerksam, dass die Menschen durch Apollos im Sinne einer Unterweisung «getauft» worden seien, wenn auch einer unzureichenden Unterweisung. Demnach seien sie erst durch Paulus wirklich getauft worden. Mit dieser Interpretation konnte Zwingli der Meinung der Radikalen entgegentreten, jene zwölf Männer seien von Paulus nochmals getauft worden.[16]

Dass Christus keine Kinder getauft hat, liess Zwingli gelten. Er wehrte sich nur gegen die Schlussfolgerung, dass wir nun ebenfalls keine Kinder taufen dürften. Denn das hiesse ja dementsprechend, dass keine Frauen zum Abendmahl kommen dürften, weil beim Abendmahl Jesu keine Frauen erwähnt sind.[17] – Ein anderes Argument, das die Täufer beharrlich ins Feld führten, lautete: «Nun hat Gott nicht gesagt, dass man Kinder taufen soll; so soll man die Kinder auch nicht taufen». Diesem Argument begegnete Zwingli mit dem Vorwurf, sie machten sich derselben Sache schuldig, die sie anderen vorhielten: Sie fügten nämlich dem Wort Gottes etwas hinzu, indem sie verböten, was Gott nicht verboten habe.[18]

Als Argument für die Taufe von Erwachsenen und Kindern verwies Zwingli auch auf 1. Korinther 10,1–5; denn diese Stelle besage, dass sie alle auf Mose getauft wurden.[19] Auch zitierte er 1. Korinther 7,12–14 – eine Stelle, in der die Kinder eines christlichen Elternteils als heilig bezeichnet werden. Damit zeigte er, dass im Neuen Testament die Kinder christlicher Eltern zu den Kindern Gottes zählten.[20] Auch führte er an, dass

---

[16] Z IV 258.3–277.13.
[17] Z IV 296.1–7. Man solle sich ohnehin vor der Behauptung hüten, etwas sei nicht geschehen, nur weil davon nichts berichtet werde. Schliesslich werde von den meisten Aposteln auch nirgends erwähnt, dass sie sich hätten taufen lassen.
[18] Z IV 301.31–302.4; 211.8–212.4.
[19] Z IV 304.28–306.10.
[20] Z IV 313.22–315.25.

der Evangelienbericht über Kinder, die zu Jesus gebracht wurden, für die Taufe von Kindern spreche; denn wie anders hätten Kinder zu Jesus kommen können, wenn nicht durch das Bundeszeichen des Volkes Gottes? Und wenn sie schon zum Volk Gottes gehörten, warum sollte man ihnen das Zeichen des Gottesvolkes vorenthalten?[21]

Eine weitere Entwicklung in Zwinglis Theologie bewirkte 1525 eine wichtige Veränderung in seinem Taufverständnis. Davon ist in seiner Antwort an Hubmaier ausführlich die Rede. Zwingli versteht den Bund nun als Gottes Gnadenbund, nicht mehr als unseren Bund, – als Gottes Verheissung, nicht als unser Versprechen. Das Bundeszeichen ist daher mehr das Zeichen von Gottes Bund und Verheissung als unsere Verpflichtung, dass wir ein gottesfürchtiges Leben führen wollen. Diese Auffassung vom Zeichen passte sowohl zur Erwachsenen- als auch zur Kindertaufe, während das frühere Taufverständnis als Verpflichtung weniger Kohärenz aufwies; denn im Falle der Erwachsenentaufe war es eine Verpflichtung des Täuflings für sich selbst, im Falle der Kindertaufe war es die Verpflichtung der Eltern, den Täufling christlich zu erziehen. Ausserdem ist nach Zwingli der Bund im Neuen Testament kein neuer oder anderer Bund; vielmehr geht es ihm darum, «dass wir zu dem Bund, den Gott mit Abraham geschlossen hat, zugelassen sind».[22] Darum argumentierte Zwingli auch nicht mehr wie früher vom Gegensatz zwischen den beiden Testamenten her, indem er behauptete, wenn sich eine Aussage auf die Menschen unter dem Gesetz beziehe, dann beziehe sie sich umso mehr auf uns, die unter der Gnade stehen. Vielmehr betonte Zwingli nun stärker die Einheit der beiden Testamente. Sein Bezugspunkt war nicht mehr Mose und das Gesetz, sondern Gottes Gnadenbund mit Abraham.

In seiner Schrift an Hubmaier wiederholt Zwingli viele seiner früheren Argumente, die er als Grundlage für die Beibehaltung der Kindertaufe betrachtet. Er weist darauf hin, dass Hubmaier in seinem Buch nicht darauf Bezug nehme. Zwingli geht das Thema Kindertaufe von zwei Seiten an: Zuerst zeigt er, dass im Alten Testament die Kinder Glieder des Volkes Gottes seien; danach, dass unsere Kinder nicht weniger zum Gottesvolk gehörten als die israelitischen. Gott hätte nicht angeordnet, den israelitischen Kindern das Bundeszeichen zu geben, wenn sie nicht Glieder seines Bundesvolkes gewesen wären. Die Tatsache, dass nur Buben das Zeichen erhielten und nicht Mädchen, die ja auch zum Bund gehörten, erklärt

---

[21]   Z IV 299.8–300.4.
[22]   Z IV 596.1–2; 636.24–26; 636.33–637.1.

Zwingli mit Hilfe der Synekdoche: Alle sind im wichtigsten Teil eingeschlossen. Er führt auch aus, dass bei der Beschneidung in 5. Mose 31 die
Lehre dem Zeichen folge.[23]

Im *Elenchus* 1527 geht Zwingli auf Adam zurück und erklärt, dass der
Bund eigentlich zuerst mit Adam geschlossen worden sei. Es gebe nur einen Bund, weil es nur einen Gott gebe, und der sei «ebenso unser Gott
wie Abrahams Gott, und wir sind ebenso sein Volk wie Israel». Daraus
folge: Ebenso wie die Kinder der Hebräer zusammen mit ihren Eltern im
Bund eingeschlossen gewesen seien und das Bundeszeichen empfangen
hätten – nämlich die Beschneidung –, so sollten auch die Kinder von
Christen das Bundeszeichen empfangen – nämlich die Taufe –, weil sie
zusammen mit ihren Eltern zur Kirche Christi gehörten.[24]

Zwinglis übliches Argument aus dem Neuen Testament lautet, dass die
Haushalte ganz selbstverständlich Kinder mit eingeschlossen hätten. Daneben bringt er mehrere indirekte Argumente, von denen wir hier drei erwähnen wollen. Erstens: Wenn die Apostel keine Kinder getauft hätten,
wäre Unruhe entstanden, aber davon sei nirgends die Rede. Zweitens:
Wenn Kinder zwar beschnitten, aber nicht getauft worden wären, wie die
Täufer glaubten, wären die Kinder von Christen «aus der Kirche hinaus-
geworfen und auf die Beschneidung zurückverwiesen worden». Neben
diesen beiden Argumenten zu Apostelgeschichte 15 zitiert Zwingli 1. Korinther 10,1–2 und Kolosser 2,11, wo Paulus Christen und Hebräer sowie
Taufe und Beschneidung gleichsetzt. Wenn man Kinder in neutestamentlicher Zeit nicht ebenso getauft hätte, wie sie in Israel beschnitten worden
waren, wäre Paulus nicht zu der Aussage gekommen, dass die Beschneidung unsere Taufe sei.[25]

Daraufhin macht Zwingli auch das Argument von der Erwählung
geltend, das die Täufer ursprünglich gegen ihn verwendet hatten. Sie
schlossen aus der Verwerfung Esaus in Römer 9,11–13, dass Kinder nicht
zum Volk Gottes gehörten. Zwinglis Antwort lautet, dass nur diejenigen,
welche Gott erwählt habe, Glieder seines Volkes seien. Sie seien aber
auch dann Glieder, wenn sie – wie die Kinder – noch nicht glaubten. Die
Kinder von Christen gehörten ebenso zum Bund, wie die Kinder der
Hebräer zum Bund gehörten. Aus dieser Tatsache ergebe sich die Gewiss-

---

[23]   Z IV 629.1–634.2.
[24]   Z VI/I 170.12–16; 171.15–19; 171.28–172.5.
[25]   Z VI/I 184.8–187.6.

heit, dass die Kinder erwählt seien – wenigstens solange sich Gott nicht anders über sie äussere, wie er es im Falle Esaus getan habe.[26]

Auch die *Marburger Artikel* gehen auf die Taufe ein. Die Sprache ist dort zum Teil lutherisch geprägt. Der Hinweis in Artikel 9 auf die Taufe als Zeichen, das nicht leer sei, sondern Zeichen und Werk Gottes, mochte sich gegen Zwinglis Position richten; aber nach dessen eigener Auffassung wendet sich die Formulierung gegen jegliche Geringschätzung des Sakraments. Zwingli verweist in seinen Notizen und Randbemerkungen auf die zwinglianischeren Töne im folgenden Abschnitt. Dieser spricht davon, dass das Zeichen unseren Glauben voraussetze und dass wir durch den Glauben wiedergeboren würden zum Leben.[27] Solcher Glaube ist das Werk des Geistes, wie der nächste Artikel erklärt. Mit diesem Akzent distanziert sich Zwingli von Luthers Meinung über die Wirksamkeit des Sakraments und auch von der Vorstellung, getaufte Kinder hätten bereits den Glauben. Artikel 14 über die Kindertaufe bietet in ähnlicher Weise Anlass für eine unterschiedliche Interpretation durch Zwingli und Luther.[28]

In seiner letzten gewichtigen Abhandlung über die Taufe mit dem Titel *Ad quaestiones de sacramento baptismi* (1530) argumentiert Zwingli noch einmal von der Erwählung her. Die Schrift geht auf 46 Fragen von Schwenckfeld ein. Zwingli benutzt aber die Erwählung nicht als Argument für die Kindertaufe, sondern wehrt sich unter Berufung auf die Erwählung gegen die Täufer, die als Argument für die Glaubenstaufe die Taufe an den Glauben binden. Zwei Gedanken seien hier herausgegriffen. Erstens: Wir können nicht wissen, wer erwählt und wer verworfen ist; darum ist es falsch, aus der Kirche die Kinder von Christen hinauszutreiben, denen die Verheissung Gottes gilt. Zweitens: Wenn man nur diejenigen taufen wolle, die wirklich glauben, dann könne man gar niemanden taufen; wir hätten nämlich keine Gewissheit über den Glauben anderer Menschen.[29]

---

[26] Z VI/I 175.21–179.19; 184.2–4.

[27] Die zweite Hälfte des Artikels heisst: «So ists nit allein ein ledig zeichen oder losung under den christen, sonder ein zeichen und werck gottes, darinn unser gloube gefordert, durch welchen wir zum läben widergeborenn werdend» (Z VI/II 522.18–24).

[28] Usteri bemerkt dazu: «Nach Luther freilich sollten die Kinder getauft werden, damit sie von der Erbsünde rein würden, und das konnte und sollte der Artikel aussagen. Nach Zwingli hingegen durften die Kinder getauft werden, weil sie durch Christi Verdienst schon von der Erbsünde befreit waren und dem Gnadenbund angehörten.» (Johann Martin Usteri, Darstellung der Tauflehre Zwinglis, in: Theologische Studien und Kritiken 55 (1882), S. 276).

[29] Z VI/IV 30–39.

In Zwinglis Theologie gab es grundsätzliche Überlegungen, die ihn dazu führten, die traditionelle Auffassung abzulehnen, wonach die Taufe ein Gnadenmittel und daher heilsnotwendig sei. Für ihn stellte diese Lehre die Souveränität Gottes in Frage sowie die zentrale Bedeutung Christi und die Freiheit des Geistes. Ausserdem widersprach sie seiner Meinung nach dem klaren Zeugnis der Schrift, dass manche getauft, aber nicht erlöst und andere erlöst, aber nicht getauft wurden. Zwinglis Taufverständnis hing eng mit seinem Verständnis vom Heil und vom Menschen zusammen. Die Seele könne nicht von dem berührt werden, was leiblich sei.

Von daher hatte die Taufe für Zwingli eine andere Bedeutung und einen anderen Zweck als in der Tradition vorgesehen. Er verstand sie als Zeichen der Weihe, als Bundeszeichen. Er entfaltete diese Interpretation dahin, dass wir uns in der Taufe verpflichteten, ein christliches Leben zu führen. Weil jedoch ein Kind sich nicht verpflichten könne, würden sich bei der Kindertaufe die Eltern für das Kind auf das Gesetz verpflichten. Im Jahre 1525 vertiefte sich Zwinglis Auffassung vom Bund in die Richtung von Gottes Gnadenbund. Daraus ergab sich ein neues Verständnis der Bundeszeichen. Der Akzent verlagerte sich auf Gott und die Kirche; und das Wort «Bundeszeichen» liess sich nun für Erwachsene und für Kinder grundsätzlich gleichbedeutend verwenden.

Zusammenfassend lässt sich sagen: In seiner Auseinandersetzung mit Täufern stützte Zwingli sich auf zwei wichtige Argumente zugunsten der Kindertaufe: dass Kinder zu Gott gehören und deshalb getauft werden sollen und dass die Taufe die Beschneidung ersetzt. Diese beiden Hauptargumente stützte er mit einer Vielzahl weiterer Argumente. Am augenfälligsten veränderte Zwingli sein Taufverständnis im Zuge seiner veränderten Auffassung vom Bund. Er hob nicht länger den Gegensatz zwischen Altem und Neuem Testament hervor, sondern betonte deren Einheit. Später nahm er von seinen Gegnern die Erwählungslehre auf und benutzte sie für seine Zwecke. Doch gebrauchte er sie negativ, um ihre Argumente zu entkräften, statt wie Bucer positiv. Bucer bekräftigte, dass die Taufe bei den Erwählten wirksam sei, und machte gleichzeitig die Souveränität Gottes geltend. Auch Zwingli ging es um die Souveränität Gottes; aber Bucer und Calvin konnten die Souveränität Gottes geltend machen, indem sie die Wirksamkeit der Taufe von Gottes Erwählung abhängig machten.

X

ABENDMAHL

Der Ausdruck «zwinglianisch» wird meistens für eine ganz bestimmte Auffassung vom Abendmahl oder der Eucharistie verwendet – also im Blick auf jenes Thema, um das unter den Reformatoren der heftigste und erbittertste Streit entbrannte. Als «zwinglianisch» gilt dabei der Akzent auf dem Abendmahl als Gedächtnismahl. Man versteht oder missversteht diese Auffassung oft in dem Sinne, dass Zwingli die Gegenwart Christi beim Abendmahl geleugnet habe, wie wenn andere an die reale Gegenwart Christi geglaubt hätten, Zwingli jedoch an die reale Abwesenheit. – In Wirklichkeit glaubte Zwingli selbstverständlich an die Gegenwart Christi; nur nicht an seine leibliche Gegenwart oder an seine Gegenwart als Mensch aus Fleisch und Blut.

Die Eucharistie stand im Zentrum der mittelalterlichen Frömmigkeit. Darum versteht es sich von selbst, dass sich die Auseinandersetzung an ihr entzündete, und zwar sowohl zwischen den Reformatoren und ihren Gegnern in der mittelalterlichen Kirche als auch unter den Reformatoren selbst. Für diejenigen, die sich an der Auseinandersetzung beteiligten, ging es nicht um irgendein Thema der akademischen Theologie. Vielmehr stand das Heil des Menschen auf dem Spiel: Gottes erlösendes Handeln in Christus und unser Anteil an dem, was Gott für uns in Christus getan hat. Zwingli bekämpfte eine Lehre und Praxis, die nach seinem Ermessen das Verständnis und die Annahme von Gottes Heilsgabe gefährdete. Demgegenüber verteidigten seine Gegner eine Lehre und Praxis, die nach ihrem Ermessen jene Heilsgabe gerade verkörperte. Dieser Hintergrund macht die Intensität des Konflikts nachvollziehbar.

Der frühe Zwingli: Das Opfer und die Gegenwart Christi

In der Schrift *Von der babylonischen Gefangenschaft der Kirche* bekämpfte Luther drei Weisen, auf welche das Sakrament des Abendmahls gefangen genommen worden sei: die Kommunion unter einerlei Gestalt (d.h. die Laien empfingen das Brot, aber nicht den Wein), ferner das Messopfer (d.h. die Darbringung der Messe als Opfer für die Lebenden und die Toten) sowie die Transsubstantiation (d.h. die Wandlung der Substanz von Brot und Wein in die Substanz des Leibes und des Blutes Christi, während die Akzidentien, d.h. die sinnlich wahrnehmbaren Eigenschaften wie Farbe und Geschmack, jene von Brot und Wein bleiben). Hinsichtlich der Kommunion unter einerlei Gestalt und hinsichtlich des Messopfers waren Zwingli und die anderen Reformatoren mit Luther grundsätzlich einig. Sie beriefen sich auf das Neue Testament als Bestätigung für das Abendmahl unter zweierlei Gestalt (Brot und Wein) und für ihre Überzeugung, dass das Opfer Christi am Kreuz für das Heil genügt und unwiederholbar ist. Die Eucharistie wiederhole nicht das Opfer Christi, sondern sei eine Erinnerung an das Opfer Christi, welches ein für allemal stattgefunden habe. Sie sei nicht etwas, das wir Gott darbrächten, sondern etwas, das Gott uns darbringe.

Diese beiden Fragen, in denen die Reformatoren im Widerspruch zur mittelalterlichen Kirche standen, kamen in der Auseinandersetzung Zwinglis mit seinen konservativen Gegnern häufig zur Sprache; seine Ansichten änderten sich dabei nicht grundlegend. Wie Luther empörte er sich gegen die Art und Weise, wie Messen feilgeboten wurden, wie sie zu einer Quelle von Habgier und Reichtum gediehen und Geld verschlangen, das für die Armen fehlte. Noch viel wichtiger war aber für beide Reformatoren die Tatsache, dass diese Sakramentsauffassung das Heil der Menschen gefährdete, indem die Menschen angeleitet wurden, sich auf etwas anderes zu verlassen als auf Gott. Zwingli stützte seine Argumentation weitgehend auf den Hebräerbrief, fand aber auch bei den Kirchenvätern seine Ansicht belegt, dass die Eucharistie eine Erinnerung an das Opfer Christi und nicht das Opfer selbst sei.

Er sprach diese Frage an der Ersten Disputation im Januar 1523 an; in seinen früheren Schriften gibt es nur flüchtige Bemerkungen zur Eucharistie. Im 18. Artikel schrieb er: «Christus, der sich selbst einmal aufgeopfert hat, ist das auf ewig gültige und bezahlende Opfer für die Sünden aller Gläubigen. Daraus wird ersichtlich, dass die Messe nicht ein Opfer, sondern ein Wiedergedächtnis des Opfers und eine Versicherung der Erlösung ist, die Christus uns verschafft hat».[1] In der detaillierten Auslegung dieses Artikels vom Juli 1523 argumentierte er vom Priesteramt und Opfer Christi im Hebräerbrief her und machte geltend, dass er seit einigen Jahren das Sakrament «ein Wiedergedächtnis des Leidens Christi und nicht ein Opfer » genannt hatte. Er fand die Absicht Christi klar in seinen

---

[1] Saxer, Schriften, 25 (Z I 460.6–10).

Worten: «Tut das zu meinem Gedächtnis!» – hiesse es, doch nicht: «Bringt mir das zum Opfer dar!».[2] Zwingli stellte einen Unterschied im Sprachgebrauch zu Luther fest. Luther nannte das Abendmahl ein «Testament». Zwingli benutzte diesen Ausdruck zwar ebenfalls, zog aber den Begriff «Wiedergedächtnis» vor. Bereits in diesem Stadium entschied er sich interessanterweise für den subjektiveren Ausdruck. Erinnerung sei ja vor allem etwas, was wir tun – nicht etwas, was Gott tue.

Er entfaltete seine Position im *Kanon der Messe*. Dort verteidigte er den Begriff «Eucharistie», obwohl dieser Begriff von Christus und den Aposteln nicht verwendet wurde. Eucharistie als Danksagung mache nämlich deutlich, dass das Sakrament eine Gabe Gottes sei, während der Begriff «Messe» es zu etwas mache, was wir Gott darbringen.[3] Im Unterschied zu Grebel gestand Zwingli den Gemeinden in allen Dingen Freiheit zu, die von der Schrift nicht klar festgelegt waren. Nach seiner Auffassung waren die Gemeinden in äusserlichen Angelegenheiten wie der zeitlichen Festlegung von Gottesdiensten oder in der Kleidung nicht durch die Gepflogenheit Christi und der Apostel gebunden. Er selbst war mit Rücksicht auf die Schwachen oder um Spaltungen zu vermeiden bereit, auch alte Formen und Formulierungen zu verwenden.

In diesem Stadium war Zwingli in seinen Vorschlägen zur Erneuerung der Messe konservativ. So musste er sich zum Beispiel dafür kritisieren lassen, dass er liturgische Gewänder duldete. Er machte auch an der Zweiten Disputation im Herbst keine Anstalten, die Gewänder abzuschaffen, obwohl er sie als Hindernis betrachtete. Denn das hätte einen Aufruhr verursacht. Zwingli aber glaubte, dass man die Menschen zunächst einmal unterweisen müsse.[4]

Das Urteil, das an der Zweiten Disputation gefällt wurde, lautete, dass die Messe nicht schriftgemäss sei und abgeschafft werden sollte. Doch wurden die entsprechenden Massnahmen erst an Ostern 1525 wirksam. Denn die konservative Gegnerschaft in Zürich war zu stark, als dass der Rat sofort hätte handeln können. Die Radikalen nahmen die Reform um wenige Monate vorweg und feierten im Januar 1525 ein evangelisches Abendmahl. Der Streit mit konservativen Gegnern wie Joachim am Grüt und Eck ging unterdessen weiter. Dabei verlagerte sich der Hauptgegen-

---

[2] Z II 137–138 (ZwS II 162–165).
[3] Z II 568.34–569.10.
[4] Z II 788.31–789.16.

stand der Auseinandersetzung vom Messopfer auf die Gegenwart Christi im Sakrament.

Die Gegenwart Christi im Abendmahl, ebenso wie sein Opfer, wurde schon an der Ersten Disputation 1523 diskutiert. Zu diesem Zeitpunkt wandte sich Zwingli gegen die mittelalterliche Transsubstantiationslehre, die besagt, dass die Substanz von Brot und Wein sich in die Substanz des Leibes und Blutes Christi wandelt, während die «Akzidentien», d.h. die sinnlich wahrnehmbaren Eigenschaften wie Farbe und Geschmack, jene von Brot und Wein bleiben. Zwingli lehnte diese Lehre als eine Erfindung von Theologen ab. Wo er trotzdem Brot und Wein direkt auf Leib und Blut Christi bezog, wird nicht ersichtlich, in welchem Sinn er die eucharistischen Elemente als Leib und Blut Christi verstand.[5] Den Akzent legte er jedenfalls auf den Leib und das Blut Christi als für uns geopfert. Zur Erläuterung legte er Johannes 6 aus und betonte dabei den Glauben und die Seele, die genährt wird. Auch benutzte er den Text Johannes 6,63, der später so wichtig wurde: «Der Geist ist es, der lebendig macht, das Fleisch hilft nichts». Wer glaubt, «dass Jesus Christus uns seinen Leib gegeben hat uns zur Erlösung und sein Blut zur Abwaschung und Reinigung der Seele ... dem ist dessen Leiden und Tod Brot und Speise». Zusammen mit dem Glauben stärkt uns das Mahl; aber ohne Glauben essen wir uns zum Gericht.[6] Später nahm Zwingli diese Auffassung zurück, dass das Sakrament den Glauben stärke.

Im Juli 1523 verfasste Zwingli eine Antwort an seinen früheren Lehrer Thomas Wyttenbach auf dessen Fragen betreffend der Eucharistie. Anders als in den Artikeln konzentrierte sich Zwinglis Hauptinteresse in diesem Brief nicht auf das Opfer, sondern auf die Gegenwart Christi. Wieder legte er Nachdruck auf den Glauben: Der Glaube beziehe sich auf «den

---

[5] Es gibt bei Zwingli einen vieldiskutierten Satz: «An dieser Stelle aber sollen die einfachen Leute lernen, dass man nicht darum streitet, ob Leib und Blut Christi gegessen und getrunken werden – denn daran zweifelt kein Christ –, sondern ob sie ein Opfer seien oder bloss seine Vergegenwärtigung (Wiedergedächtnis)» [ZwS II 152 (Z II 128.8–11)]. Für sich genommen schliesst dieser Satz scheinbar ein symbolisches Verständnis der Eucharistie aus; doch man muss ihn im Licht dessen interpretieren, was Zwingli aufgrund von Johannes 6 über den Inhalt der Eucharistie sagt, und auch im Licht seiner Unterscheidung zwischen dem Zeichen und dem, was das Zeichen bedeutet [Z II 121.2–7 (ZwS II 144)]. Im *Kanon der Messe* lehnt er die Transsubstantiation ab und gesteht doch zu, dass man darum bittet, das Brot möge der Leib Christi werden. Er sagt: «dass denen, die mit Glauben essen, das Brot und der Wein zu Leib und Blut Jesu Christi werden, wie auch immer das am Ende geschieht» (Z II 588.22–28; 605.38–39).

[6] ZwS II 167–172 (Z II 141.14–144.16).

Leib Christi, der für uns geopfert wurde», nämlich für unser Heil. Der Glaube gelte nicht den eucharistischen Elementen. Dieser Gesichtspunkt sollte später in seiner Auseinandersetzung mit Luther wichtig werden. Brot und Wein könnten zwar als Leib und Blut Christi bezeichnet werden, aber nur im uneigentlichen und «katachrestischen» Sinne. Sie seien zum Essen und Trinken da, nicht zur Aufbewahrung oder Anbetung. Die Betonung liege auf der ersten Hälfte von Christi Einsetzungswort im Abendmahl: «Nehmet, esset», nicht auf der zweiten Hälfte: «das ist mein Leib». – Der Akzent verlagert sich von den Elementen zur Handlung. In seinen Überlegungen zur Gegenwart Christi benutzte Zwingli das Bild des Feuersteins: In dem Stein ist nur Feuer, wenn er geschlagen wird; ebenso lasse sich Christus nur dann unter der Gestalt von Brot und Wein finden, wenn man ihn im Glauben suche.[7] Um die Rolle des Glaubens hervorzuheben, zog Zwingli auch einen Vergleich zur Taufe: Man könne tausendmal Wasser verwenden; es wäre aber vergeblich ohne den Glauben.

Die Gelehrten streiten sich, wie Zwingli bis ins Jahr 1523 die Gegenwart Christi im Abendmahl verstanden hat. Einige meinen, er habe an eine reale oder zumindest mystische Gegenwart geglaubt; andere treten für eine geistliche Gegenwart oder eine gewissermassen vom Glauben abhängige Gegenwart ein, wobei diese letztere Auffassung zu einer symbolischen Sakramentsauffassung passen würde. Für beide Meinungen gibt es Anhaltspunkte. Doch sollte man eines nicht vergessen: Zwingli verwendete zwar traditionelle Begriffe, die den Anschein erwecken können, als bezeichneten sie die traditionellen Inhalte; aber er wandelte sie deutlich durch andere Begriffe ab. So sprach er etwa traditionell von Leib und Blut Christi, verstand aber darunter die Nahrung für die glaubende Seele.[8] Er liess auch jene, die nicht stark genug waren, einen umstrittenen Begriff wie Opfer aufzugeben, weiter von Opfer reden, sofern sie das Opfer als Erinnerung an das Opfer Christi auffassten. Ab 1524 vertrat er allerdings ganz klar eine symbolische Anschauung und interpretierte das Wort Christi «Das ist mein Leib» als «Das bedeutet mein Leib».

Zwingli befasste sich vor allem mit dem Opfer und der Gegenwart Christi. Daneben rückte er aber auch den Gedanken der Gemeinschaft und der gegenseitigen Verpflichtung in den Vordergrund. So zitierte er in der Schrift *Vorschlag wegen der Bilder und der Messe* 1. Korinther 10,16–17; er wollte damit zeigen, dass die Eucharistie «eine innerliche und äusser-

---

[7] Z VIII 84–89.
[8] Z II 812.7–8.

liche Vereinigung der Christenmenschen» sei, in der wir «allen Menschen bezeugen, dass wir ein Leib und eine Bruderschaft sind». Christus wolle unsere Einheit, «und zu solcher Vereinigung hat er uns das Sakrament gegeben». Ja noch mehr: «Wie er sich selbst für uns gegeben hat, so sind auch wir es schuldig, uns für einander hinzugeben wie für unseren Bruder, ja wie für unser eigenes Glied».[9]

Die symbolische Sakramentsauffassung

Im Jahre 1524 las Zwingli jenen Brief von Cornelisz Hoen, der die These aufstellte, in den Worten Jesu «Das ist mein Leib» sei das «ist» als «bedeutet» zu verstehen. Luther hatte den Brief bereits abgelehnt. Für seine These stützte sich Hoen auf eine Reihe von biblischen Beispielen, darunter das Gleichnis von den sieben Kühen und den sieben Ähren, welche sieben Jahre bedeuteten (1. Mose 41) sowie die «Ich bin - Worte» Jesu im Johannesevangelium. Zwingli sagte später, Hoen habe ihm zur Erkenntnis verholfen, dass der bildliche Ausdruck im Wort «ist» liege, nicht etwa im Wort «Leib». Doch stellte er fest, seine Auffassung habe sich nicht grundlegend geändert; er habe sie nur für sich behalten, bis ein geeigneter Moment gekommen sei, um sie öffentlich bekannt zu machen.

Der Brief Hoens legt vom Anfang bis zum Ende ein starkes Gewicht auf den Glauben; diesen versteht er als Vertrauen zu Christus selbst, nicht als Zustimmung zu einem Glaubenssatz. Für die Taufe und die Eucharistie sei ein solcher Glaube an Christus unabdingbar. Hoen erwähnt eine Reihe biblischer Beispiele, um geltend zu machen, dass in den Einsetzungsworten «ist» als «bedeutet» verstanden werden müsse – wobei er zwischen dem Zeichen und der bezeichneten Sache unterscheidet. Die Anbetung des eucharistischen Brotes stellt er auf eine Ebene mit der heidnischen Verehrung von Holz und Steinen. Brot bleibt für ihn Brot. Christus habe seine leibliche Gegenwart ja gerade zurückgenommen, damit der Geist habe kommen können. Zu jener leiblichen Abwesenheit passt nach Hoen die Erinnerung am besten.

Aus der Vielzahl von Gedanken war es die Interpretation des «ist» als «bedeutet», die unzweifelhaft neu in Zwinglis Gesichtskreis trat. Die anderen Gedanken waren mehr oder weniger schon vorhanden, auch etliche hier nicht erwähnte. Nur von der Überzeugung, dass die Sakramente den

---

[9]   Z III 124.22–126.15.

125

Glauben stärkten, nahm Zwingli Abschied; diese Vorstellung wird zu Beginn von Hoens Brief vorausgesetzt, und zwar im Zusammenhang mit dem Verlobungsring, den der Bräutigam seiner Braut als Pfand seiner Liebe überreicht.[10]

Zum erstenmal spürt man die Wirkung von Hoens Brief in einem Brief Zwinglis an Matthäus Alber (November 1524). Bezeichnenderweise bringt jedoch Zwingli die neue Erkenntnis erst im zweiten Teil des Briefes zur Sprache. Im ersten Teil[11] befasst er sich mit Johannes 6, jener Stelle, die in seiner Abendmahlslehre eine führende Rolle zu spielen begann.[12] Er gibt zu, dass der Text sich eigentlich nicht auf die Eucharistie beziehe; aber für Zwingli schliesst er bestimmte Interpretationen der Eucharistie aus und steht darum in seinen Disputen an erster Stelle. Zwingli zeigt anhand dieses Textes, dass das Fleisch Christi deshalb eine Speise für die Seele sei, weil es für uns geopfert worden sei, nicht weil wir es ässen. Johannes 3,6 sagt nämlich klar: Was vom Fleisch geboren ist, ist Fleisch – entsprechend der Tatsache, dass, was vom Geist geboren ist, Geist ist. Das Essen des Fleisches Christi könne daher nichts anderes hervorbringen als Fleisch. In Wirklichkeit bedeute die Wendung «Christus essen» in Johannes 6 an Christus zu glauben. Zwingli stellt das leibliche Essen in einen Gegensatz zum Glauben. Wenn leibliches Essen Segen spenden könnte, gäbe es zwei Heilswege: das leibliche Essen und den Glauben. Er stellt auch Christus in seiner Eigenschaft als Gott dem Menschen Christus gegenüber: Nicht weil er Fleisch sei, würde er der Welt Leben geben, sondern in seiner Eigenschaft als Gott. Den Leib Christi essen bedeute zu glauben, dass er für uns geopfert worden sei. – In Zwinglis ganzer Darstellung lauten die Grundthesen: «Das Fleisch nützt nichts» und «Essen heisst Glauben».

Im zweiten Teil[13] befasst sich Zwingli mit dem in seinen Augen schwierigsten Punkt: Die Einsetzungsworte setzten scheinbar voraus, dass das von Christus ausgeteilte Brot sein Leib war, der für uns am Kreuz geopfert wurde. Zwingli schliesst dieses Verständnis dennoch aus. Denn wir erlangen das Heil, indem wir glauben, dass Christus für uns gestorben ist; das Heil kommt nicht durch das sakramentale Essen und Trinken von

---

[10] Z IV 512.10–518.13.
[11] Z III 336.19–342.10.
[12] Die Bedeutung von Johannes 6 spiegelt sich darin, dass dieser Text zur unveränderlichen Lesung beim Abendmahl bestimmt wurde, während er in der mittelalterlichen Kirche eine der Lesungen für Fronleichnam war.
[13] Z III 342.11–347.12.

Brot und Wein. Daraus folgert Zwingli, dass in den Worten Christi eine bildliche Redewendung vorliegen müsse. Er weist Karlstadts Ansicht zurück, das Wort «das» in «das ist mein Leib» beziehe sich auf Christi persönlich anwesenden Leib und nicht auf das Brot. Und wie Hoen sieht er den Schlüssel im Wort «ist»: Entsprechend vielen anderen Bibelstellen ist es als «bedeutet» zu verstehen. Auch weist er auf die Verbindung zwischen «bedeutet» und «Gedächtnis» hin und hält fest, dass auf «Nehmet, esset; das ist mein Leib» die Worte folgen: «Tut das zu meinem Gedächtnis». Schon bei Tertullian, Augustin und Origenes findet er eine Bestätigung für «bedeutet»; und er erinnert an Tertullians Verwendung des Begriffs repraesentare und Augustins Verwendung von figura. Im Zuge des Abendmahlsstreits berief sich Zwingli immer häufiger auf die Kirchenväter – wenn sie auch gegenüber der Schrift zweitrangig blieben. Zwingli sagte, er verwende sie, um zu beweisen, dass seine Sicht nicht neu sei.[14] – Das Brot stellt also für ihn insofern den Leib Christi dar, als es uns während des Mahls in Erinnerung ruft, dass Christus seinen Leib für uns hingegeben hat.

Zwingli interpretierte noch eine andere Schlüsselstelle in seinem Sinn, die gleichzeitig von denen verwendet wurde, welche für das leibliche Essen eintraten (1. Korinther 10,14–22). Er argumentierte nämlich im Licht des folgenden Verses: «Weil es ein Brot ist, sind wir, die vielen, ein Leib»: «Die Gemeinschaft des Leibes Christi» müsse bedeuten, dass die Gläubigen durch das Essen des Brotes bezeugen, dass sie Glieder desselben Leibes seien. Grundlegend sei darum nicht das Essen, sondern der Glaube: Wir werden ein Leib, sobald wir an Christus glauben.[15]

Die von Zwingli präsentierte Ansicht wirft natürlich die Frage auf, warum wir an den Sakramenten überhaupt teilnehmen. Was bewirkt die Teilhabe am Sakrament? Zwinglis Antwort zu jenem Zeitpunkt lautet: «Nichts anderes als dass du deinem Bruder deutlich machst, dass du ein Glied Christi bist und zu denen gehörst, die an Christus glauben; und ausserdem verpflichtet es dich zum christlichen Leben, so dass du, falls du schamlos lebst und nicht bereust, von den anderen Gliedern ausgeschlossen werden kannst. Von daher kam es bei den Alten zu Exkommunikation und Ausschluss vom Abendmahl». Indem Zwingli auslegt, was die Teilhabe am Blut und Leib Christi bedeutet, geht er auf ein traditionelles theologisches Motiv ein, das seine Gegner gewöhnlich als Beleg für leibliches Essen

---

[14] Z III 347.7–11.
[15] Z III 347.13–352.3.

gebrauchen, und er untermauert damit den gemeinschaftlichen, ethischen und gewissermassen erinnernden Aspekt der Eucharistie.[16]

Im März und im August 1525 erscheinen zwei ausführliche Abhandlungen über die Eucharistie. Im *Commentarius* im März befasst sich Zwingli mit dem Ausdruck «Sakrament» vor den Kapiteln über Taufe und Abendmahl. Dieses Werk fügt seinem Brief an Matthäus Alber nichts Entscheidendes hinzu. Zwingli verwendet ganz natürlich den Ausdruck «Eucharistie», da er das Grundelement der Danksagung für Christi Tod zum Ausdruck bringt. Er beginnt seine Ausführungen mit Johannes 6 und rückt Johannes 6,63 in den Vordergrund gleichsam als eine eherne Wand, die durch nichts zu erschüttern ist und die schon allein ausreicht, um zu beweisen, dass «ist» «bedeutet» heissen müsse.[17] Gewisse Gedanken tauchen mit neuer Kraft auf – insbesondere der Gegensatz zwischen dem Geistlichen und dem Leiblichen, die Alternative von Heil in Christus und Heil im Brot sowie die Verwendung des Glaubens als Interpretationsprinzip.

In seinem Werk *De eucharistia* (August 1525) legt Zwingli dar, dass Christus das, was die Jünger getrunken hatten, Wein nannte, und dass der Wein nicht sein Blut sein konnte, weil sein Blut noch gar nicht vergossen war.[18] Er macht auch ein Argument von Engelhard geltend und zeigt, dass das Brot nicht der Leib Christi sein könne; denn im Neuen Testament werde «Leib Christi» nur in dreierlei Bedeutung verwendet: als irdischer Leib Christi, als Auferstehungsleib und als mystischer Leib (die Kirche). Aus verschiedenen Gründen könne das Brot in keiner dieser drei Bedeutungen der Leib Christi sein.[19] Unter den Gegenargumenten, auf die Zwingli nun eingeht, ist eines von am Grüt: Die von Zwingli angeführten Beweisstellen für «ist» als «bedeutet» seien Parabeln. Zwingli nennt nun ein Beispiel, das ihm in den Sinn gekommen ist wie von Gott im Traum offenbart und das er in seinen Predigten mit grosser Überzeugungskraft zitiert hat: nämlich die Verwendung von «ist» als «bedeutet» in der Erzählung vom Passahfest – der natürlichsten Parallele zum Abendmahl.[20]

1525 wurde die Messe abgeschafft und an Ostern ein reformiertes Abendmahl eingeführt. Das Abendmahl sollte viermal jährlich gefeiert werden: an Weihnachten, Ostern, Pfingsten und im Herbst, wahrscheinlich am Gedenktag von Felix und Regula oder an Allerheiligen. Die neue

---

[16] Z III 347.13–351.9.
[17] Z III 785.40–786.1; 816.26–30 (ZwS III 271; 316f.).
[18] Z IV 467.38–468.14.
[19] Z IV 476.4–478.11.
[20] Z IV 482.32–487.9.

Liturgie und Praxis war ein Spiegel von Zwinglis Theologie. Er hatte anstelle der Frühmesse eine allmorgendliche Predigt mit anschliessender Abendmahlsfeier vorgeschlagen, aber der Rat hatte nicht eingewilligt.[21] Nun – Zwingli war ohnehin der Ansicht, dass jede Gemeinde in Fragen wie der Häufigkeit von Abendmahlsfeiern für sich selbst entscheiden solle.[22]

Das meiste, was Zwingli über das Abendmahl zu sagen hatte, kam in seinen Schriften bis Ende 1524 vor; zumindest unausgesprochen. Mit jedem neuen Werk brachte er einen neuen Gesichtspunkt oder eine detaillierte Argumentation vor; aber dabei handelte es sich grösstenteils nur um Verfeinerungen oder Weiterentwicklungen dessen, was er bereits bis Ende 1524 festgestellt hatte. Dazu kommt, dass Zwingli sich bis 1527 zwar nicht auf eine direkte Auseinandersetzung mit Luther einliess, aber in seinem Brief an Matthäus Alber unausgesprochen Luthers Ansichten bekämpfte; Albers Position stand in vielerlei Hinsicht für diejenige Luthers.

Umgekehrt hatte Luther mit seiner Ablehnung von Hoens Brief bereits dem widersprochen, was er später als Position Zwinglis betrachtete (z.B. in der *Sakramentsverehrung* 1523); dasselbe galt für seine scharfe Kritik der Thesen Karlstadts. Luther betrachtete Zwingli im wesentlichen als Karlstadt gleich, was ihm erschwerte, ihn in seiner Eigenart zu verstehen. In Wirklichkeit gab es zwischen Zwingli und Karlstadt bedeutende Unterschiede. Unter anderem lehnte Zwingli Karlstadts Meinung ab, dass Christus mit dem Wort «das» in «das ist mein Leib» auf seinen eigenen Leib verwiesen habe. Doch in einem Punkt betrachtete Zwingli Karlstadt tatsächlich als Verbündeten: indem dieser nämlich in der Frage des Glaubens den Glauben an Christus betonte und nicht den Glauben an das Sakrament.

Der Streit mit Luther

Der Streit mit den Konservativen zog sich durch Zwinglis ganzes weiteres Leben. Zwingli stritt mit Männern wie am Grüt und Edlibach in Zürich und mit Cajetan und Eck ausserhalb Zürichs. Obwohl er im Mai 1526

---

[21] Z III 129.4–15.
[22] Z III 534.1–6. Jenny weist darauf hin, dass das Abendmahl liturgisch als Handlung der Gemeinde verstanden wurde und nicht als Handlung an der Gemeinde; vgl. Markus Jenny, Die Einheit des Abendmahlsgottesdienstes bei den elsässischen und schweizerischen Reformatoren, Zürich 1968, S. 50.

nicht an der Badener Disputation mit Eck teilnahm, kommentierte er dessen Thesen. Erst 1530 traten Eck und Zwingli in eine direkte Auseinandersetzung ein. In jenem Jahr antwortete Zwingli in einem Sendschreiben an die deutschen Fürsten mit dem Titel *De convitiis Eckii* auf einen Angriff Ecks, der behauptete, Zwingli vertrete in seiner Lehre Irrtümer.

Doch im Vordergrund von Zwinglis Schriften aus den Jahren 1525 bis 1529 (Marburger Religionsgespräch) stand der Konflikt, in den er erst mit Lutheranern und dann mit Luther selbst verwickelt war.[23] In seinen zahlreichen Abendmahlsdarstellungen vom *Commentarius* 1525 bis zum Marburger Religionsgespräch 1529 verteidigte und wiederholte er im wesentlichen frühere Äusserungen, wenn er auch manche Gedanken weiterentwickelte oder ergänzte. So brachte er etwa das wichtige Argument von den beiden Naturen Christi erstmals im Jahre 1526 in die Diskussion ein.

Zwei Streitfragen lagen der ganzen Auseinandersetzung um das Abendmahl zugrunde: die Frage, ob Christus leiblich gegenwärtig sei, und die Frage, ob sein Fleisch leiblich gegessen werde. Meistens ging es um diese zweite Frage. Nach Zwinglis Meinung legte Luther in der Heilsfrage den Schwerpunkt auf das leibliche Essen des Leibes Christi, welches nach Luther den Glauben stärkte und Vergebung der Sünden bewirkte. Diese Auffassung führte Zwingli dazu, dass er zwei Heilswege einander gegenüberstellte: das Essen des Fleisches Christi und den Glauben an Christus. Gegen das Essen des Fleisches Christi als Heilsweg erhob er Einspruch, weil es den Sühnetod Christi unnötig machen und dem Papsttum und einer äusserlichen Religiosität zu neuer Geltung verhelfen würde.[24]

Zwingli bekämpfte die Vorstellung vom Essen des Fleisches Christi aus zweierlei Gründen: nämlich erstens aus Gründen des Glaubens und zweitens aus Gründen der Schrift. Unter Glauben verstand er jenen Glauben, der zum Heil führt. Unter Schrift verstand er die ganze Bandbreite biblischer Argumentation.

---

[23] Die Hauptwerke aus der Zeit, bevor Zwingli sich auf eine direkte Auseinandersetzung mit Luther einliess, waren: *Eine Antwort auf den Brief von Johannes Bugenhagen* (Z IV 558–576), *Eine klare Unterrichtung vom Nachtmahl Christi* (Z IV 789–862), *Eine Antwort auf die Briefe von Theobald Billicanus und Urbanus Rhegius* (Z IV 893–941) sowie *Antwort über Straussens Büchlein, das Nachtmahl Christi betreffend* (Z V 464–547). Die Hauptwerke in der Auseinandersetzung mit Luther 1527 und 1528 waren: *Freundschaftliche Auseinandersetzung* (Z V 562–758), *Freundliche Verglimpfung* (Z V 771–794), *Dass diese Worte: «Das ist mein Leib» usw.* (Z V 805–977) und *Über D. Martin Luthers Buch, Bekenntnis genannt* (Z VI/II 22–248).

[24] Z IV 817.19–27; V 500.1–16.

1. Beim Argument vom Glauben ging es um den Glauben an Christus als Sohn Gottes und nicht wie bei Luther um den Glauben, dass der Leib Christi im Brot vorhanden sei. Nach Zwinglis Auffassung war das Heil dem Glauben verheissen worden, nicht dem Brot; während Luthers Auffassung zur Folge habe, dass es zwei Heilswege gebe: den Tod Christi und das leibliche Essen. In Wahrheit spreche das Wesen des Glaubens selbst gegen Luther; denn der Glaube benötige keine leibliche Nahrung. Das Johannesevangelium sage: Wer an Christus glaubt, wird nicht hungern oder dürsten (Johannes 6,35). Für Zwingli war das Thema des Abendmahls der Tod Christi, nicht das Essen seines Leibes. Denn die Worte: «Das tut zu meinem Gedächtnis» würden dazu auffordern, für den Tod Christi zu danken, für seinen Leib, der für uns hingegeben wurde. Die Aufforderung beziehe sich nicht auf das Essen des Leibes. Luthers Ansicht hingegen machte nach Zwinglis Meinung den Tod Christi überflüssig; denn die Jünger hätten am Abendmahl teilgenommen, bevor Christus gestorben sei.[25]

Für Zwingli war der Glaube ein Glaube an Gott oder an Christus als Sohn Gottes, nicht ein Glaube an etwas Geschaffenes wie den Leib Christi; zum Heil führe der Glaube an Christus als Gott, nicht als Mensch. Solcher Glaube komme auch nicht von etwas Geschaffenem her, sondern er komme vom Heiligen Geist; und er werde auch nicht von etwas Geschaffenem gestärkt. Die leibliche Anwesenheit Christi könne nicht aus sich selbst heraus Glauben bewirken - etwa bei Simon, der Christus leiblich in seinem Haus empfing.[26] Darum beziehe sich der Glaube nur insofern auf die Gegenwart Christi im Abendmahl, als «Leib und Blut Christi im Geist der Gläubigen gegenwärtig sind».[27]

Der Glaube ist auch das Hauptkriterium für die Interpretation der Schrift. Mit Hilfe dieses Kriteriums hatte Luther die päpstliche Interpretation von Matthäus 16,18 zurückgewiesen, nach welcher Petrus das Fundament der Kirche sei. Nun verwendete Zwingli das Glaubensprinzip gegen Luther und erinnerte diesen daran, dass der natürliche Sinn einer Bibelstelle nicht immer der wahre Sinn sei; der wahre Sinn lasse sich durch den Glauben erkennen und durch den Vergleich mit anderen einschlägigen Schriftstellen. Die Rolle des Glaubens als Interpret komme in den Worten Jesajas zum Ausdruck: «Glaubt ihr nicht, so versteht ihr nicht».[28] –

---

[25] Z V 576.1–7; 659.4–661.6; 707.3–708.13; 572.27–573.2; 706.5–11.
[26] Z VI/II 206.16–210.4.
[27] Z V 588.15–589.4.
[28] Z V 663.9–29; 710.2–10; 731.25–732.11.

Zwingli verweist auch auf den Glauben, wenn es darum geht, absurde Interpretationen zu widerlegen. Als man ihm vorwirft, dass er die Ansichten seiner Gegner ablehne, weil sie der Vernunft oder dem Menschenverstand widersprächen, entgegnet er mit Nachdruck, dass er sich nicht auf die Vernunft an sich berufe, sondern auf die Vernunft des Glaubens.[29]

2. Neben dem Argument des Glauben benutzte Zwingli das Argument der Schrift. Er verwies auf die Verwendung bildlicher Redewendungen in der Bibel, auf die Aneinanderreihung von Textstellen, auf Entsprechungen und Übereinstimmungen zwischen verschiedenen Teilen der Schrift und natürlich auf die Hervorhebung bestimmter Schlüsselstellen. Zwinglis Vorgehen in der Auseinandersetzung mit Luther wurde unter anderem dadurch bestimmt, dass Luther einfach auf dem Wortlaut «Das ist mein Leib» beharrte. Zwingli beklagte, dass Luther seine ganze Position im Abendmahlsstreit auf diese Worte abstützte. Er selbst versuchte, Luther dazu zu bewegen, sich auf eine Diskussion einzulassen, statt seine eigene Position als gegeben vorauszusetzen und von seinen Gegnern zu verlangen, dass sie ihn von der gegenteiligen Position überzeugten. Zwinglis biblische Argumentation stützte sich im wesentlichen auf das Johannesevangelium. Es war für sein Abendmahlsverständnis grundlegend. Zunächst brachte er Johannes 6 und Stellen wie Johannes 1,18 und 3,6 in die Diskussion ein; später wurde das Johannesevangelium darum wichtig, weil es Beispiele für die Alloiosis enthielt, d.h. für den Austausch der Eigenschaften (vgl. oben S.73). Insgesamt sprach Zwingli von Johannes als dem edelsten Teil des Neuen Testamentes. Wenn man diesen entfernt, «nimmt man die Sonne von der Erde».[30]

Sein Schlüsseltext war Johannes 6,63. Er benutzte ihn als Beleg, dass «ist» «bedeutet» heisst, und somit als Argument gegen die leibliche Gegenwart Christi und gegen das leibliche Essen. In Zwinglis Worten hieb Christus hier den Knoten durch «mit einer Axt, so scharf und solid, dass niemand auch nur die geringste Hoffnung haben kann, die zwei Stücke – Leib und Essen – könnten je wieder zusammenwachsen». Das Schwergewicht verlagerte sich von «Der Geist ist es, der lebendig macht» auf «Das Fleisch hilft nichts». Zwingli verteidigte seine Interpretation dieses Textes gegen Luthers Standpunkt, dass das Fleisch sich nicht auf das Fleisch Christi beziehe, sondern auf ein fleischliches Verständnis. Und er

---

[29]   Z V 618.15–17; 665.11–13.
[30]   Z V 564.6–16.

fügte hinzu, dass er die Kirchenväter auf seiner Seite habe.[31] Wie schon früher, machte er darauf aufmerksam, dass die Worte Jesu «Wer mein Fleisch isst ... bleibt in mir und ich in ihm» (Johannes 6,56) sich nicht auf das sakramentale Essen beziehen können, denn viele Menschen ässen ja den Leib Christi im Sakrament und seien trotzdem nicht in Christus oder Christus in ihnen.[32]

Die Auseinandersetzung mit der Alloiosis oder dem Austausch der Eigenschaften steht im Zusammenhang damit, dass Zwingli zwischen der göttlichen und menschlichen Natur Christi scharf unterscheidet (das Argument von den beiden Naturen Christi benutzte Zwingli erstmals 1526). Nach seiner göttlichen Natur sei Christus allgegenwärtig und darum von jeher zur Rechten des Vaters. Hingegen sei er nach seiner menschlichen Natur nicht allgegenwärtig; deshalb sei er nach seiner Auferstehung in den Himmel gefahren. Wenn aber sein Leib im Himmel sei, könne er nicht gleichzeitig im Abendmahl sein. Für Zwingli lassen sich scheinbar widersprüchliche Stellen wie «Ich bin bei euch alle Tage» (Matthäus 28,20; eine Stelle, die sich auf die göttliche Natur beziehe) und «Mich aber habt ihr nicht allezeit» (Matthäus 26,11; eine Stelle, die sich auf die menschliche Natur beziehe)[33] in Einklang bringen, wenn man zwischen beiden Naturen recht unterscheidet.

Zwingli macht geltend, dass Luther die beiden Naturen vermische und dass diese Vermischung Luthers Überzeugung zugrundeliege, dass der Leib Christi an allen Orten gegenwärtig sei, während der Leib in Wahrheit zu seiner menschlichen Natur gehöre und an den Eigenschaften seines Menschseins teilhabe, so dass er zu einem gegebenen Zeitpunkt nur an einem Ort sein könne. Ein angemessenes Verständnis des Johannesevangeliums setzt für Zwingli ein Verständnis der Alloiosis voraus: Wenn von der einen Natur Christi die Rede sei, verwende Johannes Ausdrücke, die zur anderen Natur gehörten. Wenn Christus etwa sage (Johannes 6,55): «Mein Fleisch ist wahre Speise», so beziehe sich das Wort Fleisch auf die menschliche Natur; aber durch den Austausch der Eigenschaften werde es hier für die göttliche Natur gebraucht, denn als Sohn Gottes sei Christus Nahrung für die Seele. Zwingli legt Wert darauf, dass die beiden Naturen ihre Unterschiedlichkeit und Besonderheit bewahren. Der Hinweis auf die Alloiosis unterstreicht dieses Anliegen.[34]

---

[31] Z V 616.9–15; 605.9–612.34.
[32] vgl. Z III 780.28–782.22 (ZwS III 264–267).
[33] Z IV 827.4–830.28.
[34] Z V 683.11–701.18.

Nach Zwingli geht aus der Schrift klar hervor, dass der Leib Christi – auch sein Auferstehungsleib – sich immer nur an einem einzigen Ort befindet, niemals an mehreren Orten gleichzeitig. Obwohl sich Zwingli und Luther beide auf eine philosophische Argumentation einliessen, um ihre unterschiedlichen Positionen zu untermauern, war Zwinglis grundlegender Einwand gegen Luther ein biblischer und theologischer Einwand, nicht ein philosophischer. Nach seiner Auffassung leugnete Luther dass Christus ein Mensch gewesen sei wie wir, im Gegensatz zu biblischen Texten wie Philipper 2,7 und Hebräer 2,14.17; 4,15 sowie jenen Texten, die erwähnen oder voraussetzen, dass Christi Leib sich an einem einzigen Ort aufhalte. Zwingli zitierte vermehrt Texte, die von der Auferstehung und Himmelfahrt Christi handeln, sowie die drei Artikel im Glaubensbekenntnis, wonach Christus aufgefahren ist in den Himmel, zur Rechten Gottes sitzt und wiederkommt in Herrlichkeit. Damit wollte Zwingli den Beweis erbringen, dass Christus nicht mehr leiblich auf Erden weile, bis er einst wiederkomme in Herrlichkeit, zu richten die Lebenden und die Toten.

Luther und Zwingli verwendeten auch zahlreiche Analogien (manchmal dieselben), um ihren jeweiligen Standpunkt zu beleuchten. So sprach Zwingli zum Beispiel von der Sonne, die auf der ganzen Welt scheine, ohne dass sie sich überall gleichzeitig befinde; damit veranschaulichte er, wie Christus kraft seiner göttlichen Natur an allen Orten «scheinen» könne, während sich sein Leib an einem einzigen Ort aufhalte.[35] Die Heftigkeit, mit der Zwingli betont, dass der Leib Christi nur an einem Ort gleichzeitig sein könne (d.h. jetzt zur rechten Hand Gottes) soll dem Beweis dienen, dass der Leib Christi nicht im Abendmahl sein könne. Luthers gegenteilige Ansicht bezeichnete Zwingli als markionitisch, weil sie auf die Behauptung hinauslaufe, dass der Leib Christi kein wirklicher Leib gewesen sei.[36]

Zwingli brachte eine Fülle von Argumenten vor, die beweisen sollten, dass «ist» «bedeutet» heisst. Ein Hauptargument ist die Parallele zum Passahmahl. Der Gedanke sei ihm 1525 im Traum wie eine göttliche Eingebung gekommen. Die Überzeugungskraft des Beispiels liegt für ihn in der Tatsache, dass das Passah auf den Tod Christi hindeutet und dass Christus selbst das wahre Passahlamm ist. Zwingli war überzeugt, dass die Jünger, die ja alljährlich das Passah feierten, die Worte «Das ist mein

---

[35] Z VI/II 167.18–168.13.
[36] Z V 918.12–919.26.

Leib» im Licht von «Das Lamm ist das Passahlamm» verstanden hätten. Aus der Entsprechung zum Passah folgerte er, dass die Eucharistie zur Erinnerung und Danksagung eingesetzt worden sei und nicht im Blick auf das leibliche Essen.[37]

Weitere Argumente entnahm er der Tatsache, dass das Brot nach den Einsetzungsworten immer noch Brot und der Wein immer noch Wein genannt wurde und dass die Jünger beim letzten Abendmahl ruhig statt überrascht waren.[38] Zwingli übernahm auch das Argument seines Kollegen Heinrich Engelhard, dass im Neuen Testament der Begriff Leib Christi nur in drei Bedeutungen vorkomme: für den natürlichen Leib, in dem Christus lebte und starb; für den Auferstehungsleib und für den mystischen Leib, die Kirche. Aus verschiedenen Gründen konnte das Brot keine dieser drei Bedeutungen haben.[39] Zwinglis Gegner machten geltend: Wenn Gott allmächtig ist, kann er bewirken, dass das Brot sowohl wirkliches Brot als auch wirkliches Fleisch ist. Gegen dieses Argument wandte Zwingli ein, dass Gott nicht einfach etwas tue, weil er es tun könne. Gottes Allmacht stimme immer mit seinem Wort überein.[40]

Das Marburger Religionsgespräch

In den Meinungsverschiedenheiten zwischen Luther und Zwingli hinsichtlich des Abendmahls lag eine schwerwiegende Ursache für die Spaltung der Protestanten. Diese Spaltung verschärfte sich noch durch die Stellung der römisch-katholischen Länder nach dem Reichstag von Speyer 1529. Die Sache der Reformation war vielerorts gefährdet. Deshalb wurden die Bemühungen um Einheit der Protestanten verstärkt. In der Hoffnung, eine solche Einheit zustandezubringen, organisierte Landgraf Philipp von Hessen ein Religionsgespräch. Luther zögerte erst, daran teilzunehmen; doch dann erblickte er im Religionsgespräch eine Gelegenheit, seine Gegner zu überzeugen. Die vermittelnde Haltung von Bucer, Oekolampad und Melanchthon war ein bedeutender Faktor nicht nur dafür, dass das Religionsgespräch überhaupt zustandekam, sondern auch für das Mass an Übereinstimmung, das die Gegner in Marburg erreichten. Als sich die Teilnehmer versammelten, trafen Luther und Zwingli zunächst nicht di-

---

[37] Z IV 482.32–487.9; 844.3–847.2.
[38] Z IV 847.3–848.11.
[39] Z IV 476.4–478.11.
[40] Z IV 831.23–30; vgl. Z V 501.23–26.

rekt aufeinander; vielmehr traf sich Luther mit Oekolampad und Zwingli mit Melanchthon – in der Hoffnung, auf diese Weise eine bessere Atmosphäre und Gesprächsgrundlage zu schaffen.

Im Lauf der Diskussion tauchte weder bei Zwingli noch bei Luther ein neuer Gesichtspunkt zur Theologie des Abendmahls auf. Wie bis anhin wurde das Gespräch durch Luthers Beharren auf dem Wortlaut «Das ist mein Leib» dominiert. Keiner der beiden Reformatoren änderte seine Einstellung. Im Grunde war das auch nicht möglich, spiegelte sich doch in der jeweiligen Position die zugrunde liegende Theologie. Immerhin führte das Religionsgespräch zu einer Übereinstimmung in vierzehn der fünfzehn von Luther formulierten Artikel; und die Meinungsverschiedenheit über das Abendmahl (in nur einem von sechs Punkten des 15. Artikels) betraf scheinbar eine untergeordnete Klausel zur leiblichen Gegenwart Christi. Genau betrachtet verleitet allerdings die Marburger Übereinstimmung in fünf Punkten zu falschen Schlüssen; denn in drei der fünf Punkte verstanden Zwingli und Luther den Wortlaut verschieden oder setzten den Akzent auf unterschiedliche Begriffe oder Satzteile.

Die ganze Auseinandersetzung hatte zu einer Verhärtung der Positionen geführt. Von Anfang an hatte Luther Zwingli im Lichte Karlstadts gesehen: nämlich als Spiritualist, der die Sakramente ihrer Kraft beraubte. Auf der anderen Seite formulierte Zwingli seine Ansichten weitgehend im Gegensatz zu lutherischen und katholischen Positionen; und er zeigte eine wachsende Tendenz, die beiden zu identifizieren. Dieser Umstand machte für ihn eine Versöhnung zu anderen als seinen eigenen Bedingungen fast unmöglich; jedes Einverständnis wäre den Schweizern als Rückkehr zum Katholizismus erschienen. Die katholischen Gegner versuchten ihrerseits, den Graben zwischen den Reformatoren zu vertiefen.

So beendete das Religionsgespräch zwar die Bitterkeit des Konflikts, nicht aber die Spaltung selbst. Anders als für Zwingli und seine Begleiter war für Luther die verbliebene Uneinigkeit von grundsätzlicher Art – so grundsätzlich, dass die Lutheraner die Zwinglianer nur mehr als Freunde betrachten konnten und nicht als Brüder im Evangelium. Das entsprach nicht der Art und Weise, wie Zwingli am Ende des Religionsgesprächs die Lage beurteilte – all seinen früheren kritischen Äusserungen zum Trotz. Luther aber verweigerte Zwingli, Bucer und Oekolampad die brüderliche und kirchliche Gemeinschaft. Allein der Druck von seiten Philipps von Hessen brachte Luther überhaupt dazu, eine Einigung ins Auge zu fassen. Mehr als vierhundert Jahre sollte die innerprotestantische Spaltung andauern. Erst mit der Leuenberger Konkordie 1973, nahezu 450 Jahre später, wurde eine Einigung erzielt, welche schliesslich von einer grossen Zahl lutherischer und reformierter Kirchen – wenn auch nicht von allen – als Grundlage einer Gemeinschaft in Wort und Sakrament angenommen wurde.

Die letzten Jahre

Immerhin hatte das Religionsgespräch unmittelbar zur Folge, dass die Kontroverse sich entschärfte und dass Zwingli sein Abendmahlsverständnis auf positivere Weise zum Ausdruck brachte. So stellte er klar, dass das Brot nicht einfach Brot sei; und er fing an, Begriffe wie «Gegenwart», «wahrhaftig» und «sakramental» positiv zu verwenden. Seine positivere Haltung ist in den Jahren 1530 und 1531 an Schriften erkennbar wie der *Fidei ratio*, geschrieben für den Reichstag von Augsburg, der Schrift *De convitiis Eckii*, geschrieben im selben Zusammenhang als Verteidigung gegen den Angriff Ecks, sowie der *Fidei expositio*, geschrieben für den König von Frankreich.

Zum damaligen Zeitpunkt war er mehr bestrebt, die Gegenwart Christi zu bestätigen als sie zu leugnen. Im Anhang zur *Fidei expositio* stellte er ausdrücklich fest: «Wir glauben, dass Christus beim Abendmahl wahrhaftig anwesend ist; ja wir glauben nicht einmal, dass es ein Abendmahl sei, wenn Christus nicht gegenwärtig ist». Allerdings führte er als Beleg einen Text an, der sich nicht direkt auf das Abendmahl bezieht, nämlich: «Wo zwei oder drei in meinem Namen versammelt sind, da bin ich mitten unter ihnen» (Matthäus 18,20).[41] Zwingli legte dar, dass der wahre Leib Christi und alles, was Christus getan hat, in der Betrachtung des Glaubens gegenwärtig sei; erst danach stritt er die leibliche Gegenwart und das leibliche Essen ab. Er konnte sogar behaupten, er habe niemals geleugnet, dass der Leib Christi im Abendmahl wahrhaftig, sakramental und geheimnisvoll gegenwärtig sei.[42] Ebenso wie der Leib gegenwärtig sei, könne er auch auf sakramentale Weise gegessen werden. Zwingli unterschied hier das geistliche Essen vom sakramentalen Essen: Das geistliche Essen des Leibes Christi bedeute, dass die Gläubigen durch Christus auf die Barmherzigkeit und Güte Gottes vertrauten; sakramentales Essen bedeute: Sie

---

[41] ZwS IV 313 (Z VI/V 90.14–16).
[42] Z VI/II 806.6–17; VI/III 263.3–265.19.

essen «den Leib Christi mit dem Geist und der Seele, in Verbindung mit dem Sakrament». Ohne Glauben gebe es kein sakramentales Essen.[43]

Zwingli war nicht nur überzeugt, dass das Abendmahl keinen Glauben vermittle, sondern auch, dass es ohne Glauben für uns nutzlos sei. Den Glauben schenke aber der Geist; und der könne mit oder ohne Sakramente wirken. An diesem Punkt stellte sich die Frage, was denn die Sakramente selbst für einen Nutzen hätten. Zwinglis Antwort lautete: Während sich die Predigt an den Gehörsinn wendet, wendet sich das Abendmahl auf vielfältigere Weise an die Sinne. «Durch die Symbole selbst, nämlich Brot und Wein, wird uns Christus gleichsam vor Augen gestellt, so dass auf diese Weise nicht nur das Gehör, sondern auch der Gesichts- und Geschmackssinn Christus sieht bzw. wahrnimmt – jenen Christus, den der Geist in seinem Inneren birgt und über den er frohlockt». Der Teufel versucht uns durch die Sinne; aber das Abendmahl hilft, unseren Glauben zu stärken, indem es die Sinne anspricht. Zwingli betonte aber immer, dass der Glaube eine Gabe des Geistes sei und vom Geist komme, nicht von den Sakramenten.[44]

Nicht nur vom Abendmahl sprach Zwingli nun in einem positiveren Ton, sondern auch von Brot und Wein. Sie seien Zeichen; und ein Zeichen steige im Wert nach dem Wert dessen, was es bedeute – ähnlich wie der Verlobungsring, den die Königin von ihrem Bräutigam erhalte, wertvoller sei als das Gold, aus dem der Ring angefertigt wurde. Dementsprechend sei das vormals gewöhnliche Brot jetzt göttlich und geheiligt.[45]

Natürlich gab es noch andere positive Elemente in Zwinglis Denken, die nicht die Gegenwart Christi betrafen und die auf den frühen Zwingli zurückgingen. Zum Beispiel sprach er in seinem *Vorschlag wegen der Bilder und der Messe* im Mai 1524 davon, dass wir uns im Sakrament «allen Menschen als ein Leib und eine Bruderschaft» bezeugen und dass Christus will, «dass die Seinen eins seien, gleich wie er mit dem Vater eins ist, und für diese Vereinigung hat er uns das Sakrament des Leibes und Blutes Christi gegeben». «Und wie er sich selbst für uns dahingegeben hat, so sind auch wir schuldig, uns für einander hinzugeben».[46] In Zwinglis späteren Schriften erscheint das Abendmahl auch als Danksagung für den Tod Christi um unseretwillen, als Bekenntnis unseres Glau-

---

[43] Z VI/V 147.10–153.8 (ZwS IV 351–355).

[44] Z VI/III 259.5–265.19; Z VI/V 58.13–16 (ZwS IV 292); Z VI/V 158.12–160.27 (ZwS IV 358–360).

[45] Z VI/III 271.13–272.3; VI/V 156.16–157.13 (ZwS IV 357f.).

[46] Z III 124.27–126.15.

bens und als Verpflichtung gegenüber unseren Brüdern und Schwestern, sie zu lieben, wie Christus uns geliebt hat. Das Abendmahl sei auch ein gemeinschaftlicher Akt (durch diese Akzentsetzung unterschied sich Zwingli besonders von einem Grossteil der mittelalterlichen Praxis). Wie nämlich das Brot sich aus vielen Körnern zusammensetze, so setze sich der Leib der Kirche aus vielen Gliedern zusammen. Die Tatsache, dass das Sakrament ein Eid sei, unterstreiche diese Einheit.

Es gibt viele mögliche Einflüsse auf Zwinglis Abendmahlsverständnis. Der offensichtlichste Einfluss kommt von Erasmus, Augustin und Hoen. Zwingli sprach selbst davon, dass er Erasmus verpflichtet sei. Vieles an ihm ist auch sicherlich typisch erasmisch: die Betonung des Subjektiven, der Gemeinschaft und der Ethik, die Hervorhebung von Glaube und Erinnerung sowie die Rolle von Johannes 6,63.[47] Ebenso fällt die Verwandtschaft zwischen Zwingli und Augustin auf. Eine Untersuchung von Augustins Abhandlungen über Johannes 6 zeigt, wie nahe Zwinglis Denken dem Denken Augustins steht. Dem entspricht auch die Häufigkeit, mit der er Augustin zitiert. Ausserdem sind die Elemente erwähnenswert, die er mit Erasmus (und mit Augustin) gemeinsam hat, seinen Platonismus eingeschlossen. Auch der Nachdruck, den Augustin auf die Souveränität Gottes legt, ist hier zu nennen. In Marburg räumte Luther ein, dass Augustin und Fulgentius auf Zwinglis Seite stünden. – Schliesslich fügte auch Hoen zur Entwicklung von Zwinglis symbolischer Auffassung ein wesentliches Element hinzu, wenn auch seine Bedeutung für Zwingli oft übertrieben wird. Wichtig, wenn auch weniger offensichtlich, ist insgesamt die Kontinuität zwischen den verschiedenen eucharistischen Theologien des Mittelalters und den Theologien der Reformatoren. Die meisten Elemente im Abendmahlsstreit der Reformatoren finden sich schon in der mittelalterlichen Tradition, wenn auch nicht in derselben Kombination oder im selben theologischen Zusammenhang.

---

[47] Köhler betrachtet Erasmus als Hauptquelle von Zwinglis Abendmahlslehre: «Die Grundelemente seiner Abendmahlsanschauung finden sich samt und sonders bei dem grossen Humanisten, die Stufenschichtung, die Betonung des Glaubens, die Realpräsenz in mystischer Form, der ethische Verpflichtungscharakter, das Wiedergedächtnis». Walther Köhler, Zwingli und Luther I, Leipzig 1924, S. 56. – Krodel betont Zwinglis Abhängigkeit und Nähe zu Erasmus, mit Ausnahme der einseitigen Hervorhebung der subjektiven Elemente bei Erasmus und der Leugnung der Realpräsenz Christi bei Zwingli. Gottfried Krodel, Die Abendmahlslehre des Erasmus von Rotterdam und seine Stellung am Anfang des Abendmahlsstreites der Reformatoren, Diss. masch., Erlangen 1955.

Dem Abendmahlsverständnis Zwinglis liegt die Erkenntnis zugrunde, dass es ein Zeichen sei; und dass es zur Natur eines Zeichens gehöre, dass es nicht identisch mit dem sei, was es bezeichne. Diese Erkenntnis treffe auf das Opfer Christi ebenso zu wie auf den Leib Christi. Das Abendmahl sei eine Erinnerung an das Opfer; es sei nicht das Opfer selbst. Es sei ein Zeichen für den Leib Christi, nicht der Leib Christi selbst. Der Verständnisschlüssel, den Zwingli 1524 von Hoen erhielt, dass nämlich «ist» «bedeutet» heisst, passte zu Zwinglis Sakramentsauffassung und versetzte ihn in die Lage, mit jenem Text fertigzuwerden, der scheinbar das stärkste Hindernis gegenüber seiner Position darstellte, nämlich: «Das ist mein Leib». In einem Brief an Crautwald und Schwenckfeld vom April 1526 wandte er gegen das Wort «repräsentiert» ein, dass es – anders als «bedeutet» – die Gegenwart des Leibes bezeichnen könne.[48] Für Zwingli war der zentrale Text Johannes 6,63 «Der Geist ist es, der lebendig macht, das Fleisch hilft nichts». Beide Hälften dieses Verses waren für ihn von Bedeutung, obwohl er den Schwerpunkt meistens auf die zweite Hälfte legte. Die erste Hälfte passte zu seiner Betonung der Souveränität Gottes, die zweite Hälfte zu seinem Platonismus – obgleich er sie nicht nur in diesem Sinn verwendete. Zwingli wies jedes Argument zurück, welches sich auf die Tatsache stützte, dass Christus diese Worte nur einmal geäussert hat; denn Himmel und Erde würden eher vergehen als ein Wort Gottes.[49] Dieser Text war für Zwingli eine eherne Wand, welche nichts ins Wanken geschweige denn zum Einsturz bringen konnte.[50]

In Zwinglis Abendmahlsverständnis gibt es eine Kontinuität, und zwar nicht nur in jenen Bereichen, in denen Zwingli und Luther einig waren wie bei der Ablehnung der Kommunion unter einerlei Gestalt und des Abendmahls als Opfer. Eine Kontinuität gibt es auch in Zwinglis Auffassung von der Gegenwart Christi. Sein symbolisches Verständnis des Abendmahls, das am Ende des Jahres 1524 deutlich zutage tritt, ist unausgesprochen bereits in seinen ersten Äusserungen von 1523 enthalten. Von Anfang an gibt es Elemente, die auf eine symbolische Deutung hinweisen: das Sakrament als Zeichen, die Hervorhebung des Sühnetods Christi, das Abendmahl als Speise für die Seele, die Erlösung, welche abhängt vom Glauben an Leib und Blut Christi, für uns gegeben; ferner ist die unverzichtbare Rolle des Glaubens ein solches Element, auch der Geist,

---

[48] Z VIII 568.1–569.9.
[49] Z VIII 210.11–12.
[50] Z III 785.40–786.1 (ZwS III 271f.).

der Glauben möglich macht, und schliesslich Zwinglis Ablehnung des leiblichen Essens. Die positiveren Töne beim späteren Zwingli lassen keinen Hinweis auf einen echten Positionswandel erkennen, sondern deuten eher auf eine Akzentverlagerung hin. Anders als Bucer und Calvin brachte Zwingli die Sakramente nicht positiv mit der Souveränität Gottes in Verbindung, indem er etwa gesagt hätte, dass Gott die Sakramente für die Erwählten zur Wirkung bringe oder dass der Geist uns den Tod Christi in Erinnerung rufe.[51] Dabei waren in seiner Theologie durchaus Anlagen für eine solche Weiterentwicklung vorhanden; und in einem Abschnitt – nicht über das Abendmahl – sprach er davon, dass der Geist unsere Augen zu Christus im Himmel erhebe.[52] Aber sein platonischer Gegensatz zwischen Fleisch und Geist stand einer positiveren Sicht des Abendmahls im Weg, auch wenn er in einem Kommentar zu 2. Mose 21,28 einen einzelnen, überraschenden Hinweis gibt: dass man nämlich grausam sei, wenn man das Fleisch eines grausamen Tieres esse. Dieser Gedanke hätte ihm helfen können, jenen Gegensatz zu überwinden.[53]

Zwingli und Luther waren überzeugt, dass in ihrer Auseinandersetzung das Evangelium selbst auf dem Spiel stand. Das machte einen Kompromiss unmöglich. Zwingli war entschlossen, auf der Seite der Wahrheit zu bleiben: «Denn wir leben nicht für dieses Zeitalter und auch nicht für die Fürsten, sondern für den Herrn».[54] Gleichzeitig war seine Bewunderung für Luther unverhohlen. Für ihn war Luther «einer der ersten Vorkämpfer für das Evangelium», ein David gegen Goliath, ein Herkules, der den römischen Eber erschlug.[55]

Ebenso wie Bucer und Oekolampad berief sich Zwingli auf den frühen Luther, wo dieser ein starkes Gewicht auf die Rolle des Glaubens legte. Er

---

[51] Locher bringt Zwinglis Verwendung des Begriffes «Erinnerung» oder «Wiedergedächtnis» mit dem Sprachgebrauch Augustins und Platons in Verbindung; dort wird damit das Vermögen der Seele beschrieben, sich etwas zu vergegenwärtigen und ins Bewusstsein zu rufen, was oft dasselbe bedeutet wie conscientia. «Erinnerung» ist darum nicht unsere Fähigkeit, uns in die Vergangenheit zu versetzen, sondern die Art und Weise, wie die Vergangenheit in die Gegenwart versetzt wird und in uns wirksam wird. Er fügt hinzu, dass dieses Vermögen, den Tod Christi als unser Heil gegenwärtig zu machen, nicht in unserer Seele angelegt ist, sondern im Heiligen Geist. G.W. Locher, Huldrych Zwingli in neuer Sicht, Zürich 1969, S. 259–261. Es gibt aber kein Beispiel dafür, dass Zwingli – anders als Oekolampad – die Erinnerung auf das Werk des Geistes bezieht.
[52] S VI/II 74.28–33.
[53] Z XIII 408.1–22.
[54] Z IX 340.2–4.
[55] Z V 613.12–13; 722.3–5; 723.1–2.

merkte nicht, dass Luthers Position dort hinsichtlich des Abendmahls einen Glauben an die leibliche Gegenwart Christi voraussetzte. Diese war aber für Luthers Verständnis von Gottes gnädigem Handeln an uns in Jesus Christus unverzichtbar. Die Sakramente bieten uns Erlösung an; wer deshalb die leibliche Gegenwart bestreitet, bestreitet die Art und Weise, in der Gott uns das Heil anbietet. – Noch andere Unterschiede im Denken lagen dem Abendmahlsstreit zwischen Zwingli und Luther zugrunde: Unterschiede in der Christologie, wo Zwingli die Unterscheidung der Naturen betonte und Luther die Einheit der Person; Unterschiede in der Anthropologie, wo Zwingli oft in der Art Platons Aussen und Innen als Fleisch und Geist in einen Gegensatz stellte, während Luther im Gegensatz zwischen Fleisch und Geist keinen Gegensatz zwischen Aussen und Innen erblickte.

Für Zwingli ging es letztlich um das Heil der Menschen. Darum widersetzte er sich der Vorstellung vom leiblichen Essen mit solcher Heftigkeit. Wenn man zugesteht, dass das für Gläubige und Ungläubige gleichermassen mögliche leibliche Essen ein Gnadenmittel ist, dann wird für Zwingli der Glaube an Gott durch den Glauben an das Sakrament ersetzt. Und damit wird nach Zwinglis Meinung die ganze Lehre von Gott Vater, Sohn und Heiligem Geist zum Einsturz gebracht: Wir selbst erhalten dann die Verfügungsgewalt über das Heil; wir können etwas tun oder an uns geschehen lassen, was Heil vermittelt, indem wir das Heilssakrament spenden und empfangen. Dies stellt aber die Souveränität Gottes hinsichtlich unseres Heils in Abrede. Auch Christi Menschsein und erlösendes Handeln wird dadurch geleugnet; denn die Annahme der liche Gegenwart Christi im Sakrament hat zur Folge, dass sein Leib – anders als der unsrige – gleichzeitig an mehr als einem Ort sein kann. Das leibliche Essen stellt ausserdem die Heilsnotwendigkeit des Todes Christi in Frage, da ja die Jünger das letzte Abendmahl einnahmen, bevor Christus starb. Und schliesslich wird die Rolle des Geistes bei unserer Erlösung geleugnet; denn es ist der Geist, nicht das Sakrament, der gesandt wurde, um die Stelle von Christi leiblicher Gegenwart unter den Menschen einzunehmen. Und es ist der Geist, der Glauben schenkt, nicht das Sakrament.

XI

DIE KIRCHE

Die neue Auffassung von Christus und dem Evangelium führte Zwingli auch zu einem neuen Verständnis der Kirche. An der Ersten Disputation vom Januar 1523 folgten die Artikel über die Kirche unmittelbar auf diejenigen über Christus. Was über Christus ausgesagt wurde, bestimmte die Aussagen über die Kirche; sie wurde im Lichte Christi beschrieben und definiert. Zwingli hatte seine Sicht damals gegen konservative Gegner zu verteidigen. Aber schon wenige Monate später sah er sich einem neuen Gegner gegenüber: Die Radikalen unter seinen Freunden stellten sein Verständnis der Kirche nun ebenfalls in Frage. Gegenüber seinen konservativen Gegnern ging es ihm vor allem um das Wesen der katholischen oder allgemeinen Kirche und die Rolle der Ortsgemeinde. Gegenüber den Radikalen musste er sich mehr auf das Wesen und die Eigenart der Ortsgemeinde konzentrieren.

Christus und die Kirche

Bereits in einem Brief vom April 1522 sowie in der Schrift *Supplicatio ad Hugonem episcopum Constantiensem* vom Juli 1522 sprach Zwingli von der Kirche als Gemeinschaft derer, die an Christus glauben und den Heiligen Geist empfangen. Er wich damit von der Meinung ab, die Kirche sei in erster Linie eine hierarchische Ordnung. An der Ersten Disputation erläuterte er seine Sicht. Im achten Artikel heisst es: «Aus dem folgt erstens, dass alle, die in dem Haupte leben, Glieder und Kinder Gottes sind. Und das ist die Kirche oder Gemeinschaft der Heiligen, Christi Gemahlin: Ecclesia catholica (die allgemeine Kirche)».[1] Diese Definition lässt sofort erkennen, bei welchen Themen er sich von seinen konservativen Gegnern unterscheidet: nämlich dort, wo es um das Haupt der Kirche sowie um ihre Heiligkeit und Katholizität geht.

---

[1] Saxer, Schriften, 24 (Z I 459.3–5).

Das Haupt der Kirche ist Christus – Zwingli stellt ihn in einen Gegensatz zum Papst als Kirchenoberhaupt.[2] Glieder der Kirche sind alle, die «im Haupte leben»; nicht jene, die in der Gemeinschaft mit dem Papst stehen. Ein paralleler Kontrast wie zwischen Christus und dem Papst besteht zwischen Christus und den Bischöfen. Die Kirche lässt sich keinesfalls von den Bischöfen her definieren; vielmehr ist Christus der wahre Bischof. Er macht das Volk frei von den Bischöfen; er hat auch die Einwohner Zürichs vom Bischof von Konstanz befreit.[3] Christus ist nicht nur das Haupt der Kirche; er ist auch der Fels, auf dem die Kirche erbaut ist (Matthäus 16). Darum ist die Kirche die Gemeinschaft derer, die auf den Glauben an Christus auferbaut sind.[4] Auch haben diejenigen, die mit Christus verbunden sind und mit ihm einen Leib bilden, Gottes Geist empfangen.[5]

Christus ist für die Kirche unabdingbar. Diese Tatsache kommt nicht nur im Bild des Matthäus vom Felsen und im Bild des Paulus vom Haupt und den Gliedern zum Ausdruck, sondern auch im Bild des Johannes vom Weinstock und den Reben. Auf den göttlichen Ursprung der Kirche verweist Zwingli darüber hinaus mit dem Bild vom neuen Jerusalem, das vom Himmel herabsteigt, geschmückt von Gott wie eine Braut.[6]

Im Gegensatz zur Kirche, die in den Kategorien Christi definiert wird, ist die in den Kategorien des Papstes und der Bischöfe definierte Kirche fehlbar. Sie «irrt oft und hat oft geirrt».[7] Wie alle anderen Gläubigen sind auch Bischöfe nur insoweit Glieder der Kirche, als sie Christus zum Haupt haben. Einzig die Kirche, die in der Gemeinschaft mit Christus und dem Geist lebt, ist keinem Irrtum unterworfen. Der Geist ist aber nicht, wie manche meinen, selbstverständlicher Besitz der Kirche. Er ist nicht einfach gegenwärtig, wo ein Konzil oder die repräsentative Kirche versammelt ist, sondern einzig dort, wo Gottes Wort Meister ist.[8] Trotz dieser kritischen Töne kann Zwingli mit Zuversicht von der Kirche sprechen. 1526 schreibt er, dass Gott seine Kirche nicht verlässt und sie, auch wenn sie in

---

[2]   Z II 54.12–23 (ZwS II 61f.).
[3]   Z V 79.3–9.
[4]   Z II 55.32–58.33 (ZwS II 63–67).
[5]   Z I 198.29–32. Die Beziehung der Kirche zu Christus als Felsen und Haupt erscheint schon 1522 in seinen Schriften (Z I 152.8–18; 198.29–32).
[6]   Z II 59.2–9 (ZwS II 67).
[7]   Z I 537.13f.
[8]   Z II 62.21–28 (ZwS II 71).

äusserlichen Dingen irrt, in den wesentlichen Fragen des Heils nicht in die Irre gehen lässt.[9]

Die eine, heilige und katholische Kirche

Die überlieferten Kennzeichen der Kirche – ihre Einheit, Heiligkeit, Katholizität und Apostolizität – sind alle auf Christus bezogen. Sie alle werden schon in den frühen Schriften Zwinglis erwähnt. An der Ersten Disputation stand allerdings der Begriff der Katholizität im Vordergrund. Zwingli entnahm der Heiligen Schrift zwei Bedeutungen des Wortes «Kirche»: die Gemeinschaft all derer, die an Christus glauben, und die Ortsgemeinde. Die Kirche ist einerseits katholisch oder universal, andererseits lokal. Auf das Thema der Katholizität ging Zwingli in der Auslegung seiner Artikel näher ein, ferner im *Kanon der Messe* (1523) und in seiner Antwort an Emser (1524). Er unterschied die katholische oder universale Kirche von der römischen Kirche, die ja nicht universal, sondern lokal begrenzt ist. Als lokale Kirche hat sie keine Rechtsgewalt über andere lokale Kirchen, sowenig wie andere lokale Kirchen übereinander Rechtsgewalt ausüben.[10] Die im wahren Sinn katholische Kirche ist über die ganze Welt verstreut und zugleich durch den Heiligen Geist in einem Leib vereint. Sie versammelt sich hier auf Erden nicht sichtbar, wird aber am Ende der Zeiten als eine Kirche in Erscheinung treten. So wie Augustin und Luther sagt auch Zwingli, dass die Kirche für Christus sichtbar ist, für uns aber unsichtbar bleibt. Sie lässt sich nur im Glauben erkennen. Dennoch können wir von uns selber gewiss sein, dass wir der Kirche angehören, wenn wir durch Jesus Christus unser ganzes Vertrauen auf Gott setzen.[11]

Die lokale Kirche ist die Gemeinde. Die Gemeinden in ihrer Gesamtheit bilden die katholische oder universale Kirche. Die Kirche wird durch Wort und Sakrament am Leben erhalten und genährt. Es ist die Aufgabe der Gemeinde, die Unbussfertigen auszuschliessen und die Bussfertigen wieder in ihre Mitte aufzunehmen. Zwingli unterscheidet in diesem Zusammenhang zwischen denen, die sich Gläubige nennen, und denen, die Gläubige sind. Im Gegensatz zu solchen, die meinen, das Wort «Kirche» schliesse auch Übeltäter ein, vertritt er die Ansicht, dass Übeltäter nicht

---

[9] Z V 72.8–74.5.
[10] Z III 48.15–20 (ZwS I 291f.).
[11] Z II 59.1–64.20 (ZwS II 67–73); 570.19–572.31; vgl. Z III 252.23–269.6.

zur Kirche gehören; er betrachtet sie als Ungläubige, nicht als Gläubige, die versagt haben. Die Ortsgemeinde übt Kirchenzucht und trifft Entscheidungen über Pfarrer und Lehre. Ein Beispiel dafür ist die Kirche von Korinth, wie sie in 1. Korinther 14 beschrieben wird.[12]

In der ersten der beiden biblischen Bedeutungen von Kirche – als Gemeinschaft derer, die an Christus glauben – ist die Kirche nach Zwinglis Ansicht auch heilig. Ihre Heiligkeit ist aber keine Eigenschaft und ihre Glieder sind nicht heilig, weil sie Priester oder Mönche sind, wie manche denken. Vielmehr ist die Kirche insofern heilig, als sie in Christus bleibt. Auf den Einwand, die Kirche «ohne Flecken und Runzel» (Epheser 5,27) existiere in Wirklichkeit ebensowenig wie Platons Republik, entgegnete Zwingli in seiner Antwort an Emser *Adversus Hieronymum Emserum antibolon* 1524, dass die Heiligkeit oder Reinheit der Kirche eigentlich die Heiligkeit oder Reinheit Christi sei. Die sich auf Christus verlassen, seien deshalb «ohne Flecken und Runzel», weil Christus «ohne Flecken und Runzel» ist.[13]

Parallel zu dieser Überzeugung, dass die Kirche heilig ist, vertrat Zwingli die Ansicht, sie sei «gemischt». Vor seiner Auseinandersetzung mit den Radikalen war er schon auf das Thema der Heiligkeit zu sprechen gekommen; nun spitzte sich für ihn die Frage zu. Auch für die Radikalen war die Kirche heilig; aber nach ihnen musste ihre Heiligkeit dadurch gewahrt werden, dass nur die wirklich Gläubigen zur Kirche gehören durften. Die Taufe, das Zeichen der Aufnahme in die Kirche, dürfe deshalb nur an Gläubigen vollzogen werden, sagten sie. Kinder seien von der Taufe ausgeschlossen. Und auch das Abendmahl solle nur von denen gefeiert werden, die glauben und ein heiliges Leben führen. Wer ein unheiliges Leben führe, sei vom Abendmahl auszuschliessen. Nur so bleibe die Kirche heilig.

Zwingli suchte für das Problem der Unheiligkeit mancher Gemeindeglieder eine Antwort aus dem Alten und Neuen Testament. Im Neuen Testament werde das Wort Kirche für eine Gemeinschaft verwendet, die aus Gläubigen und Ungläubigen bestehe. Wohl möge aus der Lebensführung mancher Ungläubiger hervorgehen, dass sie eigentlich nicht zur Kirche «ohne Flecken und Runzel» gehörten. Aber das ändere grundsätzlich nichts an der gemischten Zusammensetzung der Kirche. Bereits sehr früh, in einem Brief an Myconius vom 24. Juli 1520, verwendete Zwingli

---

[12] Z II 572.20–31; III 261.18–264.4.
[13] Z III 254.25–256.23.

zur Beschreibung der Kirche das Gleichnis vom Unkraut unter dem Weizen. In *Adversus Hieronymum Emserum antibolon* griff er es wieder auf und erinnerte darüber hinaus an die Gleichnisse vom Netz und von den zehn Jungfrauen sowie an Judas, Ananias und Saphira (Apostelgeschichte 5) und den Kupferschmied Alexander (2 Timotheus 4,14), die trotz ihres Versagens zur Gemeinde gehörten. Er hielt den Radikalen die Anweisung Christi im Gleichnis vor, die Jünger sollten das Unkraut bis zur Ernte stehenlassen.

Zwingli wollte die Kirche nicht reinigen, indem er sich wie die Radikalen von der gemischten Kirche trennte und eine neue, reine Kirche gründete; vielmehr verliess er sich auf die reinigende Wirkung des gepredigten Wortes Gottes.[14]

In der Auseinandersetzung mit den Radikalen ging es im Zusammenhang mit der Frage nach der Heiligkeit der Kirche auch um die Frage der Einheit der Kirche. Wer die Heiligkeit der Kirche aufrechterhalten wolle, indem er sich von jenen absondere, die nicht heilig seien, zerstöre ihre Einheit. Wer eine Kirche herzustellen versuche, zu der nur Gläubige gehören, schliesse die Kinder aus und zerstöre die Einheit zwischen Kindern und Erwachsenen in der Kirche. Zwingli formulierte seine Sorge um die Einheit der Kirche schon vor Ausbruch der Kontroverse in seiner Schrift *Eine göttliche Ermahnung der Schwyzer* (Mai 1522). Nach seiner Überzeugung wollte Gott um der Einheit willen, dass alle Menschen von einem Vater abstammten; und Christus habe gebetet, dass seine Jünger eins sein möchten. Deshalb sollen wir ein Leib sein mit Christus als Haupt. Gottes Absicht sowohl in der Schöpfung als auch in der Erlösung liege in der Einheit.[15]

Zwingli entfaltete sein Verständnis der Einheit bei verschiedenen Gelegenheiten und auf verschiedene Weise. In *Eine göttliche Ermahnung der Schwyzer* kam er im Zusammenhang mit der Eidgenossenschaft auf das Thema zu sprechen. In den folgenden Jahren bot meistens der Konflikt mit den Radikalen einen Anlass dazu. Zwingli befasste sich mit dem Thema sowohl auf theologischer als auch auf liturgischer und praktischer Ebene.

Ein wichtiger theologischer und liturgischer Zugang war die Lehre vom Bund. Sie hat ihren Ursprung zwar ausserhalb der Auseinander-

---

[14] Zwingli betrachtete die Berufung der Radikalen auf die Apostelgeschichte als unzulässig; die Apostel hätten sich nämlich von denen zurückgezogen, die Christus nicht bekannten, nicht von jenen, die ihn bekannten (Z VI/I 32.1–35.18).

[15] Z I 167.14–169.4 (ZwS I 82–84).

setzung mit den Radikalen, fand aber im Rahmen dieser Debatte zunehmend Verwendung. Der Bund, den Gott mit Israel schloss, habe dem ganzen Volk gegolten, auch den Kindern; durch dieses Volk habe er sich auf alle Völker ausdehnen sollen. Von 1525 an vertrat Zwingli die Meinung, dass es im Alten und Neuen Testament nur einen Bund und nur ein Gottesvolk gegeben habe. Daraus zog er den Schluss, dass die Kinder im Neuen Testament ebenso zur Kirche gehörten wie die Kinder im Alten Testament zum Gottesvolk. Darum sollten sie getauft werden. Für Zwingli war die Kindertaufe also eine Quelle der Einheit, während die Auffassung der Täufer von der Kirche und Taufe nach seiner Überzeugung die Kirche spaltete.[16] So wie die Taufe habe auch das Abendmahl mit der Einheit der Kirche zu tun. Die Kirche sei von Christus um der Einheit willen eingesetzt worden, damit wir mit ihm und untereinander vereinigt seien.[17]

Für Zwingli steht die Einheit der Kirche im Zusammenhang mit Christus, aber auch mit dem Heiligen Geist. Denn der Geist trennt nicht und treibt nicht auseinander. Im Gegenteil: Er bindet zusammen und vereint. Wer den Geist empfangen hat, wird darum die Sünder weder verachten noch sich von ihnen absondern; vielmehr wird er sie von der Sünde wegrufen und sie wieder in die Gemeinde aufnehmen.[18]

Die Auffassung der Radikalen beruhte in Zwinglis Augen auf einem grundlegenden Missverständnis der Kirche. Die wahre, heilige Kirche sei nämlich nur Gott bekannt. Niemand – die Radikalen eingeschlossen – könne wissen, wer wirklich glaube. Christen sollen sich ausserdem von den Schwachen nicht zurückziehen, sondern sie ertragen, wie Paulus in Römer 14 lehre. Diese Rücksicht auf die Schwachen ist typisch für Zwingli und kennzeichnet auch sein behutsames Vorgehen bei der Einführung von Neuerungen, das ihn ebenfalls von den Radikalen unterschied.[19]

Zwingli sah den Grund für die polarisierende Wirkung der Radikalen nicht allein in ihrer starken Betonung der Gläubigkeit und Heiligkeit der Gemeindeglieder, sondern auch in ihrem Individualismus. Darum sprach er mit Nachdruck von der Bedeutung der ganzen Gemeinde gegenüber den Ansichten eines einzelnen oder einer kleinen Gruppe. «Wie wagt ihr es, nach eurem eigenen Gutdünken in einer Gemeinde Neuerungen einzuführen, ohne die Gemeinde zu fragen? Ich rede hier allein von den Gemeinden, in denen das Gotteswort öffentlich und getreulich verkündet

---

[16] Z IV 637.27–638.1; 641.1–3; VI/I 155.22–172.5; S VI/I 461.40–47; Z IV 641.19–26.
[17] Z III 227.11–228.6.
[18] S VI/I 211.23–212.9.
[19] S VI/I 447.36–448.14.

wird. Sollte es dazu kommen, dass ein jeder ‹Lätzkopf›, sobald ihm etwas Neues und Seltsames in den Sinn kommt, eine Sekte um sich schart, so gibt es am Ende soviele Sekten, dass der Leib Christi, der jetzt mühsam aufgebaut wird, in einer jeden Kirchgemeinde in viele Stücke zerteilt wird. Darum sollen solche Änderungen nur unter allgemeiner Einwilligung der Kirchgemeinde vorgenommen werden und nicht durch jeden einzelnen; die Beurteilung der Schrift ist nicht meine und nicht deine Sache, sondern die der Kirche. 1. Korinther 14».[20]

Schon in den frühen 1520er Jahren bezog Zwingli bei der Definition der Kirche Gottes Erwählung auf den Glauben. In der *Auslegung und Begründung der Thesen* bezeichnete er die Kirche als Gemeinschaft aller erwählten Gläubigen.[21] Von der Mitte der 1520er Jahre an, als die Lehre von der Erwählung in seiner Theologie eine grössere Rolle zu spielen begann, finden wir in seinen Beschreibungen der Kirche häufigere Hinweise auf die Erwählung. Die Kirche wird zwar immer unter dem Gesichtspunkt des Glaubens beschrieben, daneben aber auch unter dem Gesichtspunkt der Erwählung, die dem Glauben zugrunde liege. Hinweise auf die Erwählung in der Definition der Kirche dienten einerseits dazu, zu unterstreichen, dass die Kirche auch Kinder einschliesse, andererseits riefen sie in Erinnerung, dass der Ursprung der Kirche bei Gott liege und nicht bei uns selbst.

In der *Fidei ratio* beginnt Zwingli mit einer Definition der Kirche unter dem Gesichtspunkt der Erwählung. Er fährt aber fort: «Nur jene, die einen festen und unerschütterlichen Glauben haben, wissen, dass sie Glieder dieser Kirche sind». Zwingli unterscheidet die Kirche, die mit den Sinnen wahrgenommen werden kann, von der Kirche der Erwählten, die nur Gott kennt: Die Glieder der sichtbaren Kirche bekennen Christus und haben Anteil an den Sakramenten, aber einige von ihnen sind «in ihrem Herzen Christus eher abgeneigt oder kennen ihn nicht». Wir können nicht wissen, ob diejenigen, die Christus bekennen, in Wirklichkeit glauben, sowenig es einst die Apostel wissen konnten. Wer aber Christus bekennt, empfängt die Taufe und wird Glied der Kirche. Diese Kirche nennen wir erwählt, wie der 1. Petrusbrief es tut; im Gegensatz zu Gott haben wir keinen anderen Anhaltspunkt als das Bekenntnis, das die Glieder der Kirche ablegen.[22]

---

[20] Z IV 254.24–255.3.
[21] Z II 56.29–30 (ZwS II 64).
[22] ZwS IV 110f. (Z VI/II 800.16–801.30).

Die Auseinandersetzung mit den Radikalen führte Zwingli dazu, das Bekenntnis zu Christus als einen Wesenszug der sichtbaren Kirche hervorzuheben. Die sichtbare Kirche sei eine gemischte Kirche und bestehe aus denen, die den Glauben an Christus bekennen und getauft sind, und ihren Kindern. Zwar können wir nicht sagen, ob diejenigen, die Christus bekennen, wirklich gläubig sind, ebensowenig wie die Apostel das von Judas hätten sagen können – wenn auch Christus es gewusst habe. Aber wo es kein Bekenntnis zu Christus gebe, da gebe es auch keine Kirche.[23]

Die Rolle der Gemeinde bei der Reform, in der Kirchenzucht oder in der Beurteilung der Lehre blieb für Zwingli im Konflikt mit den Radikalen unangetastet. Aber die Schwerpunkte änderten sich. Sein Bemühen um Frieden und Ordnung, verbunden mit seinem charakteristischen Gespür für den rechten Zeitpunkt und den rechten Ort brachte ihn soweit, zu befürworten, dass einige wenige im Namen der vielen handelten, wenn auch mit deren Einverständnis. Im Gegensatz zu den Radikalen befürwortete er die Rolle der Obrigkeit in der Kirche, besonders in Fragen der Kirchenzucht.

Im Konflikt mit den Konservativen hob Zwingli zwei Bedeutungen des Wortes «Kirche» hervor: die katholische oder universale und die lokale Kirche. Er erklärte die Katholizität der Kirche als universale Ausdehnung jener Kirche, die «ohne Flecken und Runzel» sei. Sie bezeichne die ganze Gemeinschaft der Gläubigen oder – wie er es später ausdrückte – der Erwählten, sichtbar für Gott, aber unsichtbar für uns. Im gleichen Zug trat er für das Recht jeder Ortsgemeinde ein, ihre Angelegenheiten unabhängig von anderen Gemeinden selber zu regeln; und er verteidigte die Funktion der Regierung bei der Reform und in der Kirchenzucht. Seine Sicht der Kirche steht in einem Kontrast zum hierarchischen Verständnis. Man kann sagen, dass es ihm gegenüber den Radikalen um die eine, heilige Kirche ging und gegenüber den Konservativen um die eine, katholische oder universale Kirche.

Exkommunikation

Der gemischte Charakter der Kirche warf für Zwingli – wie für die Kirche aller Zeiten – die Frage nach Disziplin und Exkommunikation auf. Sie wurde eine Streitfrage im Konflikt mit den Radikalen, beschäftigte ihn

---

[23] Z VI/II 801.9–30; 802.7–803.4.

aber schon früher anlässlich seiner Kritik an der Praxis der mittelalterlichen Kirche.

Das Thema wurde erstmals wichtig durch die Verurteilung Luthers. Im Juli 1520 teilte Zwingli Myconius mit, er habe durch den päpstlichen Gesandten den Papst zu überzeugen versucht, er solle Luther nicht exkommunizieren.[24] Auch Zwingli selbst musste mit Exkommunikation rechnen. Allein schon aus diesem Grund lag es auf der Hand, dass er sich mit dem Wesen und der Grundlage der Exkommunikation befasste. So formulierte er auch an der Ersten Disputation zwei Artikel zu diesem Thema (Art. 31 und 32): «Ein einzelner kann niemandem den Bann auferlegen, sondern allein die Kirche, d.h. die Gemeinschaft derer, unter welcher der zu Bannende wohnt, zusammen mit dem Wächter, d.h. dem Pfarrer. – Man darf nur den mit dem Bann bestrafen, der öffentlich Ärgernis erregt».[25]

Hier wie anderswo suchte Zwingli für Lehre und Praxis eine biblische Begründung. Die Grundlage der Exkommunikation war in seinen Augen durch die Worte Christi in Matthäus 18,15–18 gegeben. Aus diesem Abschnitt folgerte Zwingli, dass die Exkommunikation die Ansteckung oder gar Zerstörung des ganzen Leibes verhindern solle. Doch diene die Exkommunikation nicht allein dazu, die Kirche unversehrt zu erhalten; sie habe auch die Busse des Sünders zum Ziel. Paulus gebe uns dafür ein Beispiel, wenn er die Gemeinde auffordere, einem bussfertigen Menschen zu vergeben. Zwingli vertrat auch die Auffassung, die Exkommunikation dürfe nicht für Vergehen gegen Einzelpersonen angewendet werden, sondern nur für Vergehen gegen die Kirche; und diese Vergehen müssten öffentlichen Charakter tragen.[26] Die Exkommunikation dürfe jedenfalls nicht, wie es in der mittelalterlichen Kirche der Fall war, als Mittel der Bischöfe missbraucht werden, um Bussgelder einzutreiben. Und im übrigen dürfe sie nicht das Vorrecht eines einzelnen sein, sei er auch Papst oder Bischof, sondern nur der Kirche. Weil aber das Wort «Kirche» im Neuen Testament in nur zwei Bedeutungen gebraucht werde, müsse es bei Matthäus für die Ortsgemeinde stehen. Denn für die universale Kirche sei

---

[24] Z VII 343.33–344.8.
[25] Saxer Schriften, 26 (Z I 462.6–9).
[26] Ein solches öffentliches Vergehen ist z.B. der Ehebruch. Zwingli meinte, man solle darauf mit Ermahnung reagieren und notfalls mit Exkommunikation, aber immer in der Hoffnung und Erwartung, dass die betreffenden Personen Reue zeigten und wieder zugelassen werden könnten Z II 287.26–288.14 (ZwS II 336f.).

es unmöglich, an einem Ort zusammenzukommen, wie es Matthäus 18 vorschreibe.[27]

Nach seinen beiden Artikeln über die Exkommunikation kommt Zwingli an der Ersten Disputation auf die Obrigkeit zu sprechen. Artikel 40 handelt von deren Vollmacht, Übeltäter hinzurichten. Zwingli zitiert dazu Matthäus 18. Er räumt ein, dass die Stelle in erster Linie die Exkommunikation zum Inhalt habe. Doch die Obrigkeit besitzt seiner Meinung nach das Recht, Übeltäter hinzurichten, die sich ein öffentliches Vergehen zuschulden kommen liessen – vorausgesetzt, es lasse sich dadurch ein schwerer Schaden für den Leib Christi vermeiden.[28] Es sei besser, wenn ein Glied sterbe, als wenn der ganze Leib Schaden leide. Indem die Obrigkeit Todesurteile fälle, handle sie als Dienerin Gottes. Nähme sie ihre Aufgabe nicht wahr, so liesse sie zu, dass Dornen das ganze Feld überwucherten.[29]

Zwingli vertrat diese Auffassung angesichts der Praxis der mittelalterlichen Kirche. In seinen Äusserungen finden charakteristische reformatorische und reformerische Einsichten ihren Niederschlag: die Rückbesinnung auf die Schrift, die Betonung der Kirche als Gemeinschaft statt als Hierarchie sowie die Ziele, denen die Exkommunikation zu dienen hat (die Unversehrtheit der Kirche und das Heil des einzelnen Menschen). Es wird aber auch ein Wesenszug deutlich, der für Zwingli und Zürich – nicht für andere Zentren der Reformation – kennzeichnend werden sollte: die Rolle der Obrigkeit in der Ausübung der Disziplin.

Im *Commentarius* stellte Zwingli das mittelalterliche Verständnis der Exkommunikation durch den Hinweis in Frage, dass Jesus in Matthäus 18 der fragenden Person geraten habe: «Sage es der Gemeinde!» und nicht «Sage es dem Papst!».[30] Interessanterweise erklärte er in demselben Abschnitt, dass die Vollmacht zur Exkommunikation nicht der Obrigkeit, sondern der gesamten Kirche verliehen worden sei. Später übte Oekolampad Kritik an Zwinglis immer stärkerer Betonung der Obrigkeit und hielt ihm vor, dass Jesus in Matthäus 18 geraten hatte: «Sage es der Gemeinde!» und nicht: «Sage es der Obrigkeit!».[31] Zwingli rechtfertigte seine Haltung zur Obrigkeit mit verschiedenen biblischen Hinweisen. Er erin-

---

[27] Z II 277.1–284.13 (ZwS II 325–332).
[28] Zu diesem Zeitpunkt bekräftigt Zwingli die Rolle der Obrigkeit gegenüber konservativen Gegnern; später bestätigt er sie gegenüber den Radikalen (S VI/I 228.3–39).
[29] Z II 334.24–335.19 (ZwS II 383).
[30] ZwS III 407 (Z III 879.35–36).
[31] Z XI 129.2–130.9.

nerte z.B. daran, dass die Herrscher in Israel Hirten genannt wurden; und er behauptete, dass mit den Ältesten in Apostelgeschichte 15 nicht nur diejenigen gemeint waren, die für das Wort Verantwortung trugen, sondern auch die Ratsherren und Senatoren.[32] – Der Gedanke der Zusammenarbeit zwischen Kirche und Obrigkeit hatte für Zürich praktische Folgen. Mit Inkrafttreten der Zürcher Ehegerichtsordnung von 1525 bestellte der Rat ein Gericht aus sechs Richtern (zwei Predigern und vier Ratsherren), die für Ehesachen und ähnliche Angelegenheiten zuständig waren. Bei Ehebruch war die Exkommunikation Aufgabe der Prediger; die Ratsherren befassten sich zum Beispiel mit körperlichen Strafen und der Auferlegung von Geldbussen. Doch schon ein Jahr später befasste sich nur noch der Rat mit Fällen von Ehebruch.

Ungeachtet dessen erklärte Zwingli noch in seiner letzten grossen Schrift *Fidei expositio* die Rolle der Obrigkeit in der Ausübung der Disziplin als wesentlich für das Leben der Kirche. Er wies darauf hin, dass die Obrigkeit zu den Hirten der Kirche zähle. Die Hälfte des kurzen Abschnitts über die Kirche widmete er allein der Stellung der Obrigkeit in der Ausübung der Kirchenzucht. «Da diejenige Kirche also, die sichtbar ist, viele hochmütige und streitsüchtige Mitglieder hat, die zwar den Glauben nicht haben, sich aber nichts daraus machen, selbst wenn sie tausendmal aus der Kirche vertrieben würden, hat sie auch eine Obrigkeit nötig, ... die die schamlos Sündigenden bestraft... Da also in der Kirche Hirten sind, die, wie man bei Jeremia sehen kann (vgl. Jer 23,1–8), auch Fürsten sein können, steht es fest, dass eine Kirche ohne Obrigkeit lahm und verstümmelt ist... Wir lehren, sie sei notwendig zur Vervollkommnung des kirchlichen Leibes».[33]

In seiner Meinung hinsichtlich der obrigkeitlichen Rolle in der Kirche unterschied Zwingli sich nicht nur von anderen Reformatoren wie Oekolampad, sondern auch von den Radikalen. Diese suchten auf unterschiedliche Weise die Eigenständigkeit der Kirche zu wahren. Sie glaubten an die völlige Trennung von Kirche und staatlicher Macht. Die Obrigkeit sollte sich mit den Menschen ausserhalb der Kirche befassen; sie habe keinen Anteil an der Reform oder Disziplin der Kirche. Exkommunikation war nach Ansicht der Radikalen das Mittel, um die Kirche rein zu erhalten. Für diesen Zweck war sie unverzichtbar. Der zweite Artikel des

---

[32] Z IX 455.21–456.8.
[33] ZwS IV 325 (Z VI/V 110.10–111.3).

Schleitheimer Bekenntnisses von 1527 erklärte: «Der Bann soll bei allen denen Anwendung finden, die sich dem Herrn ergeben haben, seinen Geboten nachzuwandeln, und bei allen denen, die in den einen Leib Christi getauft worden sind, sich Brüder oder Schwestern nennen lassen und doch zuweilen ausgleiten, in einen Irrtum und eine Sünde fallen und unversehens überrascht werden». Exkommunikation ist zu vollziehen «vor dem Brotbrechen ..., damit wir alle einmütig und in einer Liebe von einem Brot brechen und essen können und von einem Kelch trinken». Der vierte Artikel bekräftigt die Absonderung der Gläubigen von den Ungläubigen, der Guten von den Bösen, während der sechste Artikel erklärt, dass das Schwert eine Gottesordnung sei «ausserhalb der Vollkommenheit Christi». Demgegenüber wird im Bereich der Vollkommenheit Christi einzig der Bann vollzogen «zur Mahnung und Ausschliessung dessen, der gesündigt hat, nicht durch Tötung des Fleisches».[34]

Der Zusammenhang von Exkommunikation und Abendmahl verband die Radikalen mit Zwingli. Dieser unterbreitete in seiner Schrift *Ratschlag betreffend Ausschliessung vom Abendmahl* (1525) Vorschläge, wie im Zuge der Neuordnung des Gottesdienstes die Exkommunikation mit der Feier des Abendmahls verbunden werden konnte. Eine Reihe von öffentlichen Vergehen wie z.B. Ehebruch, Prostitution, Trunkenheit und Gotteslästerung und noch schwerere Sünden erachtete er als Gründe für das, was auf umfassende Exkommunikation hinauslief, nämlich den Ausschluss vom Abendmahl und von gesellschaftlichen Kontakten.[35]

Mit der Entfaltung der Lehre von der Erwählung stellten sich neue Fragen für die Anwendung der Exkommunikation. Konnte es nicht geschehen, dass die Kirche Menschen exkommunizierte, die Gott erwählt hatte? Dies stünde im Gegensatz zu den Worten Christi, was auf Erden gebunden werde, sei auch im Himmel gebunden (Matthäus 16,19). Zwingli ging auf diese Frage in seinen Kommentaren ein sowie aus Anlass der Berner Disputation. Er erklärte, dass die Kirche nur nachvollziehe, was Gott bereits vollzogen habe. Diejenigen, die die Kirche exkommuniziere, seien von Gott bereits verworfen; und wenn die Kirche Bussfertige wiederaufnehme, folge sie wiederum Gottes Handeln; denn Busse sei ein Zeichen göttlicher Gnade. Wenn allerdings die Exkommunikation Gottes Handeln nicht entspreche, sei sie eine Vergewaltigung und ein Verbrechen; in gott-

---

[34] Mira Baumgartner, Die Täufer und Zwingli, Eine Dokumentation, Zürich 1993, S. 145–147.
[35] Z IV 186.26–187.2.

losen Gemeinden könne so etwas tatsächlich vorkommen. Bei alledem sei festzuhalten: Unser Akt der Exkommunikation rühre in keiner Weise an die Erwählung eines Menschen. Diese liege voll und ganz in Gottes Hand. Wer aber erwählt sei, werde auch Busse tun.

In den *Notizen Zwinglis an der Berner Disputation* hebt Zwingli mit Nachdruck hervor, dass die Exkommunikation Sache der Gemeinde und des Pfarrers sei. Er verteidigt diese Ansicht gegen den Einwand, Paulus habe in 1. Timotheus 1,20 im Alleingang gehandelt. Nach Zwingli ist diese Stelle das Beispiel einer Synekdoche, wo eine Person stellvertretend für viele erwähnt wird.[36]

Das Amt

So wie sein Verständnis der Kirche war auch Zwinglis Verständnis des Amtes durch seine Auffassung von Christus und dem Evangelium geprägt. Wie vor ihm Luther verwarf er in den Artikeln 61 und 62 die mittelalterliche Vorstellung vom character indelebilis, dem unauslöschlichen Siegel, das nach römischer Lehre dem Priester bei seiner Ordination verliehen wird. Diese Vorstellung sei nicht biblisch und werde auch von den Kirchenvätern bis Hieronymus nicht vertreten. Zwingli trat wie Luther dafür ein, dass jemand, der zum Predigtamt nicht tauge, entlassen werden könne; genauso wie man einen Bürgermeister, der sich nicht für Frieden und Gerechtigkeit einsetze, seines Amtes entheben könne.[37] Er wies auch jede Verbindung zwischen Amt und Opfer zurück; darin sah er eine Verleugnung des von Christus ein für allemal dargebrachten Opfers und seines ewig währenden Priesteramts. Zwingli trat wie Luther für das Priestertum aller Gläubigen ein.

Mit Nachdruck wandte er sich gegen die Ausübung politischer Macht durch Amtsträger der Kirche und gegen die Unsitte, aus kirchlichen Ämtern finanzielle Vorteile zu ziehen, also z.B. gegen den Missbrauch der Exkommunikation oder den Verkauf von Messen. Anders als die mittelalterliche Kirche vertrat er die Ansicht: Priester sein «heisst nichts anderes als ein ehrsamer Verkünder des Wortes Gottes und ein Wächter über das Heil der Seelen zu sein».[38] Die Verkündigung des Wortes schliesse die

---

[36]   Z VI/I 258.9–260.14.
[37]   Z II 438.14–440.16 (ZwS II 479f.).
[38]   ZwS II 480 (Z II 439.17–18).

Aufgabe ein, die Armen, Kranken und Bedürftigen zu besuchen und für sie zu sorgen. «Denn dies alles gehört zum Wort Gottes».[39] Wenn allerdings in einem bestimmten Fall die Anforderungen an den Pfarrer überhandnehmen, befürwortet Zwingli die Arbeitsteilung, wonach einer sich auf das Predigen konzentriert und ein anderer auf die Seelsorge.[40]

Die Verkündigung des Wortes Gottes sei das Herz des Pfarramtes. Das Wort Gottes enthält für Zwingli wie für Luther sowohl das Gesetz als auch das Evangelium. «So soll das reine Wort Gottes ohne Unterlass verkündigt werden, denn darin lernt man, was Gott von uns fordert und mit welcher Gnade er uns zu Hilfe kommt».[41] Allerdings sind Prediger und Predigt nur Werkzeuge in Gottes Hand. Die zentrale Bedeutung der Verkündigung lässt sich an Zwinglis eigener Tätigkeit in Zürich ablesen; das Hauptgewicht lag für ihn auf der Predigt. Mit grossem Nachdruck setzte er sich dafür ein, dass auch andere den Dienst am Wort Gottes wahrnahmen. An der Zweiten Disputation, an der mehrere hundert Prediger teilnahmen, predigte er über das Amt. Diese Predigt wurde später unter dem Titel *Der Hirt* veröffentlicht.[42] Zwingli beschrieb den wahren Hirten als solchen, dessen Leben – im Gegensatz zum falschen Hirten – sowohl Gottes Herrlichkeit als auch die Bedürfnisse der Schafe widerspiegelt und dessen Wort nicht seinem eigenen Herzen entspringt, sondern von Gott kommt. Im Gegensatz dazu lehrt der falsche Hirte nicht Gottes Wort, sondern seine eigenen Gedanken. Wenn er Gottes Wort dennoch lehrt, so handelt er nicht zur Ehre Gottes und tritt denen nicht entgegen, die sich der schwersten Vergehen schuldig machen. Sein Leben gibt ein schlechtes Beispiel. Er entfaltet einen weltlichen Herrschaftsstil. Er sucht seinen eigenen Vorteil und kümmert sich nicht um die Armen. – Im Gegensatz dazu verkündigt der wahre Hirte Gottes Wort, ruft die Menschen zur Umkehr und spricht ihnen die frohe Botschaft zu. Er hält stand, auch wenn er Fehlschläge und Widerstand erleben muss, und er ist bereit, zu leiden und zu sterben wie der gute Hirte. Sein Lebenswandel unterstützt seine Verkündigung: denn «das lebendige Beispiel ist lehrreicher als hunderttausend Worte».[43]

Am meisten fällt bei Zwingli vielleicht der prophetische Charakter des Hirtenamtes auf. Der wahre Hirte mache in seiner Kritik keinen Unter-

---

[39]   ZwS II 481 (Z II 441.7–12).
[40]   Z IV 416.18–25.
[41]   ZwS I 183 (Z II 494.10–1).
[42]   Z III 5–68 (ZwS I 243–312).
[43]   Z II 12–45 (ZwS I 264).

schied zwischen Hohen und Niedrigen und beschränke sich nicht auf religiöse Themen, sondern äussere sich auch freimütig über Dinge wie Habgier, Wucher, Krieg, das Söldnerwesen und wirtschaftliche Monopole. Die Vielfalt der Themen kennzeichnet auch Zwinglis eigene Predigten; er geht auf alle Aspekte des täglichen Lebens ein.

Als nach der Zweiten Disputation der radikale Flügel Auftrieb gewann und vor allem nachdem 1525 die ersten Wiedertaufen stattgefunden hatten, verlagerte sich Zwinglis Kritik auf die Radikalen. In seiner Schrift *Von dem Predigtamt* (Juni 1525) befasste er sich mit deren Amtsverständnis und ihrer Praxis. Bestand der Irrtum seiner konservativen Gegner darin, dass sie Priester und Volk voneinander trennten und dem Priester eine Eigenschaft und Rolle zuschrieben, die er in Wirklichkeit nicht besass, begingen umgekehrt seine radikalen Gegner den Irrtum, dass sie die besondere Stellung des ordinierten Amtes leugneten und den Unterschied zwischen Predigern und anderen Gemeindegliedern nicht wahrhaben wollten. Zwingli erinnerte an Epheser 4 und an die Tatsache, dass Christus einige, aber nicht alle, zu Dienern des Wortes berufen habe. Wie das Neue Testament zeigt, seien nicht alle Apostel, Propheten oder Lehrer gewesen. In Jerusalem hätte es damals Tausende von Gläubigen gegeben, aber nicht mehr als ein Dutzend Apostel, während in Zürich, wie Zwingli klagte, alle Gläubigen sich für Apostel hielten.[44] Zwingli warf den Radikalen vor, dass sie ohne Erlaubnis in Gemeinden auftraten und dort – jedenfalls aus seiner Sicht – mit ihren Lehren und ihrem Vorgehen Verwirrung und Unruhe stifteten.[45]

Massgebend für seine umfassende Kritik an den Radikalen, die er auf das Alte und Neue Testament stützte, war aber die Überzeugung, dass es niemandem zustehe, von sich aus das kirchliche Amt zu beanspruchen. Vielmehr müsse jemand von Gott und der Kirche dazu beauftragt werden.[46] Wenn schon das Urteil über Exkommunikation und Lehre Sache der Kirche sei, wieviel mehr sei es dann die Wahl ihrer Lehrer! Er hielt den Radikalen auch vor, dass sie die Bibel nicht kennen und sich zu Unrecht auf den Geist berufen würden. In diesem Zusammenhang erwähnte er das Beispiel eines Mannes, der unbedingt auf die Kanzel steigen und predigen wollte, aber den Predigttext zum Teil nicht verstand. Am Ende wurde er von der Gemeinde gezwungen, sich aus dem Staub zu machen. – Und

---

[44] Z IV 419.7–420.2.
[45] Z IV 383.4–8.
[46] Z IV 421.19–22.

doch behaupteten solche Leute, sie besässen den Geist.[47] Gegenüber den Radikalen trat Zwingli für eine gründliche Ausbildung und für ein geordnetes und bezahltes Predigtamt ein.

Zwinglis Verständnis der Prophetie – bezogen auf das Verstehen der biblischen Sprachen – veranlasste ihn zur Kritik an der Ungebildetheit der Täufer; sie seien deshalb für das Amt in der Kirche ungeeignet. In einer Erwiderung warf der Radikale Hubmaier Zwingli vor, dieser führe ein neues Papsttum ein. Die Abhängigkeit der Kirche von denjenigen, die die biblischen Sprachen beherrschten, sei im Grunde nichts anderes als die frühere Abhängigkeit von Päpsten und Konzilien.[48] Simon Stumpf, ein anderer Vertreter der Radikalen, lehnte die Errichtung vollamtlicher und bezahlter Pfarrämter ebenfalls ab; wer die deutsche Bibel und den Heiligen Geist besitze, solle auch predigen können.[49] Zwingli hingegen legte grosses Gewicht auf die biblischen Sprachen; würde die Kenntnis des Hebräischen und Griechischen wieder verlorengehen, so würde die Kirche wieder in ihre frühere Finsternis versinken. Er sprach sich auch für eine Bezahlung der Prediger aus; die Alternative dazu, so meinte er, wäre Bettelei, mit dem Risiko, dass einige Prediger der Habgier verfallen oder die prophetische Verkündigung durch Schmeichelei ersetzen würden.[50]

Die Errichtung der Prophezei im Juni 1525 schuf ein typisch reformiertes Modell des Predigtamtes, das sich sowohl vom mittelalterlichen als auch vom täuferischen Modell abhob. Es betonte gegenüber dem priesterlichen Verständnis der konservativen Gegner die Verkündigung des Wortes Gottes sowie gegenüber dem täuferischen Anspruch auf den Geist die Bedeutung der Schrift als Kriterium für die Gegenwart des Geistes. Der Ausdruck «Prophet» wurde bei Zwingli in der Mitte der 1520er Jahre die geläufige Bezeichnung für den Prediger; daneben benutzte er auch

---

[47] Z IV 420.3–24.
[48] Z IV 601.1–602.4; 601 Anm. 8.
[49] Z VI/I 559 Anm. 15.
[50] Z IV 403.30–405.19; 415.2–17.
   Zwingli trat für die finanzielle Unterstützung der Prediger bereits in der Auslegung seines 63. Artikels ein, also noch vor jeder Auseinandersetzung mit den Radikalen [Z II 441.18–444.20 (ZwS II 482–484)].
   Er kritisierte, dass die Radikalen die Ungebildeten fälschlicherweise mit den Unmündigen aus Matthäus 11 gleichsetzten, denen Gott sich offenbarte. Sie behaupteten, sie könnten die Schrift auslegen, weil sie nicht gebildet seien. Dem hielt Zwingli entgegen, dass Gott viele hochgebildete Männer erwählt habe wie Paulus, Barnabas und Lukas. Doch hätten diese werden müssen wie die Kinder, d.h. sie hätten sich nicht auf ihre Bildung verlassen dürfen und hätten die Schrift nach dem Geist auslegen müssen, nicht nach ihrer eigenen Eingebung (Z IV 416.26–421.22).

andere Bezeichnungen mit anderen Bedeutungsnuancen wie Bischof oder Hirte. Der Ausdruck «Prophet» ist als umfassender Ausdruck zu verstehen – genau wie das «Wort Gottes», in dessen Dienst der Prophet steht; denn Wort Gottes schliesse Wort und Sakramente, die Gemeindeleitung und die Seelsorge ein.

Die Verbindung von Predigt und Seelsorge, die Aufmerksamkeit für den einzelnen Menschen und die ganze Gesellschaft sowie die Einbettung des Predigtamtes in den Kontext der Kirche statt seiner Stellung über der Kirche – diese Züge gehören zum festen Bestandteil von Zwinglis Amtsverständnis. Zwingli machte immer wieder auf die Notwendigkeit des Predigtamtes aufmerksam, manchmal im Horizont von Gottes Handeln in der Vergangenheit, manchmal im Horizont von Gottes Handeln in der Zukunft. In der *Fidei ratio* sagt er von Gottes Handeln in der Vergangenheit: «Zehntens glaube ich, dass das Amt der Prophetie oder der Verkündigung unantastbar, ja dass es von allen Ämtern das notwendigste ist. Halten wir uns an das, was die Regel ist, so sehen wir, dass bei allen Völkern die äussere Verkündigung der Apostel und Evangelisten oder der Bischöfe dem Glauben voranging».[51]

Die Notwendigkeit des Predigtamtes als der von Gott gewählten Wirkungsweise bringt Zwingli in seinem Kommentar zum Lukasevangelium zum Ausdruck. Bei der Auslegung von Lukas 1,76, wo von Johannes als einem Propheten die Rede ist, wirft Zwingli die Frage auf: Könnte Gott nicht die Menschen einfach durch den Geist erleuchten, also ohne einen Propheten zu senden? Ohne Zweifel kann Gott ja alles. Doch er antwortet, dass Gott es vorgezogen hat, zu handeln, indem er einen Propheten sandte. – An späterer Stelle, als es um die Wahl der Apostel geht, fügt Zwingli als weiteren Grund hinzu, dass der Mensch eben kein Engel sei, sondern die Dinge mittels äusserlicher Sinne wahrnehme.[52]

Der Heilige Geist ist im Predigtamt durchwegs unentbehrlich. Er muss im Hörer ebenso wirken wie im Prediger; und ohne sein Zutun gibt es keine wirksame Predigt des Wortes Gottes. «Denn wir sind nur Diener. Wir bewirken gar nichts, es sei denn, der Herr wirke inwendig durch seinen Geist». «Dazu aber bereiten die Propheten gleichsam als Diener die Seele vor, der Geist aber tut es gleichsam als Lehrmeister sowohl des Lehrers wie des Hörers».[53]

---

[51] ZwS IV 125f. (Z VI/II 813.7–13).
[52] S VI/I 550.8–22; 582.18–28.
[53] S VI/I 362.18–20; ZwS IV 126 (Z VI/II 813.22–23).

XII

DER STAAT

Zwinglis Sicht der Beziehung zwischen Kirche und Staat kommt in dem Denkmal neben der Wasserkirche in Zürich zwar einerseits gut zum Ausdruck, andererseits wird sie jedoch auch verfehlt. Er steht dort mit der Bibel in der einen Hand und mit dem Schwert in der anderen.

Treffend bringt das Standbild zum Ausdruck, dass für Zwingli Kirche und Staat nicht zwei getrennte Gemeinwesen sind, sondern ein und dasselbe, und dass dieses Gemeinwesen unter der souveränen Herrschaft Gottes steht. Pfarrer und Obrigkeit kümmern sich um das ganze Leben des Gemeinwesens, nicht nur um einen Teil davon. In dieser Hinsicht sind beide Diener Gottes.

Unzutreffend im Blick auf die Beziehung zwischen Kirche und Staat ist das Standbild insofern, als es die Möglichkeit einschliesst, dass der Pfarrer auch Obrigkeit sein kann. In Wirklichkeit sind nämlich die Rollen der beiden Amtsträger verschieden. Die Bibel oder das Wort Gottes ist für Zwingli Gottes Werkzeug in den Händen des Pfarrers; das Schwert hingegen ist Gottes Werkzeug in den Händen der Obrigkeit. Bibel und Schwert gehören wohl zusammen, nicht aber in den Händen ein und derselben Person.

Zwingli hielt es nicht für die Aufgabe des Pfarrers, das Schwert zu führen, obwohl er selbst mit dem Schwert in der Hand auf dem Schlachtfeld starb. Nach seiner Ansicht war es die Ausnahme, wenn jemand wie Samuel im Alten Testament sowohl Prophet als auch Herrscher war.[1] Doch hielt er das Schwert für ein geeignetes Mittel nicht nur zur Verteidigung des Guten, sondern auch zum Schutz des Evangeliums. Er fand denn auch in einer Schlacht den Tod, deren Ziel es war, die Predigt des Evangeliums zu schützen. Er nahm zunächst als Feldgeistlicher daran teil; doch als er die Unterlegenheit seiner Soldaten erkannte, zögerte er nicht, an ihrer Seite zu kämpfen. Jenes Ziel (der Schutz des Evangeliums mit dem Schwert) und diese Handlung (der bewaffnete Kampf des Pfarrers) unterschied Zwingli eindeutig nicht nur von Luther, der Zwinglis Tod auf

---

[1]   S VI/I 532.11–27.

dem Schlachtfeld als Gottesurteil deutete, sondern auch von Calvin und den anderen Reformatoren.

Das Denkmal führt mitten in die Streitfrage der Beziehung von Kirche und Staat bei Zwingli – samt den Unterschieden zu Luther und zum späteren reformierten Denken. Zunächst wollen wir aber Zwinglis eigene Entwicklung zur Kenntnis nehmen; vor allem seinen Weg bis zur Ersten Disputation im Januar 1523; denn diese frühe Entwicklung war für seine Auffassung von Kirche und Gesellschaft prägend.

Zwinglis Entwicklung

Was Zwingli von Luther hinsichtlich seiner Haltung und Praxis als Reformator unterscheidet, ist im Horizont seiner persönlichen Entwicklung zu sehen. Besonders aufschlussreich für unser Thema sind die Jahre, bevor er Ende 1518 nach Zürich ging; aber auch seine Situation als Pfarrer in Zürich. Zwingli erklärte, dass er schon als Bub sehr patriotisch gewesen sei[2] – noch bevor er unter dem Einfluss des patriotischen Schweizer Humanismus stand und bevor er Erasmus und Marsilius von Padua gelesen hatte, die seine Ansichten prägten. Es gibt auch zweifellos klare Zeugnisse seiner Vaterlandsliebe als junger Mann. So verwies Zwingli oft auf die Geschichte seiner Heimat als Quelle der Inspiration für das Handeln in der Gegenwart. Wilhelm Tell schilderte er in heldenhaften Zügen.[3] Seine frühesten Schriften aus der Zeit, bevor er zum Reformator wurde, offenbaren einen Menschen mit leidenschaftlicher Liebe zum Land seiner Geburt und mit einer starken Sehnsucht nach Freiheit.[4] Heimatliebe und Freiheitsdrang führten zu seinem erbitterten Widerstand gegen das Söldnerwesen, welches die Schweizer in den Dienst fremder Mächte verstrickte. In allegorischer Gestalt brachte er seine Überzeugung bereits 1510 zum Ausdruck, nämlich im *Fabelgedicht vom Ochsen*.

Sein Widerstand gegen den Solddienst verschärfte sich wahrscheinlich durch seine eigene Kriegserfahrung. Es ist denkbar, dass er schon 1512 als Feldgeistlicher die Truppen nach Italien begleitete. Wenn er es getan

---

[2] Z V 250.8–11.

[3] Z I 170.26–171.7 (ZwS I 85f.); Z I 185.19–186.1 (ZwS I 98); Z I 187.12–14; III 103.22–104.13; 105.31–106.3; IV 48.15–49.6.

[4] Die Freiheit betrachtete Zwingli als ein Gut, das Gott beim Auszug aus Aegypten und an anderen Stellen der Bibel ebenso gefördert habe wie in der Geschichte seines eigenen Volkes [Z I 171.4–15 (ZwS I 86)].

hatte, dann ist sein Bericht von den Kämpfen zwischen Schweizern und Franzosen ein Bericht aus erster Hand und nicht nur eine Wiedergabe dessen, was andere erzählt hatten. Mit Sicherheit zog er 1513 und 1515 in den Krieg. Im September 1515 erlebte er die verheerende Schlacht bei Marignano mit, in der Tausende von Schweizer Söldnern das Leben liessen. Diese Erfahrungen verstärkten sein Empfinden für die Verwüstung, die ein Krieg schon damals mit sich brachte, sowie für die moralischen und sozialen Verluste, die sein eigenes Volk dabei erlitt. 1516 schrieb er ein zweites allegorisches Gedicht mit dem Titel *Der Labyrinth* und griff abermals das Söldnerwesen an. Diesmal trug sein Patriotismus unter dem Einfluss des erasmischen Humanismus ausgeprägt religiöse Züge.

So stand Zwinglis Predigtamt und Theologie von Anfang an, noch bevor er vollends zum Reformator wurde, in einem sozialen und politischen, ja nationalen und internationalen Rahmen und war nicht einfach individuell und religiös geprägt. Sein Widerstand gegen den Solddienst und besonders gegen das Bündnis mit den Franzosen bewirkte überdies, dass er im Jahre 1516 Glarus verliess und nach Einsiedeln zog. Umgekehrt war diese politische Haltung später ein Grund, warum man ihn nach Zürich holte; denn in Zürich gab es schon lange vor seiner Ankunft eine Opposition gegen den Solddienst und gegen das Bündnis mit Frankreich.

Zu Beginn der 1520er Jahre sah Zwingli aufgrund seiner tieferen Erfassung des christlichen Glaubens den Krieg und das Söldnerwesen nicht mehr allein in moralischen, sondern auch in theologischen Kategorien. Die Kriegführung mit Söldnern war mit vielen Gefahren verbunden. Sie führte zu Bestechung und damit zur Pervertierung von Gerechtigkeit; sie begünstigte Neid und Verweichlichung; sie erlaubte fremden Herrschern, auf fremdem Boden Macht auszuüben, und half ihnen bei der Verwüstung fremder Länder. Die grösste Gefahr aber bestand für Zwingli darin, dass die Kriegführung mit Schweizer Söldnern Gottes Zorn auf sein Volk lud.[5] Darum stand für ihn das Evangelium auch in nationaler Dimension in einer Beziehung zu Gottes Zorn; nicht nur im individuellen Sinn wie bei Luther.

Als Reformator erkannte er, dass das Evangelium selbst die Abschaffung des Solddienstes erforderlich machte. Das hiess nicht, dass das

---

[5] Z I 175–185 (ZwS I 89–97). In Zwinglis Kommentar zu Jeremia begegnet dieselbe starke Überzeugung, dass Gerechtigkeit im öffentlichen Leben grundlegend mit Gott zu tun habe. Vor allem anderen sei Gott erzürnt, wenn das Recht in Unrecht verkehrt werde. Für dieses Vergehen lasse er keine Nation ungestraft davon kommen (Z XIV 540.35–41).

Evangelium politischen Zwecken diente; es hatte aber politische Konsequenzen. 1522 schrieb Zwingli: «Denn Zürich lebt mehr als jeder andere schweizerische Kanton in Frieden und Ruhe, was alle guten Bürger dem Evangelium zuschreiben».[6] «Ich leugne nicht, ja ich versichere, dass die Lehre Christi in höchstem Masse zum Frieden des Staates beiträgt, wenn sie nur unverfälscht verkündet wird».[7]

Dies ist das Verständnis des christlichen Amtes und der christlichen Botschaft, das in Zwingli reifte, bevor und als er 1518 nach Zürich kam. Seine Entwicklung verlief anders als bei Luther. Luther war ein Mönch und lebte in dem Gefühl, Gottes Gericht laste auf seinem persönlichen Leben. Zwingli hingegen war ein Gemeindepfarrer und Feldgeistlicher und lebte in dem Gefühl, Gottes Gericht laste auf seinem Volk.

Ein Unterschied bestand nicht nur in der Art der Ausübung ihres Amtes und in ihrer eigenen Erfahrung, sondern auch in den politischen und geographischen Umständen, unter denen sie tätig waren. Luther wirkte in Sachsen, das von einem einzigen Herrscher regiert wurde: nämlich von Friedrich dem Weisen, einem der Kurfürsten im Heiligen Römischen Reich. Zwingli hingegen wirkte in einem Stadtstaat innerhalb der schweizerischen Eidgenossenschaft, wo die Herrschaft durch einen Rat ausgeübt wurde. Das Regierungssystem in Zürich und die Grösse der Stadt gaben Zwingli die Möglichkeit – und stellten ihn gelegentlich vor die Notwendigkeit –, sich persönlich in die Angelegenheiten der Stadt einzuschalten. Dieser Umstand verdeutlicht und erklärt einige Unterschiede zu Luther.

Aufgrund dieser Situation war auch Zwinglis Meinung hinsichtlich der Beziehung von Kirche und Staat oder von Pfarrerschaft und Obrigkeit mehr als nur das Ergebnis theoretischer Überlegungen. Seine praktische Erfahrung musste sich ja auf seine Theorie auswirken, so wie umgekehrt seine Theorie die Praxis prägte. Natürlich war es bei ihm nicht anders als bei allen öffentlichen Personen: Lehre und Handeln stimmten nicht immer überein. Seine Lehre wurzelte in der Bibel und war daneben durch die Lektüre christlicher und ausserchristlicher Schriftsteller geprägt, besonders durch Aristoteles. Sein Handeln hingegen war teilweise vorgegeben durch die Umstände, denen er begegnete; insbesondere durch die Situation in Zürich und in der Eidgenossenschaft. Darum dürfen wir zu Recht unterscheiden zwischen dem, was Zwingli sagte, und dem, was er tat.

---

[6] Z I 148.32–33.
[7] Z I 308.24–26.

Der Rat spielte bei der Reformation von Zürich eine wichtige Rolle; das wird deutlich angesichts der Massnahmen, die er traf, aber auch an der Art und Weise, wie Zwingli den Rat verstand. Seit Anbeginn seines Wirkens in Zürich anerkannte Zwingli, dass der Rat an der Erneuerung der Kirche wesentlichen Anteil hatte. Seine Anerkennung galt einerseits der immer unabhängigeren Rolle, die der Rat in kirchlichen Angelegenheiten, ausser in Fragen der Lehre und des Gottesdienstes, schon zuvor gespielt hatte. Andererseits spiegelte sich darin das Eingeständnis, dass wenn die Bischöfe die Kirche nicht erneuern wollten, es an der weltlichen Macht war, diese Aufgabe zu übernehmen – sei es nun der Kaiser, der Fürst oder der Rat. Von daher kam dem Rat von Anfang an bei der Zürcher Reformation eine unentbehrliche Funktion zu.

Es war auch der Rat, welcher im Januar 1523 die Erste Disputation einberief und am Ende urteilte, dass Zwinglis Predigt mit der Schrift übereinstimme und dass künftig jede Predigt schriftgemäss sein solle. Zwingli betrachtete freilich die Versammlung, die der Rat auf sein Betreiben hin einberufen hatte, um «grosse Unruhe und Zwietracht abzustellen», als «eine christliche Versammlung», nicht als weltliche Zusammenkunft,[x] was einen Vergleich mit den Konzilen der alten Kirche nahelegt. – Der Rat berief auch die Zweite Disputation ein. Am Ende pflichtete er der Behauptung der Reformatoren bei, dass die Messe und die Bilder nicht schriftgemäss seien. Nach diesem Urteilsspruch wurde dem Rat die Aufgabe übertragen, festzulegen, zu welchem Zeitpunkt die Messe und die Bilder abgeschafft werden sollten – mit dem Einverständis Zwinglis und anderer, aber gegen den Willen der Radikalen.

Die wachsende Rolle des Rates hing mit den politischen Umständen in Zürich und der Eidgenossenschaft zusammen. Die Unruhen, die die Täufer in Zürich und an anderen Orten verursachten, der konservative Widerstand in Zürich und noch mehr in anderen Kantonen und schliesslich die von Zwinglis konservativen Gegnern geschlossenen Bündnisse, wie die in Beckenried getroffene Übereinkunft der fünf Kantone Luzern, Zug, Uri, Schwyz und Unterwalden vom April 1524, führten insgesamt zu einem vermehrten Engagement Zwinglis in den Angelegenheiten der Stadt sowie umgekehrt zum verstärkten Engagement des Rates in den Angelegenheiten der Kirche. Unter anderem spielte der Rat eine Rolle bei der Exkom-

---

[x]   Z I 484.11–14; 495.7–11.

munikation, bei der Verordnung der Säuglingstaufe (1525) und des Gottesdienstbesuches (1529) und im Erlass von Ehe- und Sittengesetzen.

Es ist aber nicht nur wichtig, zu sehen, was der Rat praktisch unternahm, sondern auch, wie Zwingli die Rolle des Rates verstand. Auf jeden Fall war die Rolle des Rates nicht von politischer Notwendigkeit bestimmt, auch wenn sie davon zweifellos beeinflusst wurde. Zwinglis Auffassung von der Rolle des Rates wurzelte in der Bibel und in der Kirchengeschichte. Sie war Teil seiner umfassenden gesellschaftlichen Vision, wonach die Gesellschaft unter der souveränen Herrschaft Gottes steht und Pfarrer und Obrigkeit unterschiedliche, aber nicht voneinander getrennte Funktionen ausüben. Jeder helfe dem anderen in seiner gottgegebenen Rolle. Der Pfarrer (oder Prophet, wie Zwingli ihn zunehmend bezeichnete) helfe der Obrigkeit durch die Predigt des Wortes Gottes, und die Obrigkeit (im Falle Zürichs der Rat) helfe dem Pfarrer.

Bei der Ersten Disputation 1523 sah Zwingli als eine der Hauptaufgaben für den Rat, dass dieser die Predigt des Evangeliums offiziell zuliess. Dies war nicht ein Akt ausserhalb der Kirche. Vielmehr zeigte sich darin, dass der Rat durchaus innerhalb der Kirche handeln konnte. In der Erläuterung zum 36. Artikel kam Zwingli auf 1. Korinther 6 zu sprechen, einen Abschnitt, den die Konservativen heranzogen, um die päpstliche Gerichtsbarkeit zu rechtfertigen. Zwingli erklärte, dass es an dieser Stelle darum gegangen sei, Streitigkeiten vor christlichen Richtern auszutragen statt vor Richtern, die nicht Christen waren. Wenn aber die Fürsten, unter denen Christen leben, selber Christen sind, sollten die Christen ihre Fürsten um ein Urteil ersuchen.[9]

Der Rat konnte sogar zum Wohl der Kirche Glieder aus der Kirche ausschliessen.[10] In einem Brief nach Strassburg vom Dezember 1524 gab Zwingli zu verstehen, dass der Rat die Initiative ergreifen und Prediger absetzen solle, die nicht das Evangelium predigten oder deren Lebenswandel ihre Predigt Lügen strafte; falls der Rat nichts unternehme, sei es an der Kirche, zu handeln.[11] Diese Erweiterung der rätlichen Befugnisse lässt sich als natürliche Weiterentwicklung von Zwinglis Position im Jahre 1523 sehen und steht mit dieser frühen Position in Einklang.

---

[9] Dies ist ein frühes Beispiel. Ein anderes ist Hebräer 13,17. Von dort her schrieb Zwingli weltlichen Herrschern Hoheitsrechte zu, die gewissermassen der Kirche und ihren Führern oder Mitgliedern zustanden.

[10] Z II 310.13–28 (ZwS II 358f.); Z II 313.9–25 (ZwS II 361f.); Z II 324.11–18 (ZwS II 372).

[11] Z VIII 265.25–266.11.

An der Zweiten Disputation im Oktober 1523 zeigte sich die Spaltung zwischen Zwingli und seinen radikalen Anhängern deutlich. Zwingli hätte wohl den Worten Komtur Conrad Schmids zugestimmt, dass es die Aufgabe des Rates sei, Christus zu seiner Herrschaft zurückzuverhelfen.[12] Nachdem der Rat Messe und Bilder für unbiblisch erklärt hatte, war Zwingli ebenso wie Schmid bereit, dem Rat das Tempo der Umsetzung anheimzustellen, im Bestreben, Unruhe zu vermeiden. Simon Stumpf erblickte darin ein Zeichen dafür, dass Zwingli das Urteil überhaupt dem Rat überlasse. Doch Zwingli erklärte deutlich, dass niemand, auch nicht der Rat, über das Wort Gottes zu urteilen habe. Auch die Versammlung solle nicht urteilen, sondern nur beraten, wie man vorgehen könne, ohne Unruhen zu riskieren.[13] Auslegungsinstanz für das Wort Gottes sei nicht der Rat, sondern der Pfarrer. Dies machte Zwingli deutlich, indem er am dritten Disputationstag eine Predigt hielt mit dem Titel *Der Hirt*. Darin ging er auf die prophetische Rolle des Pfarrers ein.

Die Kriterien für das Vorgehen des Rates waren: Unterordnung unter das Wort Gottes, die Zustimmung der Kirche, die Notwendigkeit des Friedens und die Förderung des Evangeliums. In seiner Schrift *De eucharistia* antwortete Zwingli in einem Exkurs auf den Vorwurf, die Reformatoren erlaubten, «dass Angelegenheiten, die Sache der ganzen Kirche sind, von den Zweihundert verhandelt werden, während die Kirche der ganzen Stadt und der angrenzenden Gebiete etwa 7000 Glieder zählt». Er verwies klar auf seine Bedingung, dass die Entscheidungen des Rates unter der Führung des Wortes getroffen werden müssen, und dass der Rat «nicht an der Stelle der Kirche steht, ausser insofern, als die Kirche selbst bis jetzt stillschweigend die Überlegungen und Entscheidungen des Rates freundlich angenommen hat». Er erinnerte an das Beispiel aus dem Neuen Testament, wo die Kirche Paulus und Barnabas nach Jerusalem schickte; dies sei ein Vorbild für die Übertragung von Vollmacht mit dem Ziel, Streit zu vermeiden. Der Rat handle «im Namen der Kirche und nicht in seinem eigenen Namen», da er ja den Kirchen in den Städten und auf dem Land in Angelegenheiten wie Bildern und der Feier des Abendmahls freie Hand liess, weil dort die Kirchen nicht sehr gross und darum kaum Streitigkeiten zu befürchten waren. Darüber hinaus unterrichtete Zwingli das Volk immer vorgängig über diejenigen Fragen, die dem Rat zur Verhandlung vorlagen, so dass die Beschlüsse des Rates und der Pfarrer in den Köpfen

---

[12]   Z II 797.31–798.8.
[13]   Z II 784.10–26.

der Gläubigen bereits vorweggenommen waren.[14] In alledem ging es Zwingli hauptsächlich um das Wort. Alle sollten in Übereinstimmung damit handeln. Der Vorrang des Wortes fand darin Ausdruck, dass die Prediger sich in biblischer Predigt an das Volk wandten und mit dem Rat verhandelten. Das Handeln des Rates steht also in diesem Zusammenhang: nicht über dem Wort, sondern unter dem Wort, nicht unabhängig, sondern im Namen der Kirche und im Bestreben, Hader und Spaltung zu vermeiden. Der Rat handelt auch nur in äusserlichen Angelegenheiten. Sein allerwichtigstes Anliegen ist die Förderung des Evangeliums. Dies bleibt ein konstantes Element in Zwinglis Haltung gegenüber der Regierung und in seinem Umgang mit den Regierungen in Zürich und andernorts. Eben dieser Grundsatz führte aber dazu, dass man Zwingli Opportunismus vorwarf. Denn jede Situation musste für ihn im Licht dieses Grundsatzes geprüft werden.

In einem wichtigen Brief an Ambrosius Blarer vom 4. Mai 1528 erklärt Zwingli, das Reich Gottes sei äusserlich. Damit unterscheidet er sich von Luther. Im folgenden erörtert er die Rolle der Obrigkeit in äusserlichen Dingen, ihrem einzigen Wirkungsbereich. Eines seiner Argumente betrifft den Begriff «Älteste» in Apostelgeschichte 15,6: Damit seien Ratsherren und Senatoren gemeint, nicht nur jene, die über das Wort Aufsicht führten. Damit hatte er ein weiteres Argument zugunsten der Rolle gefunden, die er für den Rat vorsah. In seinem Brief tritt Zwingli dafür ein, dass der Rat in äusserlichen religiösen Angelegenheiten handeln dürfe, auch wenn einige daran Anstoss nähmen. Ein Argument lautet: Würde man die Zunftversammlungen um ihre Meinung fragen, so bräuchte man keine weitere Zustimmung der Kirche; zum anderen: Manchmal kann im Einverständnis mit der Kirche eine Frage von wenigen Menschen oder sogar von einem einzelnen geregelt werden – wie es auch in Antiochia geschah. Die Kriterien für das Handeln des Rates lauteten unverändert: Wort Gottes, Zustimmung der Kirche und äusserliche Angelegenheiten.[15]

Dass die Kirche die Obrigkeit brauche, veranschaulichte Zwingli in der *Fidei expositio* anhand des Bildes von Leib und Seele: «Denn so wie der Mensch nur aus Seele und Leib bestehen kann, obwohl der Leib der niedrigere und unwichtigere Teil ist, genau so kann auch die Kirche ohne Obrigkeit nicht bestehen, wenngleich die Obrigkeit die weniger fein-

---

[14]   Z IV 478.10–480.29.
[15]   Z IX 452.23–458.23.

fühligen und dem Geist weiter entfernten Sachen besorgt und anordnet».[16]
Im Licht alttestamentlicher Textstellen sprach Zwingli von Herrschern als
Hirten in der Kirche, ohne welche die Kirche verstümmelt und kraftlos
wäre.[17] Die Kirche brauche auch eine Regierung, wenn sie es mit Ge-
wohnheitsverbrechern zu tun habe. «Da diejenige Kirche also, die sichtbar
ist, viele hochmütige und streitsüchtige Mitglieder hat, die zwar den Glauben nicht haben, sich aber auch nichts daraus machen, selbst wenn sie
tausendmal aus der Kirche vertrieben würden, hat sie auch eine Obrigkeit
nötig, ob sie nun König oder Ältestenrat ist, die die schamlos Sündigenden bestraft».[18] Gegenüber den Täufern begründet Zwingli seine These,
dass die Kirche eine Regierung brauche, mit der Feststellung: «Wo immer
die Glieder Christi nicht der Vollkommenheit des Hauptes entsprechen,
braucht es das Schwert».[19] Eine entsprechende Aussage findet sich schon
in der *Auslegung und Begründung der Thesen* von 1523; aber sie ist auch
klar eine Weiterentwicklung, und zwar wie die meisten Entwicklungen
typisch für ein späteres Stadium der Reformation einer Stadt und einer
Kirche.

Ebenso wie der Rat in der Beziehung zur Kirche eine Rolle spielte, so
spielte der Pfarrer eine Rolle in Bezug auf die Regierung; und in Zürich
hiess das: in Bezug auf den Rat. An der Ersten Disputation fasste Zwingli
zwei Hauptaufgaben für den Rat ins Auge. Die erste betraf seine
Beziehungen zum Leben der Kirche und bestand darin, dass der Rat
offiziell die Predigt des Evangeliums erlaubte. Die zweite Aufgabe
bestand darin, dass der Rat das Leben in Zürich im Einklang mit dem
Gesetz Gottes ordnete. In dieser zweiten Aufgabe war der Rat nicht auto-
nomer als in der ersten. Er wurde unter die souveräne Herrschaft Gottes
gestellt; und wenn er sich davon entfernte, war er abzusetzen. Der 42. und
43. Artikel stellte im Blick auf die Mitglieder der Regierung fest: «Wenn
sie aber treulos und ausserhalb der Richtschnur Christi handeln, können
sie mit Gott abgesetzt werden». «Zusammengefasst: Dessen Reich ist das
allerbeste und festeste, der allein mit Gott herrscht, und dessen Reich ist
das böseste und schwächste, der nach seiner Willkür herrscht».[20]

---

[16] ZwS IV 328 (Z VI/V 115.1–6).
[17] Z VI/V 110.14–17 (ZwS IV 325).
[18] ZwS IV 325 (Z VI/V 110.9–15).
[19] Z VI/I 131.15–16.
[20] Saxer, Schriften, 27 (Z I 463.8–11).

Um die zweite Aufgabe zu erfüllen, nämlich das Leben der Gesellschaft im Einklang mit Gottes Gesetz zu regeln, brauche die Stadt christliche Ratsherren, die Gottes Gesetz akzeptieren, und christliche Prediger, die es auslegen. Zu Beginn machte Zwingli den Bedarf an christlichen Führern gegenüber konservativen Gegnern geltend, die die weltliche Gewalt der bischöflichen und päpstlichen Gewalt unterordneten. Später trat er gegenüber den Radikalen für christliche Führer ein, weil die Radikalen den Christen die Teilnahme an der Regierung verwehren wollten. Wie Luther unterschied auch Zwingli zwischen dem Christen als Privatperson und als Amtsperson. Die Gebote, dem Bösen nicht Widerstand zu leisten und die andere Backe hinzuhalten, würden sich an den Christen als Privatperson, nicht als Amtsperson wenden.[21] Zwingli folgerte aus Texten wie Römer 13,1, dass jeder Mensch der weltlichen Obrigkeit untertan sei, auch die Bischöfe. Und er zog aus dem Vorhandensein alttestamentlicher Herrscher und aus den neutestamentlichen Beispielen wie Erastus und Sergius Paulus den Schluss, dass Christen in der Regierung sitzen sollen, ja dass Christen zum Regieren sogar am geeignetsten seien. Und zwar sind sie darum geeignet, weil sie Gottes Gesetz akzeptieren und imstande sind, Gesetze auf christliche Weise zu interpretieren.

Die eigentliche Funktion des Pfarrers oder Propheten in der Gesellschaft bestand für Zwingli in der Predigt des Wortes Gottes. Wie Zwingli in der *Fidei ratio* formuliert, können «die Gesetze und die Obrigkeit ... durch keine wirksamere Hilfe beim Schutz des öffentlichen Rechts unterstützt werden als durch die Predigt».[22] Nach Zwingli ist der Prophet notwendiger und wichtiger als die Obrigkeit. Wenn der Prophet versage, leide die Obrigkeit und das Volk; umgekehrt könne ein einziger wahrer Prophet sie retten. Ein wahrer Prophet könne sogar eine Obrigkeit einsetzen, wenn es keine gebe, während umgekehrt eine Obrigkeit nichts ausrichten könne, wenn es nicht einen treuen Propheten gebe.[23] «O glückliche Herrscher, Städte und Völker, bei denen der Herr frei redet durch seine Diener, die Propheten! Denn so kann Religion gedeihen, Unschuld wiederkehren, Gerechtigkeit regieren, ohne welche Räuberei und Gewalt ist, was wir für Königreiche und Regierungen halten».[24]

Zwingli erklärte, wenn der Rat je ein Gesetz vorschreiben würde, das nicht der Bibel entnommen wäre, würde er mit Gottes Wort dagegen

---

[21] Z II 334.2–23 (ZwS II 382).
[22] ZwS IV 126 (Z VI/II 813.18–20).
[23] S VI/I 367.15–27; Z XIV 421.4–10; S VI/I 550.21–25.
[24] Z XIV 14.21–24.

predigen.[25] Er widersetzte sich jedem Versuch, für die Bereiche der Wirtschaft oder Politik Autonomie zu beanspruchen. In seiner Schrift *Wer Ursache zum Aufruhr gibt* antwortete er auf die Frage, was Zinsen und Geld mit dem Evangelium zu tun hätten, einfach mit den Worten «viel, auf jeden Fall!». Auf die spätere Frage, was Finanzgeschäfte, Ehebruch oder Trunkenheit mit dem Pfarrer zu tun hätten, entgegnete er, eine solche Frage sei identisch mit der Reaktion der Dämonen, die sagten «Jesus, was haben wir mit dir zu schaffen?»[26] Zwingli illustrierte seine Darstellung des Pfarramts als prophetisches Amt durch das alttestamentliche Modell des Propheten, aber auch durch das Amt Christi und der Apostel im Neuen Testament. Der Prophet müsse ebenso wie Christus bereit sein, sein Leben für die Schafe hinzugeben. Er wird gegen Fürst, Kaiser oder Papst sprechen nicht nur aus irgendeinem offensichtlich geistlichen Grund wie dem, dass sie sich Gottes Wort widersetzen, sondern auch wenn sie dem Volk ungerechte weltliche Lasten auferlegen.[27] Entsprechend dem Beispiel von Elia mit Ahab und Isebel müsse der Prediger gegen den grössten Tyrannen auftreten, sogar wenn die entsprechende Angelegenheit nicht das ganze Volk beträfe, sondern nur einen einzelnen Menschen.[28] Wer sich weigere, Gier, Wucher, Krieg, das Söldnerwesen, Monopole und solche Handelsgesellschaften zu bekämpfen, die das allgemeine Gut schädigten, predige das Evangelium des gekreuzigten Christus ohne das Kreuz. Ja, er sei dann ein Feind des Kreuzes Christi.[29] Für Zwingli gibt es einen einfachen Prüfstein, um den wahren vom falschen Propheten zu unterscheiden. «Wenn ein Prophet die Ehre Gottes im Auge hat, Gerechtigkeit, Frieden und das öffentliche Wohl, dann ist er gewiss ein wahrer Prophet, ein von Gott Gesandter. Wenn er etwas anderes im Blick hat, ist er falsch».[30]

Zwingli verkörperte die Rolle des Propheten, die er für andere beschrieb, in seinem eigenen Predigtdienst.[31] Er befasste sich nicht nur mit

---

[25] Z II 775.12–16.

[26] ZwS I 391f. (Z III 432.1, 26–30).

[27] Z III 26.25–27.1 (ZwS I 269).

[28] Z III 34.3–5 (ZwS I 276).

[29] Z VI/II 299.21–300.5.

[30] S VI/I 247.17–20.

[31] Farner zeichnet im dritten Band seiner Biographie ein detailliertes Bild von Zwingli als Prediger (Oskar Farner, Huldrych Zwingli, Band 3, Zürich 1954, S. 29–187). Er erwähnt die biblischen Bücher, die Zwingli auslegte, und den Zeitpunkt, zu dem er darüber predigte. Angesichts dessen, dass Originalmanuskripte seiner Predigten fehlen und Zwingli zu Lebzeiten nur eine kleine Anzahl von Predigten veröffentlichte, legt

den zentralen Aussagen des christlichen Glaubens, sondern auch mit umstrittenen sozialen und politischen Themen. Seine Predigten riefen oft heftige Reaktionen hervor, positive wie negative. Schon zu Beginn seiner Zürcher Zeit wurde seine Predigt durch den Chorherrn Conrad Hofmann wegen einer ganzen Reihe von Fragen kritisiert. Zwingli hatte auch den Zehnten angegriffen. Auch andere hatten den Zehnten kritisiert, aber wie Farner anmerkt, bestand eine von Zwinglis Pflichten als Leutpriester darin, «dafür zu sorgen und in der Predigt und im Beichtstuhl dahin zu wirken, dass die Untertanen des Stiftes die Zehnten und alle anderen Abgaben ehrlich entrichten».[32] Zwinglis Protest gegen die Behauptung, der Zehnte sei eine göttliche Einrichtung, war kaum eine Hilfe für das Grossmünster.

Während seiner ganzen Zürcher Zeit nahm Zwingli in seinen Predigten konkret Stellung zu sozialen und politischen Fragen. Er sprach Situationen in Zürich an, «was Sünd, Laster und Unfuor in ietlicher Gassen, Trinkstuben, Wirtshus, Kloster oder geistlichen Statten und deroglichen fürgangen und vollbracht sye».[33] In seinen Predigten forderte er hohe und niedrige Stände gleichermassen heraus.[34] Er zögerte auch nicht, Namen zu nennen, und erklärte, er könne nicht übereinstimmen «mit denen, die da sagend, man sölle an der cantzel nieman nennen (das hatt gott nie gebotten, aber der bapst)».[35]

In seinen Predigten nahm er oft das Söldnerwesen aufs Korn samt denjenigen, die darin verwickelt waren. Eine dieser Predigten wurde im März 1525 von einem Zuhörer genau aufgezeichnet.[36] Farner fasst die Wirkung

Farner Beispiele oder Auszüge aus Zwinglis Predigten vor, die aus seinen anderen Werken entnommen sind oder aus den Berichten derer, die ihn predigen hörten. Farner beschreibt auch Zwinglis Predigtstil, seinen Humor und die Reaktionen auf seine Predigt, negative und positive. – Meyer befasst sich mit Zwinglis Predigt im Rahmen seiner Erläuterungen zu Zwinglis neutestamentlichen Kommentaren (Walter E. Meyer, Die Entstehung von Huldrych Zwinglis neutestamentlichen Kommentaren und Predigtnachschriften, in: Zwa XIV (1976), S. 285–331).

[32] Farner, Huldrych Zwingli, Band 3, S. 31.

[33] Egli, Actensammlung zur Geschichte der Zürcher Reformation, Nr. 213.

[34] Am 6. September 1530 fasste Zwingli in einem Brief an Ambrosius Blarer eine seiner kürzlich gehaltenen Predigten zusammen, die den Adel aufs Korn nahm (Z XI 120–121). Darin kam zum Ausdruck, dass es Zwingli nicht entging, wie Reiche und Arme versuchten, das Evangelium für ihre egoistischen materiellen Interessen nutzbar zu machen (121.1–5).

[35] Z I 575.27–29.

[36] Zwa III 340–347. Viele Gemeindeglieder waren tief bewegt, denn Zwingli sprach von den kämpfenden Schweizern «warlich mit sölichem ernst, das da vil menschen weinetend und aufzetend» (342.1–3).

solcher Predigten (von 1526) folgendermassen zusammen: «Und das End-
ergebnis dieser masslos heftigen Predigten war dann, dass das Gericht den
angesehenen Ratsherrn Jakob Grebel, übrigens Vadians Schwiegervater,
als Hauptschuldigen zum Tode verurteilte und am 30. Oktober 1526 auf
dem Fischmarkte mit dem Schwerte hinrichten liess».[37]

Die Anmerkungen von Myconius und Bullinger vermitteln eine klare
Vorstellung von Zwinglis prophetischer Predigt. Myconius erklärte in seiner Zwingli-Biographie: «Vor allem gegen die Pensionenbezüger, die
Unterdrücker der Armen, aller Arten Verschwender ging er hart vor, und
gegen die Müssiggänger. In seinem Tadel steckte gewichtige Kraft, wie
ich sie noch nie bei irgendeinem sah».[38] Bullinger schrieb über Zwingli:
«Haefftig huob er an, wider den missglouben, superstition und
glychssnery reden. Die buoss oder besserung des laebens, und christen-
liche lieb und truew, treyb er haefftig. Die laster, alls der muessiggang,
unmaass in aessen, trincken, kleydern, fraessery und fuellery, under-
trucken der Armen, pensionen und kriegen strafft er ruch, trang ernstlich,
uff das ein oberkeit gericht und raecht hiellten, wittwen, und weysen
schirmptend, und das man die Eydgnossische fryheit sich zuo behalten
flysse, der fuersten und Herren buolen usschluege».[39]

Zwinglis persönliche Verkörperung der Prophetenrolle entwickelte
sich über seine Theorie hinaus. Er war nicht nur ein Prediger, sondern
beteiligte sich auch aktiv an den Angelegenheiten der Stadt, weil ihm
daran lag, dass der Rat die Reformation verteidigte. Einer solchen Verte-
digung diente unter anderem das Bündnis mit Basel, Bern, Strassburg und
anderen Städten im Christlichen Burgrecht, ferner die Verhandlungen mit
Philipp von Hessen, dann der Versuch, mit Frankreich und Venedig
Bündnisse zu schliessen, obwohl beide nicht protestantisch waren, und
natürlich auch die Ermahnung, sich lieber auf einen Krieg mit den katholischen Kantonen einzulassen als Sanktionen zu verhängen. Mit seinem Tod
änderte sich die Situation allerdings. Der Rat lehnte die Vorstellung ab,
dass Zwinglis Nachfolger sich ebenso in weltliche Angelegenheiten ein-
mischen solle wie Zwingli selbst, obwohl Bullinger an der prophetischen
Rolle festhielt, die vorschrieb, das Wort in allen Situationen zu predigen,
die mit Gottes Herrschaft in der Gesellschaft zu tun haben.

---

[37] Farner, Huldrych Zwingli III. 125.
[38] Oswald Myconius, Vom Leben und Sterben Huldrych Zwinglis, hrsg. von Ernst
Gerhard Rüsch, St. Gallen 1979, S. 49.
[39] Heinrich Bullingers Reformationsgeschichte, hrsg. J. J. von Hottinger und H. H.
Vögeli, Frauenfeld 1838–1840, Band 1, S. 12–13.

Zwingli befasste sich nicht nur mit der Rolle des Zürcher Rates, sondern auch allgemein mit der Rolle der Regierung in der menschlichen Gesellschaft. In der *Auslegung und Begründung der Thesen* und in *Göttliche und menschliche Gerechtigkeit* vom Juli 1523 legte er zwei Abhandlungen über den Sinn und Zweck der Regierung und über die Pflichten von Regierung und Bürgern vor. Die erste Abhandlung entfaltete die 67 Artikel, welche Zwingli an der Ersten Disputation vorgelegt hatte und in deren Mitte zehn Artikel von der Regierung handelten. Zwingli stellte demnach die Artikel über die Regierung als Teil des christlichen Glaubens dar, den er in Zürich verkündigt hatte. Seine Thesen hoben sich in diesem Punkt stark von Luthers 95 Thesen ab, die nur auf das engere religiöse Thema der Ablässe eingingen. Zwinglis zweites Werk, *Göttliche und menschliche Gerechtigkeit*, entfaltete, was Zwingli am 24. Juni gepredigt hatte – zwei Tage nachdem eine Abordnung aus verschiedenen Gemeinden sich mit dem Rat getroffen hatte, um strittige Fragen zu erörtern, darunter die Bezahlung des Zehnten.

In beiden Werken stellte Zwingli die Regierung in den Rahmen der göttlichen Weltordnung. An dieser Weltordnung arbeiten die Christen mit, indem sie sich aktiv beteiligen und Gehorsam (oder unter Umständen Ungehorsam) leisten. Zwinglis Schriften entstanden zu einer Zeit beträchtlicher Spannungen. Ausserhalb von Zürich drohte die Tagsatzung Zwingli mit Gefängnis für den Fall, dass er seinen Fuss in einen anderen Kanton setzen würde, während innerhalb von Zürich ein Streit um den Zehnten tobte. Das ganze Werk der Reformation – in den anderen Kantonen ebenso wie in Zürich selbst – wäre durch einen Ausbruch religiöser oder sozialer Unordnung infrage gestellt worden, wie er nun möglich schien. In dieser Situation legte Zwingli seine eigene positive Sicht der Regierung mit der Absicht dar, die Predigt des Evangeliums zu sichern. Er erklärte, dass «das Evangelium Christi nicht Gegner der Obrigkeit ist, ... sondern die Obrigkeit festigt»; doch fügte er einschränkend hinzu: «sofern sie christlich, d.h. nach dem von Gott vorgeschriebenen Mass, vorgeht».[40]

Seine Auffassung von der Regierung stellte Zwingli in der Auslegung von Artikel 34–43 dar; sie blieb mit geringen Abweichungen unverändert. Wie Luther glaubte er, dass gar keine Regierung nötig wäre, wenn alle Menschen Christen wären. «Gäben aber alle Menschen Gott, was sie ihm

---

[40] ZwS I 160 (Z II 473.1–5).

schuldig sind, so brauchte es weder einen Fürsten noch einen Vorgesetzten, ja wir wären dann gar nie aus dem Paradies vertrieben worden».[41] Zwingli erörterte den Ursprung und Sinn der Obrigkeit auf der Grundlage von Texten wie Römer 13 und einer Reihe anderer Stellen im Alten und Neuen Testament: Diejenigen, die Herrschaft ausüben, sind nicht einfach von Gott dazu bevollmächtigt; sie sind auch Diener Gottes. Ja sie nehmen die Stelle Gottes in der Welt ein, so dass sie im Alten Testament sogar Götter genannt wurden. Gott übt durch sie seine Herrschaft aus, und er ist es, der das Schwert führt, welches sie in seinem Namen tragen. Ohne Regierung würde die menschliche Gesellschaft zu einem Leben von Tieren verkommen; die Macht ginge an die Starken.[42]

Die Regierung hat für Zwingli einen positiven und einen negativen Zweck: Sie soll die Guten schützen und die Bösen strafen. Entsprechend diesen Zweckbestimmungen sollen alle ihre Gesetze dem göttlichen Willen gleichförmig sein, so, «dass sie den Bedrückten beschirmen, auch wenn er keine Klage erhebt».[43]

Zwingli zitierte Römer 13,1 und andere Stellen auch, um zu erhärten, dass jeder Mensch einschliesslich des Papstes den Obrigkeiten Gehorsam schulde, seien sie gut oder schlecht. Ursprünglich richtete er sich damit an konservative Gegner, später aber auch an die Radikalen, z.B. als es um die Bezahlung des Zehnten ging. Trotz dieses Aufrufs zum Gehorsam müsse die Gehorsamspflicht der Pflicht zum Ungehorsam weichen, wenn die Obrigkeit sich in einen Gegensatz zu Gott stelle, indem sie etwas anordne, was Gottes Willen widerspreche, oder indem sie versuche, die Predigt des Wortes Gottes unter ihre Kontrolle zu bringen. In diesem Zusammenhang verwies Zwingli regelmässig auf den Satz «man muss Gott mehr gehorchen als den Menschen» (Apostelgeschichte 5,29). Ungehorsam konnte zum Widerstand und sogar zum Sturz eines Herrschers führen, wenn sich dieser zum Tyrannen entwickelte. Der 42. Artikel erklärte: «Wenn die Vertreter der Obrigkeit aber pflichtvergessen und nicht nach der Richtschnur Christi verfahren, können sie nach dem Willen Gottes abgesetzt werden». Zwingli münzte diesen Artikel auf Herrscher, die die Sünder

---

[41]   ZwS II 353f. (Z II 305.26–28).
[42]   Z II 488.4 (ZwS I 176); Z II 342.1–4 (ZwS I 106); Z II 492.33–493.3 (ZwS I 181); Z II 324.9–11 (ZwS II 372); Z II 487.27–488.8 (ZwS I 175f.); Z II 490.9–28 (ZwS I 178).
[43]   Saxer, Schriften, 26 (Z I 463.1–2).

förderten statt bestraften oder die Unschuldigen unterdrückten und sich der Predigt des Evangeliums widersetzten.[44]

Mit seiner frühen Überzeugung, dass Tyrannen gestürzt werden sollten, unterschied sich Zwingli deutlich von Luther; später beeinflusste seine Auffassung die Entwicklung der reformierten Theologie wesentlich. Doch musste der Sturz eines Tyrannen in einem geordneten Verfahren ablaufen: nicht durch Mord oder Krieg oder einen Aufstand, sondern durch diejenigen, die den Herrscher gewählt hatten. Das schuf Probleme mit Herrschern, die nicht gewählt waren. Aber Zwingli machte geltend, dass es in jedem Fall ein gewisses Einverständnis des Volkes gegeben haben müsse, damit ein Herrscher überhaupt an die Macht habe kommen können.[45] Aus Beispielen des Alten Testamentes folgerte Zwingli, dass Gott selbst uns zuweilen mit ungerechten Herrschern strafe; aber er erinnerte auch an das Beispiel des Mose und zeigte, dass Gott in seiner Gnade uns befreien wolle, wie er Israel befreit habe. Dieses Beispiel benutzte er anfänglich im Blick auf die Befreiung vom Papst, später aber auch für die Befreiung von weltlichen Herrschern. Ja, das Volk werde sogar bestraft werden, wenn es Herrscher nicht absetze, die Gott verworfen habe, ebenso wie Gott einst das Volk Juda für die schrecklichen Taten seines Königs Manasse gestraft habe.[46]

In seinen späteren Schriften prüfte Zwingli die verschiedenen Herrschaftsformen: die Herrschaft eines einzelnen (Monarchie), die Herrschaft der Besten (Aristokratie) und die Herrschaft des Volkes (Demokratie). Für seine Untersuchung stützte er sich auf Aristoteles, benutzte daneben aber auch biblische und geschichtliche Beispiele. Er ging davon aus, dass jede Regierungsform sich zum Schlechten entwickeln kann: die Monarchie zur Tyrannei, die Aristokratie zur Oligarchie und die Demokratie zu Aufruhr oder Volksverhetzung.[47] Seine Vorliebe galt der Aristokratie; sie entsprach der Regierungsform, die Zwingli in Zürich und anderen Städten wie Strassburg aus eigener Erfahrung kannte. Doch hing diese Vorliebe auch damit zusammen, dass es schwieriger ist, Tyrannen abzusetzen als Aristokraten, besonders dynastische, und dass nach Zwinglis Meinung Monarchen fast immer zu Tyrannen verkamen.[48]

---

[44]   ZwS II 391 (Z II 343.13–16).
[45]   Z II 342.26–28 (ZwS II 390f.); Z II 344.17–346.13 (ZwS II 392–394).
[46]   Z II 311.27–312.7 (ZwS II 360); Z III 468.12–23 (ZwS I 425); Z III 873.32–37 (ZwS III 399); Z III 880.16–19 (ZwS III 408); Z XIII 327.18–20.
[47]   Z VI/V 111.5–114.17 (ZwS IV 326–328).
[48]   Z XIV 7.28–30.

Die Predigt über *Göttliche und menschliche Gerechtigkeit* war eine Reaktion auf einen Angriff von radikaler Seite gegen die Bezahlung des Zehnten und der Zinsen. Die Radikalen stützten sich dabei auf die Bergpredigt. Zwingli unterschied in seiner Antwort zwei Arten von Gerechtigkeit: die göttliche und die menschliche. Die göttliche Gerechtigkeit ist innerlich und bedeutet vollkommene Übereinstimmung mit dem Willen Gottes. Wenn die Menschen in solcher Übereinstimmung mit dem Willen Gottes leben würden, bräuchte man keine menschliche Gerechtigkeit (oder Obrigkeit), die ja äusserlich ist. Da wir unseren Nächsten aber nicht lieben, erlässt Gott andere Gebote, die mit unserem äusserlichen Handeln zu tun haben und z.B. das Stehlen verbieten. Würden wir diese Gebote einhalten, wären wir gerecht vor den Menschen, aber nicht notwendigerweise vor Gott, der weiss, was in unserem Herzen ist. Die Regierung kann dies nicht wissen und kümmert sich deshalb um äusserliche und nicht um innerliche Dinge, um unsere Taten und nicht um unsere Gedanken, wie Paulus in Römer 13 deutlich macht.[49]

Während die Radikalen für die Abschaffung von Zehntem und Privateigentum eintraten, weil sie nicht schriftgemäss seien, verteidigte Zwingli beides im Namen der menschlichen Gerechtigkeit. Dabei erscheint Zwingli radikal, indem er die göttliche Gerechtigkeit als Massstab betrachtet, an dem alles gemessen wird, Soziales wie Persönliches. Auch ist es bezeichnend für ihn, dass er als die wahren Zerstörer des Friedens die Bischöfe und Kleriker, die Fürsten, die Mächtigen und die Reichen in der Gesellschaft betrachtet und nicht jene, die sich gegen Ungerechtigkeit und Unterdrückung zur Wehr setzen. Doch in seinem politischen Verhalten schwingt die menschliche Gerechtigkeit obenauf, nicht die göttliche, was bedeutet, dass Zwingli in der Praxis konservativer ist als seine radikalen Gegner.

Bei Zwingli gibt es wohl Entwicklungen und Akzentverschiebungen; aber es besteht auch eine Kontinuität zwischen dem frühen und dem späten Zwingli. Manche Entwicklungen stehen offenkundig in Zusammenhang mit den sich verändernden Umständen in Zürich und ausserhalb Zürichs: da gab es die fortdauernde Stärke der Konservativen; die von den Radikalen bewirkte Unruhe, die Notwendigkeit, die Reformation zu verteidigen, und die Gelegenheiten, das Evangelium auch an anderen Orten predigen zu können. Auf der anderen Seite entspricht Zwinglis Reaktion

---

[49]   Z II 484.21–485.14 (ZwS I 172f.); Z II 486.18–487.8 (ZwS I 174f.); Z II 503.27–33 (ZwS I 193).

in seinen Schriften und in seinem Handeln seiner früheren Position, insbesondere dem, was er bis zum Jahr 1525 sagte und tat; jenem Jahr also, in dem viele eine Veränderung feststellen.

Einige Forscher bemerken zu jenem Zeitpunkt eine Verlagerung vom Neuen auf das Alte Testament. Doch ist diese Feststellung zu relativieren. Zwingli predigte immer noch regelmässig aus beiden Testamenten; wenn er das Alte Testament immer stärker betonte, so mag das mit seiner Erkenntnis zusammenhängen, dass die Situation in Zürich und allgemein in Europa mehr der Situation in Israel zur Zeit der Propheten entsprach als der Situation der Kirche zur Zeit der Apostel.[50] Yoder weist darauf hin, dass der Rat seine Beschlüsse nach 1523 ohne Zustimmung einer disputationsähnlichen kirchlichen Versammlung fällte und ohne Auftrag von seiten der Kirche. Allerdings gab es auch an der Ersten Disputation keine formelle kirchliche Beauftragung; trotzdem machte Zwingli 1525 in seiner Schrift *De eucharistia* geltend, dass es eine stillschweigende Zustimmung gegeben habe. Des weiteren wird Zwingli Gesetzlichkeit bei der Umsetzung der Bibel in die Praxis vorgeworfen. Dieser Vorwurf muss ebenfalls in Frage gestellt werden. Denn Zwingli gestand z.B. eindeutig zu, dass die Umstände entscheiden konnten, ob bei einem Vergehen die in der Bibel vorgesehene Strafe verschärft oder gemildert werden sollte.[51]

Kirche und Gesellschaft waren für Zwingli so weitgehend deckungs-gleich, dass er auf die Frage, inwiefern zwischen Staat und Kirche ein Unterschied bestehe, zur Antwort gab, der Unterschied sei nur ein innerlicher; denn «der Staat kann sich damit zufrieden geben, dass du dich, auch ohne christusgläubig zu sein, als treuen Bürger zeigst». Das Leben des Staates unterscheidet sich überhaupt nicht vom Leben der Kirche, denn der eine fordert dasselbe wie die andere.[52] Diese Beziehung spiegelt sich auch in der Rolle des Predigers bzw. der Obrigkeit wider. Der Prediger hat mit der göttlichen Gerechtigkeit zu tun, die innerlich ist und vollkommene Übereinstimmung mit dem Willen Gottes bedeutet. Die Obrigkeit hat mit der menschlichen Gerechtigkeit zu tun, die äusserlich ist und auf Worte und Massnahmen abzielt, welche unserem Nächsten helfen oder ihm zumindest nicht schaden. So steht die menschliche Gerechtigkeit in Beziehung zur göttlichen Gerechtigkeit. Beide helfen einander – der Prediger durch die Verkündigung des Wortes Gottes und die Obrigkeit durch

---

[50] Johannes Kessler, Sabbata, hrsg. von Emil Egli und Rudolf Schoch, St. Gallen 1902, S. 355.18–21.

[51] Z II 488.19–489.5 (ZwS I 176f.).

[52] ZwS III 389 (Z III 867.13–17); Z III 868.15–22 (ZwS III 390).

den Schutz dieser Verkündigung und durch die Ordnung des gesellschaftlichen Lebens in Übereinstimmung mit dem Gesetz Gottes. Die Obrigkeit hat für ihre gottgegebene Aufgabe das Schwert, der Prediger hat das Wort.

Zwinglis Staatsverständnis war in dem Sinne theokratisch, dass das ganze Leben der Gesellschaft unter der Herrschaft Gottes steht und dass Pfarrer und Obrigkeit versuchen sollen, dieser Herrschaft Geltung zu verschaffen. Für Zwingli bedeutete Theokratie nicht, dass der Staat oder die Obrigkeit der Kirche oder dem Pfarrer untertan sei oder umgekehrt Kirche oder Pfarrer dem Staat oder der Obrigkeit. Für ihn gehörten darum Fragen der sozialen Gerechtigkeit nicht an den Rand der christlichen Verkündigung, sondern in ihr Zentrum. Er warf sogar einigen Leuten vor, sie predigten wohl das Evangelium des gekreuzigten Christus, aber ohne das Kreuz. Sie sprächen in wohlklingenden und klugen Worten von Gottes Handeln; weil sie aber Feinde des Kreuzes Christi seien, gingen sie nicht gegen Missstände vor wie Gier, willkürliche Machtausübung durch Amtsträger, den Handel mit falschen Gewichten, falsche Aussagen und Monopole.[53]

Zwinglis Anliegen, dass das Leben der ganzen Gesellschaft der Ehre Gottes dienen solle und nicht nur das Leben des einzelnen Menschen, kommt schön zum Ausdruck in den abschliessenden Worten des *Commentarius*: «Alles was ich hier gesagt habe, habe ich zur Ehre Gottes, zum Nutzen der christlichen Gesellschaft [res publica] und zum Besten der Gewissen gesagt».[54] In diesen Worten klingen noch einmal Zwinglis Prioritäten an: Gott, die Gesellschaft und der einzelne Mensch.

---

[53] Z VI/II 299.21–300.5.
[54] ZwS III 452 (Z III 911.30–31).

XIII

ZWINGLI: THEOLOGE UND REFORMATOR

Zwinglis Theologie weist viele charakteristische Züge auf; am bemerkenswertesten sind ihre biblische Prägung und ihre Ausrichtung auf Gott als Mitte der Theologie. Diese beiden Merkmale stehen nicht unverbunden nebeneinander, sondern sind streng aufeinander bezogen. Denn die Bibel ist Gottes Wort und nicht Menschenwort, und sie verweist auf den Glauben an Gott und nicht auf den Glauben an Menschen.

Ein biblischer Theologe

Das Denkmal neben der Wasserkirche in Zürich stellt Zwingli mit dem Schwert in der linken Hand dar. Aber die Bibel hält er höher als das Schwert in der rechten Hand. So betont der Bildhauer zu Recht die zentrale Rolle der Bibel in Zwinglis reformatorischem Wirken. Zwinglis Amtsantritt in Zürich fiel auf Samstag, den 1. Januar 1519, seinen 35. Geburtstag. Bereits für den folgenden Tag kündigte er den Beginn einer fortlaufenden Auslegung des Matthäusevangeliums an. Er beabsichtigte also, fortan nicht auf der Grundlage der Kirchenväter, sondern aufgrund der Heiligen Schrift zu predigen. Dieses Unternehmen lenkt die Aufmerksamkeit von Anbeginn auf das wichtigste Element in seinem Wirken: die Auslegung und Verkündigung des Wortes Gottes.

Für Zwingli war die Bibel nicht nur im statischen Sinn Gottes Wort, das heisst Wort, das vor Zeiten ergangen ist. Vielmehr hatte für ihn die Bibel das lebendige Wort Gottes zum Inhalt. Im *Commentarius* schrieb er später: «Die Gläubigen halten sich am Wort Gottes fest wie Schiffbrüchige an Brettern».[1] Durch die Predigt des Wortes verändere Gott das Leben einzelner Menschen und die ganze Gesellschaft. Denn bei der Predigt sei hauptsächlich Gott aktiv, nicht der Prediger. Darum konnte Zwingli von seiner Predigt in Zürich sagen: «So habe ich gepflanzt, Matthäus, Lukas,

---

[1] ZwS III 97 (Z III 670.33–34).

Paulus, Petrus haben gegossen, Gott aber hat wunderbar das Wachstum dazu gegeben».[2]

Zur Predigt kam im Juni 1525 die Prophezei hinzu. Sie verband wissenschaftliche Exegese mit biblischer Auslegung. Die Prophezei brachte zudem eine Menge von Kommentaren über die biblischen Bücher heraus und machte Pfarrer und Theologiestudenten zu eigentlichen Männern der Bibel. Auf diese Weise wurde Zwinglis Betonung der Bibel prägend für das Leben der ganzen Kirche in Zürich und darüber hinaus. Im Rückblick ist die Prophezei auch aus anderen Gründen interessant, zum Beispiel wegen ihrer erstaunlich modernen Kombination von Pfarrer- und Erwachsenenbildung und wegen ihres partizipatorischen Lernstils. Durch ihre Exegese und Auslegung sprach die Bibel direkt in das Leben einzelner Menschen und in die Gesellschaft hinein. Das Gebet zu Beginn jeder Zusammenkunft bat nicht nur um Erleuchtung des Verstandes, sondern auch um eine entsprechende Verhaltensänderung. Gelehrsamkeit durfte nicht abgespalten werden vom praktizierten Glauben in seiner persönlichen und gesellschaftlichen Ausprägung.

Zwei Jahre zuvor, an der Ersten Disputation (1523), wurde die grundlegende Bedeutung der Bibel für die Reformation noch auf andere Weise eindrücklich zur Schau gestellt. Man legte die hebräische, griechische und lateinische Bibel im Angesicht der Versammlung auf – zum Zeugnis, dass die Schrift das Kriterium für alles Predigen und Lehren sei: «Ich sage, wir haben hier unfehlbare und unvoreingenommene Richter, nämlich die Heiligen Schriften, die weder lügen noch täuschen können. Wir haben sie hier in hebräischer, griechischer und lateinischer Sprache; wir wollen sie auf beiden Seiten als faire und gerechte Richter in Anspruch nehmen».[3] Auch von den 67 Artikel, über welche disputiert wurde, sagte Zwingli, sie stünden auf der Grundlage «der Heiligen Schrift, die theopneustos – d.h. von Gott eingegeben – heisst».[4]

Es war diese zentrale Rolle und alleinige Autorität der Schrift, welche Zwingli von seinen konservativen Gegnern in Zürich und darüber hinaus trennte. Mittels der Schrift lehnte er die Autorität der Kirche ab, wie sie im Lehramt des Papstes oder der Bischöfe und in der Berufung auf die Konzile und Kirchenväter zum Ausdruck kam. «Die Ungläubigen sind die, die Menschenwort annehmen, als wäre es Gottes Wort. Darum ist es

---

[2]   Z I 285.25–28.
[3]   Z I 498.2–6.
[4]   Saxer, Schriften, 24 (Z I 458.3–6).

Wahnsinn und ärgste Gottlosigkeit, wenn man Meinungen und Satzungen von Menschen oder Konzilien dem Wort Gottes gleichsetzt».[5] Nichtsdestoweniger konnte sich Zwingli in der *Erklärung des christlichen Glaubens* darauf berufen, dass seine Lehre auch in den Kirchenvätern Rückhalt habe: «Und wir fügen keine Meinung hinzu, wenn wir nicht als deren Urheber die ersten Lehrer der Kirche, die Propheten, die Apostel, die Bischöfe, die Evangelisten, die Ausleger haben, und zwar die alten, die aus einer reineren Quelle geschöpft haben».[6]

Zwinglis Schriftverständnis – insbesondere seine Aufmerksamkeit für alle Teile der Schrift gleichermassen – verlieh seiner Auffassung vom christlichen Glauben Stärke und Vollständigkeit und bewahrte ihn vor der Einseitigkeit der Radikalen, die das Alte Testament zugunsten des Neuen vernachlässigten; aber auch vor der Einseitigkeit Luthers, der die Rechtfertigung auf Kosten der Heiligung betonte.

Parallel zur zentralen Stellung der Bibel zeigte Zwingli überhaupt eine erstaunliche Offenheit für die Wahrheit, ob sie nun in eindeutig christlicher Gestalt daherkommen mochte oder nicht. Manche würden sagen, dass er allzu offen war. Einer Tradition verpflichtet, die über Justin den Märtyrer und Augustin führte, hatte Zwingli keine Hemmungen, auch die Wahrheit gutzuheissen, welche er in ausserchristlichen Werken fand – in seinem Fall hauptsächlich in vorchristlichen. Daran erkennt man seine tiefe und anhaltende Beeinflussung durch humanistische Gelehrsamkeit mit ihrer Begeisterung für die neuentdeckte Literatur Griechenlands und Roms.[7] Zwingli glaubte ebenso wie Augustin, dass alle Wahrheit von Gott komme; ihre unmittelbare Quelle (etwa Paulus oder Plato) sei nebensächlich gegenüber der letzten Quelle: Gott. Ohnehin sei jede Wahrheit an jener Wahrheit zu prüfen, die in Christus und der Schrift offenbar geworden sei.[8]

Wie alle Wahrheit, so kommt für Zwingli auch alles Gute von Gott. Deshalb erwähnt er mit tiefem Ernst Beispiele von guten Menschen, die

---

[5] ZwS III 102 (Z III 674.23–25).

[6] ZwS IV 343 (Z VI/V 137.3–6).

[7] Die Priorität, die Zwingli der nichtchristlichen Literatur einräumt – besonders in seiner Schrift *De providentia* –, hat gelegentlich Misstrauen erweckt hinsichtlich der biblischen Natur seiner Theologie.

[8] Eine Parallele erkennt man vielleicht in Zwinglis Auseinandersetzung mit Luther. Luther warf Zwingli vor, er gebe der Vernunft eine höhere Bedeutung als dem Wort. Zwingli entgegnete, er berufe sich nicht auf die Vernunft an sich, unabhängig vom Glauben, sondern auf die Vernunft des glaubenden Menschen oder – mit anderen Worten – auf die Vernunft, die im Glauben verwurzelt ist.

nicht Christen waren. In seiner Himmelsvision in der *Fidei expositio* findet sich Sokrates neben Samuel, Aristides neben Abraham. Allerdings sind gute Heiden wie Sokrates nicht aufgrund einer Eigenschaft gut oder im Himmel, also unabhängig von Gott oder seinem Erlösungswerk in Christus; vielmehr ist ihr Gutsein ein Beweis dafür, dass sie vor Grundlegung der Welt von Gott in Christus erwählt worden waren.

Dass Zwingli einzelne Menschen in den Himmel versetzt, provoziert natürlich Widerspruch, nicht zuletzt im Rahmen seiner eigenen Theologie, die einräumt, dass wir niemals mit Sicherheit wissen können, ob ein Mensch erwählt sei oder nicht. Auf der anderen Seite nimmt seine Einstellung gegenüber Nichtchristen (in seinem Fall aus der Geschichte) und gegenüber Schriften, die nicht von der biblischen Offenbarung abhängen, zuweilen etwas von der heutigen interreligiösen Diskussion vorweg und trägt manche Einsicht dazu bei.

Eine theozentrische Theologie

Der enge Bezug zur Bibel gehört als fester Bestandteil zum theozentrischen Charakter von Zwinglis Theologie und weist auf diesen hin. Besonders deutlichen Ausdruck fand dieser theozentrische Charakter in einem Hauptelement seiner Theologie und Predigt, nämlich im Kampf gegen die Abgötterei. Sein Kampf gegen die Abgötterei entspricht bis zu einem gewissen Mass Luthers Kampf gegen die Rechtfertigung durch Werke. Abgötterei bedeutet, dass man sein Vertrauen auf das Geschöpf setzt und nicht auf den Schöpfer. Jeremia fasste die Abgötterei in die Worte: «Denn zwiefach hat mein Volk gefrevelt: Mich hat es verlassen, den Quell lebendigen Wassers, und hat sich Brunnen gegraben, rissige Brunnen, die das Wasser nicht halten» (Jeremia 2,13).

Zwingli formulierte seine Position im 50. und 51. Artikel von 1523 so: «Gott allein vergibt die Sünde durch Christus Jesus, unseren alleinigen Herrn. Wer solches einem Geschöpf zuschreibt, der beraubt Gott seiner Ehre und gibt sie dem, der nicht Gott ist. Das aber ist wahrhaft Abgötterei».[9] Diese Überzeugung stand auch hinter seinem Angriff auf eine Reihe mittelalterlicher Praktiken und Glaubensüberzeugungen wie die Fürbitte der Heiligen, den Gebrauch von Bildern, die Vollbringung sogenannt guter Werke und das Vertrauen auf die Sakramente. Zwinglis Gegenüber-

---

[9] Saxer, Schriften, 27 (Z I 463.29–464.2).

stellung des Glaubens an Gott und des Glaubens an äusserliche Dinge spiegelt wahrscheinlich auch eine negative Haltung zu äusserlichen Dingen überhaupt wider. Nach seiner Meinung lenken nämlich äusserliche Dinge von Gott ab statt zu Gott hin; zudem sind sie Symbole dessen, was der Mensch tut, statt dessen, was Gott tut. An diesem Punkt stehen Zwingli und Luther im schärfsten Gegensatz zueinander. Ihre unterschiedliche Haltung spiegelt ihre unterschiedliche Auffassung Gottes und der Schöpfung sowie die Tatsache, dass Zwingli eine gleichermassen griechische wie biblische Sicht des Kampfes zwischen Fleisch und Geist vertritt.

Die theozentrische Prägung seiner Theologie zeigt sich auch daran, dass sie ganz und gar auf die Souveränität Gottes ausgerichtet ist. Diese beeinflusst sein Gottesverständnis (mit Betonung auf dem Geist und auf der göttlichen Natur Christi), sein Heilsverständnis (mit Betonung auf Gottes Vorhersehung und Gnadenwahl), sein Verständnis von Kirche und Predigtamt sowie von Wort und Sakrament (mit Betonung auf dem innerlichen Wirken des Geistes anstelle der äusserlichen Mittel). Sie kommt auch in seiner theokratischen Sicht der Gesellschaft zum Ausdruck.

Die theozentrische Ausrichtung geht bei Zwinglis mit einem starken Bewusstsein der Gegensätzlichkeit von aussen und innen, Fleisch und Geist einher, das Teil seines humanistischen Erbes ist. Dieser griechische Gegensatz läuft in Zwinglis Denken parallel zum biblischen Kampf des Geistes gegen das Fleisch, wo ja Fleisch die ganze Person bezeichnet und Geist den Heiligen Geist. Und diese Verkettung der Theozentrik mit dem Gegensatz Fleisch-Geist steht auch hinter Zwinglis Sakramentsverständnis. Sie trennt ihn von Luther und bis zu einem gewissen Grad auch von anderen reformierten Theologen wie Bucer, die Fleisch und Geist in einem positiveren Sinn aufeinander bezogen haben. Natürlich spielen hier noch andere Einflüsse hinein wie etwa die Betonung der Innerlichkeit in der devotio moderna und ein Reagieren Zwinglis auf die abergläubische Bindung an äusserliche Dinge in weiten Bereichen der mittelalterlichen Religion.

Der Gegensatz von innen und aussen war elementar für Zwinglis Widerstand gegen äusserliche Formen der Religion. Das hilft zu erklären, warum ein so musikalischer Mensch wie Zwingli, der eine ganze Reihe von Instrumenten spielte, die Musik und den Gesang aus der Kirche verbannte. Das Singen konnte seiner Meinung nach von der Anbetung im Geist und in der Wahrheit ebenso ablenken wie Bilder innerhalb des Kirchenraums (nicht notwendigerweise Bilder an der Aussenwand). Wie in allen Bereichen des Lebens war auch im Gottesdienst die Ehre Gottes entscheidend.

Zwinglis Vorgehen bei der Reformation

Für Zwinglis Vorgehen bei der Reformation waren Didaktik und Taktik entscheidend. Er hatte ein feines Gespür dafür, dass es einen rechten und einen falschen Zeitpunkt gibt, um etwas zu sagen oder zu tun. In diesem Zusammenhang spielte er oft auf die Gefahr an, dass man Perlen vor die Säue werfe. Seine Methode war nicht die eines Revolutionärs: rasch eine Rede und dann hinaus mit Hammer und Sichel! Oder in seinem Fall: rasch eine Predigt gegen die Abgötterei und dann hinaus mit dem Hammer, um Standbilder zu zerschlagen, und mit einer Sichel, um die Gemälde aufzuschlitzen. Sein Vorgehen entsprach auch nicht der traditionellen Methode eines etablierten Kirchenführers, welcher zuerst neue Gesetze einführt, als würde die Änderung der Kirchengesetze und Strukturen wie durch Zauberhand eine Erneuerung bewirken.

Von den Revolutionären, die ohne viel Federlesens Bilder zerstören wollten, sagte Zwingli: «Diese Draufgänger sollten ihre Hörer zuerst in der Erkenntnis Gottes unterrichten; dann würden sie sofort erleben, dass diese Dinge zusammenstürzen». «Zuerst muss die Belehrung kommen, dann soll die Abschaffung der Bilder in Ruhe folgen; in allem aber soll die Liebe als Lehrmeisterin regieren».[10] – Erst kam das Predigen und die Überzeugungsarbeit, sei es durch Bücher oder durch mündliche Predigten oder durch öffentliche Disputationen. Die Überzeugungsarbeit schuf einen Druck von seiten des Volkes, Dinge zu ändern. Erst am Schluss – zumindest in vielen Fällen – folgte die Gesetzesänderung und die praktische Verwirklichung. In Zwinglis weisen Worten klingt das so: «Einen alten Mann kannst du ohne weiteres veranlassen, von seinem Stuhl aufzustehen, wenn du ihm vorher einen Stock als Stütze in die Hand gegeben hast – andernfalls würde er dich niemals anhören, sondern Verdacht schöpfen, du wollest ihm eine Falle stellen und ihm mit einem Stein den Schädel einschlagen. Somit müssen wir das Menschenherz in erster Linie zur unfehlbaren Gotteserkenntnis führen; wer dieselbe recht ergreift, wird von allein von der falschen Hoffnung ablassen, die sich auf die Kreatur stützt».[11]

---

[10] ZwS III 435 (Z III 899.33–35); ZwS III 444 (Z III 906.8).
[11] ZwS III 424 (Z III 891.3–8).

Zwingli trat dafür ein, dass man zuerst «die Herzen, die an diese Welt ausgeliefert sind, ihrem Schöpfer zurückgeben» solle, bevor man versuche, die Messe abzuschaffen und die Bilder hinauszuwerfen.[12] Ihm lag auch an den Schwachen: «Darum, fromme Christen, dränge sich niemand zu stark hervor. Es ist kein Zeichen für einen starken Geist, sondern für ein unduldsames Gemüt, wenn einer ohne Rücksicht auf die Schwachen voranspringt, der nicht warten kann, bis die schwachen Schäflein auch nachkommen».[13]

Angesichts dieser Methode zur Einführung der Reformation (zumindest in äusserlichen Dingen) überrascht es nicht, dass die Veränderungen – waren sie einmal bewerkstelligt – so lange Bestand hatten. Das bemerkenswerteste Beispiel ist das Orgelspiel. Die Orgeln wurden 1524 stillgelegt und 1527 zerstört. In Zürich gab es wahrscheinlich bis zum Jahre 1848 keine Orgel mehr, also drei Jahrhunderte lang; und sogar dann wurde die neue Orgel wegen Widerstand aus der Bevölkerung fünf Jahre lang nicht eingeweiht. In Zwinglis eigener Kirche, dem Grossmünster, gab es keine Orgel bis zum Jahr 1874 – 350 Jahre nachdem die letzte Orgel dort gespielt worden war.

Zwinglis Gespür für den rechten Zeitpunkt ist Ausdruck einer von Natur aus vorsichtigen Haltung. In manchen Situationen hielt Zwingli sich zurück, während andere die Initiative ergriffen. Er war dabei, als andere 1522 das Fasten brachen, aber er brach es nicht selbst, auch wenn er diejenigen verteidigte, die es brachen. Er nahm vor der Zweiten Disputation im Oktober 1523 die Heiligenbilder aufs Korn, aber er zerstörte sie nicht wie andere, auch wenn er hinterher ins Gefängnis ging und diejenigen besuchte, welche Bilder zerstört hatten. Er befürwortete die Priesterehe und heiratete selbst zu Beginn des Jahres 1523; aber er gab seinen Eheschluss erst am 2. April 1524 öffentlich bekannt. Er trat beim Gottesdienst für den Gebrauch der deutschen statt der lateinischen Sprache ein, aber es war Leo Jud, der als erster in deutscher Sprache Gottesdienst hielt, nicht Zwingli.

---

[12] Z V 395.19–22.
[13] Z IV 255.9–13.

Ein Sozialreformer

Einerseits ist klar ersichtlich, dass das Grundanliegen der Reformation den persönlichen Glauben an Gott betraf. Aber es ging auch um soziale Anliegen. Mancherorts ist es Mode geworden, zu behaupten, der Reformation im 16. Jahrhundert sei es um Gott gegangen und der Reformation im 20. Jahrhundert gehe es um den Menschen. Oder: Luther habe um die Frage gerungen: «Wie finde ich einen gnädigen Gott?», während wir mit der Frage ringen: «Wie finde ich einen gnädigen Mitmenschen?» – In dieser Halbwahrheit steckt ein Stück Wahrheit; oder vielleicht umgekehrt: in dieser Wahrheit steckt ein Stück Halbwahrheit. Die Reformation von Luther und Zwingli, Bucer und Calvin wurzelte in der Entdeckung eines gnädigen Gottes. Wie es aber kein Feuer ohne Wärme gibt, so gibt es keinen Glauben ohne Liebe, keine Entdeckung eines gnädigen Gottes, ohne dass man selber ein gnädiger Mitmensch wird. Für Zwingli wie für Luther ist der Glaube in der Liebe tätig. Darüber hinaus hat für Zwingli das Gesetz seinen Sinn unter anderem darin, dass es uns Gottes Willen bekanntmacht, damit wir entsprechend leben können.

Von daher ist die scheinbar moderne Idee, Kirchengebäude oder kirchlichen Besitz zu verkaufen und für die Armen zu verwenden, gar nicht neu. Zwingli wie Bucer riefen in Erinnerung, dass Bischof Ambrosius von Mailand Abendmahlskelche verkaufte, um Kriegsgefangene auszulösen. Auch war es für Zwingli selbstverständlich, den Menschen zu raten, ihr Geld nicht für Heiligenbilder auszugeben, sondern für die Armen; und dass sie dafür sorgen sollten, dass Klöster in Schulen oder Spitäler oder Armenhäuser umfunktioniert würden. Seine tief biblische (nicht buchstabengläubige) Theologie verhalf ihm dazu, unbefangen an soziale Fragen, darunter Themen wie Ehe oder Tyrannenmord, heranzugehen und neue Zugänge vorzuschlagen.

Ein politischer Reformer

Neben der sozialen hatte die Reformation auch eine politische Komponente. Zwinglis soziale Anliegen erschöpften sich nicht in akuter Nothilfe, etwa der Hilfsleistungen an Arme, damit sie wieder auf eigenen Füssen stehen konnten. Auch wenn er gewiss nicht im heutigen Sinne bestrebt war, die Gesellschaftsstrukturen von Grund auf zu verändern, so war es doch sein Ziel, eine christliche Gesellschaft aufzubauen, eine Gesellschaft, die ihr Leben nach Gottes Wort regelt und in der Prediger und Fürst (oder in Zwinglis Fall der Rat) beide Gottes Diener sind.

Zwinglis politischer Schwerpunkt trat in seinem Patriotismus zutage. Er war ein glühender Patriot – bereits etliche Jahre bevor er sich zum Reformator entwickelte; und er befasste sich seit Beginn seines Wirkens mit politischen Fragen. Insbesondere bekämpfte er das Söldnerwesen; dabei kämpfte er besonders gegen diejenigen, die ein gutes Geschäft machten, indem sie ihre Landsleute gegen Geld an fremde Mächte vermittelten. Er beklagte auch den Niedergang der sittlichen Massstäbe und die Zügellosigkeit, die die ausländischen Kontakte und das billige Geld mit sich brachten. Seine Angriffe führten dazu, dass er sich aus seiner ersten Gemeinde Glarus verabschieden musste; später verhalfen sie ihm aber dazu, dass er nach Zürich kam.

In Zürich befasste er sich in seinen Predigten direkt mit sozialen und politischen Fragen und hatte keine Hemmungen, öffentlich Namen zu nennen. Er stellte den Prediger als Propheten dar und forderte auch andere auf, sich in einem sozial und politisch relevanten Predigtamt zu engagieren. Diese Aufforderung erging insbesondere in seiner Predigt über den Hirten, die er an der Zweiten Disputation im Oktober 1523 für etwa 350 Pfarrer hielt. Er verwendete das Beispiel von Elia und Naboths Weinberg und zeigte anhand dessen, dass der Prophet verpflichtet sei, die Machthaber herauszufordern, und zwar nicht nur wenn das ganze Volk leide, sondern auch, wenn nur einer einzigen Person Unrecht widerfahre. Im Licht des Vorwurfs von Johannes dem Täufer gegen Herodes erklärte er: «Daraus lernen wir, dass der Hirt tun muss, was niemand wagt: Den Finger auf wunde Stellen legen und Schlimmes verhüten, keinen schonen, vor Fürsten, Volk und Geistliche treten, sich weder durch Grösse, Einfluss und Zahl, noch durch irgendwelche Schreckmittel beeindrucken lassen, sofort zugegen sein, wenn Gott ruft, und nicht nachlassen, bis sie sich ändern».[14]

Ein praktischer Reformer

Es gab auch ein praktisches Element in Zwinglis reformatorischen Massnahmen. Zwingli hatte keinen Zweifel, dass Gottes Wille die Oberhand gewinnen würde, aber er stand klar in der Tradition, die später in den be-

---

[14]   Z III 34.3–5 (ZwS I 276); ZwS I 278 (Z III 35.30–36.2).

rühmten, Cromwell zugeschriebenen Worten Ausdruck fand: «Trau auf Gott und halte dein Pulver trocken!» Eine von Zwinglis erstaunlichsten Schriften sind seine *Empfehlungen zur Vorbereitung auf einen möglichen Krieg*; ein eigentlicher Kriegsplan, der von manchen militärischen Sachverständigen mit Respekt zur Kenntnis genommen wird. Er enthält detaillierte Anweisungen über Fragen wie die Truppenaufstellung, die Tageszeit für den Angriff und die zu verwendenden Trompetensignale. Eigentlich verfolgte Zwingli bei der Schrift gar nicht ein militärisches Anliegen. Seine Absicht wird klar in seiner Einleitung: «In Gottes Namen! Amen. Dieses Gutachten hat der Autor zur Ehre Gottes und dem Evangelium Christi zugute entworfen, damit Frevel und Unrecht nicht überhandnehmen und Gottesfurcht und Unschuld unterdrücken».[15]

Im Grunde ging es ihm um die Predigt des Evangeliums. Dieses Anliegen stand hinter seinem Plan für einen Feldzug und auch hinter dem späteren Krieg gegen die fünf Kantone. Im Juni 1529, als Bern unschlüssig war, ob es mit Zürich in den Krieg ziehen sollte, schrieb Zwingli über die Notwendigkeit, die Verkündigung des Evangeliums zu sichern: «Ich bin darauf aus, dass die Oligarchie ihre Nerven verliert. Wenn das nicht geschieht, werden weder die Wahrheit des Evangeliums noch deren Diener unter uns in Sicherheit sein».[16]

Jenes praktische Anliegen – die Sicherung der Predigt – stand auch hinter Zwinglis Versuchen, mit anderen Staaten und Städten Bündnisse zu schliessen. Andererseits duldete er keine Abstriche an seinem Abendmahlsverständnis, auch nicht als Preis für den Beitritt zum Schmalkaldischen Bund. Er war nicht einmal bereit, Bucers Confessio Tetrapolitana zu unterschreiben. Das Schmalkaldische Bündnis kam aber trotzdem zustande mit dem Ziel, die Verkündigung des Evangeliums zu verteidigen; und zu den Bündnispartnern zählten unter anderem Strassburg, Konstanz und Philipp von Hessen. – Zwingli erklärte seine Haltung folgendermassen: «Die Sache der Wahrheit darf nicht im Stich gelassen werden, auch wenn es das Leben kostet. Denn wir leben nicht für unsere Zeit und auch nicht für die Fürsten, sondern für den Herrn».[17]

Neben den praktischen und oft politischen Massnahmen, die Zwingli von Luther unterschieden, gab es auch praktische Massnahmen, die beide Reformatoren gemeinsam befürworteten. Insbesondere anerkannten beide,

---

[15]   ZwS III 7 (Z III 551.1–5).
[16]   Z X 147.5–7.
[17]   Z XI 340.2–4.

dass neue Gottesdienstformen nötig waren, um der Wiederentdeckung und Neuformulierung des christlichen Glaubens Ausdruck zu verleihen. Die neuere Forschung hat auf Zwinglis Originalität auf diesem Gebiet hingewiesen. Eine Reformation ist nur in dem Masse lebendig, als sie äussere Formen entwickelt, welche die Inhalte derselben verkörpern. Es gehört zu Zwinglis Erfolgen, dass er und andere der Reformation in Zürich solche Formen gaben, sowohl im Gottesdienst als auch im öffentlichen Leben.

Ein Erneuerer der Seelsorge

Die Reformation hatte auch eine seelsorgerliche und gemeinschaftliche Dimension. Im Unterschied zu Erasmus, den er sehr bewunderte, war Zwingli für eine Gemeinde verantwortlich samt all den Anforderungen, die diese Gemeinde an ihn stellte. Seine Theologie entstand nicht in einer beschaulichen Studierstube, sondern unter ständigem Druck und in Reaktion auf aktuelle religiöse und politische Probleme in Nah und Fern. In einem Brief an Haller (1523) schrieb er, er sei während des Briefschreibens zehnmal weggerufen worden. Er erwähnte die Anforderungen, die von allen Seiten an ihn gestellt wurden; trotzdem rief er Haller auf, ihn, sobald es ruhiger würde, nicht zu schonen, wenn er von Nutzen sein könne.[18] Im folgenden Jahr schrieb er an Vadian von der Hast, in der er alles erledigen müsse, wenn er etwa versuche, gleichzeitig Menschen zu helfen und beim Drucker Termine einzuhalten, dessen Blick am Datum der Buchmesse hänge; und er fügte hinzu, er habe keine einzige Briefkopie im Haus. Er arbeite ja ohne Sekretär.[19] Ein Jahr später schrieb er an Vadian, er habe soviel zu tun und leide soviel unter Kopfschmerzen, dass er – wenn er nicht seine Feder dahingleiten sähe – kaum wüsste, was vorginge.[20]

Unter einem solchen Druck arbeitete also der Theologe und Reformator Zwingli. Aber er arbeitete nicht ganz allein. Er hatte seine Bibliothek; er profitierte von den Jahren vor seiner Ankunft in Zürich, in denen er das griechische Neue Testament und die Kirchenväter eingehend studiert hatte; er stand in Kontakt mit Kollegen wie Jud; und er hatte einen Kreis gelehrter Freunde wie Bucer und Oekolampad. Der Predigtdienst geschah

---

[18] Z VIII 140.30–35.
[19] Z VIII 166.11–167.6.
[20] Z VIII 314.13–15.

damals viel weniger isoliert von den Kollegen und die Theologie viel weniger isoliert vom kirchlichen und gesellschaftlichen Leben als oft in unseren Tagen; und was für Zwingli in Zürich galt, galt ebenso für Bucer in Strassburg und für Luther in Wittenberg.

Die hier aufgeführten Elemente in Zwinglis Werk als Theologe und Reformator sind nicht vollständig; aber sie sind charakteristisch und von Bedeutung. Er vertrat eine Theologie, die auf der Bibel aufbaute und sich zugleich offen gegenüber der Wahrheit zeigte, wo immer sie zu finden war. Seine Theologie hatte ihre Mitte in Gott, nämlich in jenem Gott, der sich in Christus offenbart hat und durch den Geist wirkt. Zwinglis Reformation war in ihrer Methode pädagogisch und praktisch und in ihrer Ausrichtung persönlich, sozial und politisch. Reformation und Theologie waren beide das Werk eines Mannes, der kein Einzelgänger war, sondern ein Partner und Kollege im Predigtamt. Was in alldem seine Absicht war, wird deutlich in den letzten Worten des *Commentarius*: «Alles was ich hier gesagt habe, habe ich zur Ehre Gottes, zum Nutzen der christlichen Gesellschaft (res publica) und zum Besten der Gewissen gesagt».[21] Seine Theologie und sein Predigtamt bezogen sich auf die Gesellschaft ebenso wie auf den einzelnen Menschen; doch letztlich hatten sie ihren Grund und ihr Ziel darin, der Ehre Gottes zu entsprechen.

---

[21] ZwS III 452 (Z III 911.30–31).

DATEN AUS ZWINGLIS LEBEN UND WIRKEN

1484	In Wildhaus (Toggenburg) geboren (1. Januar)
1489–98	Schulzeit in Weesen, Basel und Bern
1498–1506	Studium an den Universitäten Wien und Basel
1506–16	Priester in Glarus
1513	Mit Glarner Söldnern in Novara
1515	Mit Glarner Söldnern in Marignano
1516	Begegnung mit Erasmus in Basel
1516–18	Leutpriester in Einsiedeln
1519	Leutpriester am Grossmünster in Zürich An der Pest erkrankt
1522	Eine Gruppe bricht das Fasten vor Ostern Zwinglis erste Disputation von Reformationsschriften mit Mönchen (21. Juli)
1523	Erste Zürcher Disputation (29. Januar) Zweite Zürcher Disputation (26.–28. Oktober)
1524	Disputation mit Chorherren (13.–14. Januar) Entfernung von Bildern und Standbildern aus Zürcher Kirchen
1525	Erste Wiedertaufen (21. Januar) Das Abendmahl ersetzt die Messe (Karwoche). Ehegesetze (10. Mai) Beginn der «Prophezei» (19. Juni)
1526	Disputation in Baden (19. Mai–9. Juni)
1527	Bündnis mit Konstanz
1528	Bündnis mit Bern und St.Gallen Berner Disputation (6.–26. Januar)
1529	Bündnis mit Basel, Schaffhausen, Biel und Mülhausen Bündnis der Fünf Orte mit Ferdinand I (22. April) Erster Kappeler Friede (26. Juni) Marburger Religionsgespräch (1.– 4. Oktober)
1530	Bündnis mit Hessen
1531	Zwinglis Tod in Kappel (11. Oktober)

Verzeichnis der im Text erwähnten Werke Zwinglis

Die Titel werden alphabetisch nach dem Wortlaut aufgeführt, wie sie im Text vorkommen. Falls der Wortlaut des Titels der modernen Übersetzung (ZwS) oder des Kurztitels der wissenschaftlichen Ausgabe (Z) davon abweicht, wird dieser ebenfalls genannt.

Ad quaestiones de sacramento baptismi [Ende 1530]
> Ad Leonhardum Fontanum contra Suenckfeldium [Huldrici Zuinlii ad quaestiones de sacramento baptismi responsio] Z VI/IV 1–74.

Adversus Hieronymum Emserum antibolon [1524]
> Z III 230–287.

Antwort über Balthasar Hubmaiers Taufbüchlein [1525]
> Z IV 577–641.

Archeteles [1522]
> Apologeticus Archeteles Z I 249–327.

Auslegung und Begründung der Thesen [1523]
> Auslegung und Begründung der Thesen oder Artikel ZwS II 1–499.
> Auslegen und Gründe der Schlussreden Z II 1–457.

Das Fabelgedicht vom Ochsen [1510]
> Z I 1–22.

Das Pestlied [1519]
> ZwS I 1–11. Pestlied Z VI/V 379–386.

De convitiis Eckii [1530]
> Z VI/III 231–291.

De eucharistia [1525]
> Subsidium sive coronis de eucharistia Z IV 440–504.

De peccato originali [1526]
> De peccato originali declaratio ad Urbanum Rhegium Z V 359–396.

De providentia (Die Vorsehung) [1530]
> ZwS IV 133–279. Sermonis de providentia dei anamnema Z VI/III 1–230.

Der Hirt [1524]
> ZwS I 243–312. Z III 1–68.

Der Labyrinth [1516]
> Z I 39–60.

De vera et falsa religione commentarius [1524]
> Kommentar über die wahre und falsche Religion ZwS III 31–452.
> Z III 590–912.

Die Klarheit und Gewissheit des Wortes Gottes [1522]
 ZwS I 101–154.
 Von Klarheit und Gewissheit des Wortes Gottes Z I 328–384.

Eine göttliche Ermahnung der Schwyzer [1522]
 ZwS I 75–100.
 Eine göttliche Vermahnung der Eidgenossen zu Schwyz Z I 155–188.

Elenchus [1527]
 In catabaptistarum strophas elenchus Z VI/I 1–196.

Empfehlungen zur Vorbereitung auf einen möglichen Krieg [1524?]
 ZwS III 1–29.
 Plan zu einem Feldzug Z III 539–583

Erklärung des christlichen Glaubens (Fidei expositio) [1531]
 ZwS IV 281–361. Z VI/V 1–163

Fidei expositio, siehe: Erklärung des christlichen Glaubens

Fidei ratio, siehe: Rechenschaft über den Glauben

Göttliche und menschliche Gerechtigkeit [1523]
 ZwS I 155–213.
 Von göttlicher und menschlicher Gerechtigkeit Z II 458–525.

Kanon der Messe [1523]
 De canone missae epichiresis Z II 552–608.

Notizen Zwinglis an der Berner Disputation [1528]
 Z VI/I 333–432

Ratschlag betreffend Ausschliessung vom Abendmahl [1525]
 Ratschlag betreffend Ausschliessung vom Abendmahl für Ehebrecher,
 Wucherer usw. Z IV 25–34.

Rechenschaft über den Glauben (Fidei ratio) [1530]
 ZwS IV, 93–131. Z VI/II 753–817

Supplicatio ad Hugonem episcopum Constantiensem [1522]
 Z I 189–209.

Von dem Predigtamt [1525]
 Z IV 369–433.

Von der Taufe, von der Wiedertaufe und von der Kindertaufe [1525]
 Z IV 188–337.

Vorschlag wegen der Bilder und der Messe [1524]
 Z III 114–131.

Wer Ursache zum Aufruhr gibt [1524]
 ZwS I 331–426.
 Wer Ursache gebe zu Aufruhr usw. Z III 355–469.

KLEINE LITERATURAUSWAHL

Werke Zwinglis

Nahezu vollständig sind Zwinglis Werke, Briefe und Schriftauslegungen in den Originalsprachen erschienen in:

Huldreich Zwinglis Sämtliche Werke, hrsg. von Emil Egli, Georg Finsler, Walther Köhler, Oskar Farner, Fritz Blanke, Leonhard von Muralt, Edwin Künzli, Rudolf Pfister, Joachim Staedtke, Fritz Büsser, Markus Jenny. Bde. 1–14, Berlin/Leipzig/Zürich 1905–1991 (Corpus Reformatorum, 88–101). [abgekürzt: Z]

Soweit in heutiges Deutsch übersetzt, sind die Stellen aus Zwinglis Werken immer zitiert nach:

Huldrych Zwingli, Schriften. Im Auftrag des Zwinglivereins herausgegeben von Thomas Brunnschweiler und Samuel Lutz unter Mitarbeit von Hans Ulrich Bächtold, Andreas Beriger, Christine Christ-von Wedel, Rainer Henrich, Hans Rudolf Lavater, Peter Opitz, Ernst Saxer und Peter Winzeler. 4 Bde., Zürich 1995. [abgekürzt: ZwS]

Frühere Ausgaben und Übersetzungen auf Deutsch:

Raget Christoffel, Zeitgemässe Auswahl aus Huldreich Zwingli's praktischen Schriften. Aus dem Alt-Deutschen und Lateinischen in's Schriftdeutsche übersetzt und mit den notwendigsten geschichtlichen Erläuterungen versehen. Bde. 1–10 und 15, Zürich 1843–1846.

Georg Finsler, Walther Köhler und Arnold Rüegg, Ulrich Zwingli. Eine Auswahl aus seinen Schriften, auf das vierhundertjährige Jubiläum der Zürcher Reformation. Im Auftrag des Kirchenrates des Kantons Zürich. Zürich 1918.

Fritz Blanke, Oskar Farner, Oskar Frei und Rudolf Pfister (Bearb.), Huldrych Zwingli. Hauptschriften, Bde. 1–4, 7, 9–11, Zürich 1940–1963.

Edwin Künzli, Huldrych Zwingli. Auswahl seiner Schriften, Zürich/Stuttgart 1962.

Markus Jenny, Luther, Zwingli, Calvin in ihren Liedern, Zürich 1983.

Ernst Saxer, Huldrych Zwingli. Ausgewählte Schriften in neuhochdeutscher Wiedergabe mit einer historisch-biographischen Einführung, Neukirchen-Vluyn 1988 (Grundtexte zur Kirchen- und Theologiegeschichte, 1).

Mira Baumgartner, Die Täufer und Zwingli, Eine Dokumentation, Zürich 1993

Überblicksdarstellungen zu Zwingli

Walther Köhler, Huldrych Zwingli, Leipzig 1943. 2. durchgesehene Auflage, Leipzig 1954. Nachdruck der 2. Auflage, durch ein Nachwort erweitert und mit neuen Bildern versehen, durchgesehen und neu herausgegeben von Ernst Koch, Leipzig 1983, Lizenzausgabe Zürich 1984.

Oskar Farner, Huldrych Zwingli, 4 Bde., Zürich 1943–1960.

Fritz Büsser, Huldrych Zwingli. Reformation als prophetischer Auftrag, Göttingen 1973.

George Richard Potter, Zwingli, Cambridge 1976.

Martin Haas, Huldrych Zwingli und seine Zeit, Zürich 1969 (3. Aufl. 1982).

Gottfried Wilhelm Locher, Die Zwinglische Reformation im Rahmen der europäischen Kirchengeschichte, Göttingen/Zürich 1979.

Francesco Erasmo Sciuto, Ulrico Zwingli. La vita, il pensiero, il suo tempo, Neapel 1980.

Gottfried Wilhelm Locher, Zwingli und die schweizerische Reformation, Göttingen 1982 (Die Kirche in ihrer Geschichte, Bd. 3, Lieferung J 1).

Ulrich Gäbler, Huldrych Zwingli. Eine Einführung in sein Leben und sein Werk, München 1983.

Albert Ziegler SJ, Zwingli. Katholisch gesehen, ökumenisch befragt, Zürich 1984.

Jacques Vincent Pollet, Huldrych Zwingli, Freiburg/Schweiz 1985.

William Peter Stephens, Zwingli. An Introduction to his Thought, Oxford 1992. Paperbackausgabe Oxford 1994 (das hier übersetzte Buch).

Überblicksdarstellungen allgemeinerer Art

Ökumenische Kirchengeschichte der Schweiz. Im Auftrag eines Arbeitskreises herausgegeben von Lukas Vischer, Lukas Schenker und Rudolf Dellsperger, Freiburg (Schweiz)/Basel 1994.

Geschichte des Kantons Zürich. Hrsg. von Niklaus Flüeler und Marianne Flüeler-Grauwiler. Band 1: Frühzeit bis Spätmittelalter. Band 2: Frühe Neuzeit – 16. bis 18. Jahrhundert, Zürich 1995–1996.

Neuere wissenschaftliche Monographien zu einzelnen Themen

Wilhelm Neuser, Die reformatorische Wende bei Zwingli, Neukirchen 1977.

Edward J. Furcha, Wayne H. Pipkin (Hrsg.), Prophet, Pastor, Protestant. The Work of Huldrych Zwingli after Five Hundred Years, Allison Park (Pennsylvania) 1984.

Alfred Schindler, Zwingli und die Kirchenväter, Zürich 1984.

Peter Blickle, Gemeindereformation. Die Menschen des 16. Jahrhunderts auf dem Weg zum Heil, München 1985.

Fritz Büsser, Wurzeln der Reformation in Zürich. Zum 500. Geburtstag des Reformators Huldrych Zwingli, Leiden 1985.

Joachim Rogge, Der junge Luther 1483–1521. Der junge Zwingli 1484–1523, 2. Aufl., Berlin 1985 (Kirchengeschichte in Einzeldarstellungen II/3–4).

William Peter Stephens, The Theology of Huldrych Zwingli, Oxford 1986.

Walter Ernst Meyer, Huldrych Zwinglis Eschatologie. Reformatorische Wende, Theologie und Geschichtsbild des Zürcher Reformators im Lichte seiner eschatologischen Ansatzes, Zürich 1987.

Berndt Hamm, Zwinglis Reformation der Freiheit, Neukirchen-Vluyn 1988.

Jacques Vincent Pollet, Huldrych Zwingli et le zwinglianisme. Essai de synthèse historique et théologique mis à jour d'après les recherches récentes, Paris 1988.

Peter Blickle, Die Reformation im Reich, 2. überarb. u. erw. Aufl., Stuttgart 1992.

Fritz Büsser, Die Prophezei. Humanismus und Reformation in Zürich, Bern 1994.

Samuel Lutz, Ergib dich ihm ganz. Huldrych Zwinglis Gebet als Ausdruck seiner Frömmigkeit und Theologie, Zürich 1993.

Martin Hauser, Prophet und Bischof. Huldrych Zwinglis Amtsverständnis im Rahmen der Zürcher Reformation, Freiburg/Schweiz 1994.

Emidio Campi, Zwingli und Maria. Eine reformationsgeschichtliche Studie, Zürich 1997.

Bibliographien

Georg Finsler, Zwingli-Bibliographie. Verzeichnis der gedruckten Schriften von und über Ulrich Zwingli, Zürich 1897.

Ulrich Gäbler, Huldrych Zwingli im 20. Jahrhundert. Ein Forschungsbericht und annotierte Bibliographie 1897–1972, Zürich 1975.

Die Zeitschrift *Zwingliana*, herausgegeben vom Zwingliverein in Zürich, bietet seit 1972 jährlich eine Übersicht über die neueste Literatur zur zwinglischen Reformation.

KURZBIOGRAPHIEN EINIGER WICHTIGER GESTALTEN DER KIRCHEN- UND THEOLOGIEGESCHICHTE

Augustinus (354–430)

Wichtigster lateinischer Kirchenvater. Lebte nach Aufenthalten in Rom und Mailand im römischen Nordafrika als Bischof, bekämpfte unter anderem den Pelagianismus (siehe *Pelagius*) und beeinflusste durch seine zahlreichen Werke das gesamte Mittelalter, aber auch alle Reformatoren. Für Zwingli wurde ausser seiner Gnadenlehre auch seine Sakramentslehre wichtig, die eine symbolische Deutung erlaubt.

Bucer, Martin (1491–1551)

Ursprünglich Dominikaner, tief beeindruckt von Luther an der Heidelberger Disputation (1518) und dauerhaft von ihm geprägt. Seit 1523 in Strassburg, führender Reformator daselbst bis zum Exil in England (infolge des Interims von 1548). Anfänglich näher bei Zwingli in der Abendmahlsfrage, wirkte er als Vermittler zu Luther und erreichte 1536 die näher bei Luther stehende «Wittenberger Konkordie». Nahm mit Zwingli an der Berner Disputation 1528 und dem Marburger Religionsgespräch 1529 teil. Bedeutend auch durch seinen Einfluss auf die katholisch-protestantischen Religionsgespräche (1540/41) und durch seinen Einfluss auf Calvin.

Bullinger, Heinrich (1504–1575)

Sohn eines Priesters aus Bremgarten (heute Kanton Aargau). Studium in Köln, beeinflusst von Schriften Luthers und Melanchthons. Seit 1523 Lehrer im Kloster Kappel am Albis und entschiedener Anhänger Zwinglis. Nahm an der Berner Disputation 1528 teil. Wurde 1531 Nachfolger Zwinglis. Er leitete und prägte die Zürcher Kirche bis zu seinem Tod. Erlangte durch seine Briefe und Schriften europäischen Einfluss. Die Einigung mit Luther in der Abendmahlsfrage kam nicht zustande, wohl aber 1549 der «Consensus Tigurinus» mit Calvin.

Duns Scotus, Johannes (doctor subtilis 1265–1308)

Der in der Tradition seines Ordens sowie in kritischer Abhängigkeit zum augustinisierenden Säkularkanoniker Heinrich von Gent stehende schottische Franziskaner begann zu Beginn des 14. Jahrhunderts das Einheitsdenken der Hochscholastik wieder aufzubrechen. Seine deutlich von der christlichen Theologie als einer Offenbarungswissenschaft abgehobene Konzeption von Metaphysik basiert auf einem univoken Seinsbegriff, der selbst die ansonsten völlig unüberbrückbare Abständigkeit von göttlicher Unendlichkeit und kreatürlicher Endlichkeit zu transzendieren vermag. Dadurch wurde umgekehrt auch die Theologie befreit zur vollen Anerkenntnis des kontingenten, durch nichts ausserhalb seiner selbst begründeten («ordinierten») Willenshandelns Gottes. Das scotische System wird im spätmittelalterlichen und frühneuzeitlichen Scotismus – vor allem durch die Lehre von den Formalitäten und deren Distinguierbarkeit – in geistesgeschichtlich auch für die Reformation wirkungsmächtiger Weise weitertradiert.

Eck, Johannes (1486–1543)

Seit 1510 Theologieprofessor und Vizekanzler der Universität Ingolstadt. Schon vor Luthers Berühmtwerden bekannter (scholastischer) Gelehrter, ab 1518 prominenter Bekämpfer der lutherischen Lehre. Disputierte in Leipzig 1519 unter anderem gegen Luther auf der Badener Disputation 1526 gegen (den abwesenden) Zwingli. Massgeblich beteiligt an den katholisch-protestantischen Religionsgesprächen (1540/41).

Franck, Sebastian (1499–1542)

Ursprünglich im Dominikanerstift in Heidelberg zusammen mit Bucer zum Priester ausgebildet, legte 1524 dieses Amt nieder und wirkte als evangelischer Prediger in der Markgrafschaft Brandenburg-Ansbach. Nach seiner Abkehr vom Luthertum (1528) begann ein unruhiges Wanderleben (Strassburg 1529, Esslingen 1531, Ulm 1533, Basel 1539), und er bestritt seinen Lebensunterhalt als Buchdrucker und freier Schriftsteller. Zusammen mit Kaspar Schwenckfeld gilt er als Hauptvertreter des Spiritualismus in der Reformationszeit.

Glarean(us), Heinrich (1488–1563)

Eigentlich Heinrich Loriti, aber nach Humanistenmanier seiner Herkunft entsprechend lateinisch «der Glarner» genannt. Bedeutender Humanist, früher Briefpartner Zwinglis; Freund des Erasmus, führte Zwingli bei ihm ein. Trennte sich später von der Reformation und starb im (katholischen) Freiburg im Breisgau.

Grebel, Konrad (ca. 1498–1526)

Der führende Sprecher der Zürcher Täufer entstammte einer Patrizierfamilie und studierte in Basel, Wien und Paris. Er gehörte anfänglich zum Freundeskreis Zwinglis, von dem er sich öffentlich durch die erste Erwachsenentaufe trennte. Seit Januar 1525 (der Rat erhob 1525 die Kindertaufe zum Gesetz und verbot die Erwachsenentaufe) musste er viele Verhöre über sich ergehen lassen und starb schliesslich auf der Flucht an der Pest.

Haller, Berchtold (1492–1536)

Gebürtig aus der Gegend von Rottweil am Neckar, übersiedelte 1513 nach Bern. Im Jahre 1519 wurde er Leutpriester am Vinzenzmünster und ein Jahr danach Chorherr. Die persönliche Bekanntschaft mit Zwingli machte ihn zum starken Befürworter der Reformation. An der Disputation von Baden (1526) trat er als Sprecher der evangelischen Seite auf. Bei der Disputation von Bern (1528) trug er zusammen mit Zwingli und den Theologen der oberdeutschen Städte die Hauptlast der Verteidigung der reformatorischen Position. Das nachfolgende Reformationsmandat vom 7. Februar 1528 brachte Bern eine Reformationsordnung nach Zürcher Vorbild, und Haller wirkte nachhaltig bei der Ausbreitung des neuen Glaubens mit.

Hieronymus (ca. 347 – ca. 420)

Bedeutender lateinischer Kirchenvater, einer der bedeutendsten Sprachgelehrten der christlichen Antike und Bibelausleger, daher von Papst Damasus mit der Neuübersetzung der Bibel aus dem Urtext ins Lateinische beauftragt. Glühender Verfechter des Mönchtums und der Askese; lebte selbst als Mönch seit 386 in Bethlehem.

Hoen (auch Honius oder Honnius), Cornelisz (gestorben 1524)

Rechtsanwalt beim Gerichtshof im Haag (Holland). Mit der Behauptung, dass in den Einsetzungsworten des Abendmahls die Copula «est» als «significat» zu deuten sei, übte er einen grossen Einfluss auf Zwingli sowie auf den niederländischen Calvinismus aus. 1525 gab Zwingli, allerdings anonym, seine *Epistola christiana admodum* heraus.

Hubmaier, Balthasar (1485–1528)

Anfänglich reformatorisch gesinnt, nahm 1523 an der Zweiten Zürcher Disputation teil und führte daraufhin in Waldshut die Reformation durch. Seit 1525 Täuferführer. Er rechtfertigte deren Lehre in seiner Schrift *Von der christlichen Taufe der Gläubigen* gegen Zwingli rechtfertigte. Am 10. März 1528 wurde er in Wien als Ketzer verbrannt.

Jud, Leo (1482–1542)

Er war zuerst Pfarrer im elsässischen St. Hyppolite und wurde 1519 Nachfolger Zwinglis in Einsiedeln. Seit 1523 war er in Zürich als Pfarrer an der Stadtkirche St. Peter und zugleich als Lektor an der «Prophezei» tätig, wo er eng mit dem Reformator zusammenarbeitete. Von seinen zahlreichen Werken hatten seine Katechismen nachhaltige Wirkung. Ausserdem erwies er der Zürcher Reformation unschätzbare Dienste durch die Übersetzung alter (Augustin, Thomas a Kempis) und zeitgenössischer Autoren (Erasmus, Luther, Zwingli). Auch an der Übersetzung der Zürcher Bibel war er massgeblich beteiligt.

Karlstadt, Andreas Bodenstein von (1486–1541)

Als strenger Thomist lehrte er Theologie an der Universität Wittenberg. Durch das Augustin-Studium wurde er ein entschiedener Kämpfer gegen die Werkgerechtigkeit und stand zunächst auf Luthers Seite, bis er sich nach dem Scheitern seiner Wittenberger Reformen (1522) auf mystische Gedankengänge zurückzog. 1524/25 trennte er sich von ihm infolge Meinungsverschiedenheiten über die Abendmahlslehre und näherte sich den schweizerischen Reformatoren an, zu denen er schliesslich überging (1530, 1534 Professor in Basel). Er vertrat ein mystisches, auf die sittliche Erneuerung der Gemeindeglieder bezogenes Christentum.

Manz, Felix (ca. 1500–1527)

Neben Konrad Grebel der bedeutendste Zürcher Täuferführer. Er gilt als der Verfasser einer *Protestation*, in der das biblische Fundament der Kindertaufe bestritten wird. Am 7. Januar 1527 wurde er in der Limmat ertränkt.

Markion (ca. 85–160)

Einer der bekannten «Ketzer» des christlichen Altertums wegen seiner mit dem Gnostizismus verwandten Auffassung: Die Welt ist nicht vom höchsten, wahrhaft guten Gott geschaffen, sondern von dem bloss gerechten jüdischen Gesetzesgott. Christus soll nur einen Scheinleib gehabt haben und erlösend nur wirken durch die Entfremdung der Gläubigen von dieser Welt. Der Vorwurf der unechten Leiblichkeit Jesu spielte in der Polemik zwischen Luther und Zwingli eine Rolle.

Melanchthon, Philipp (1497–1560)

Eigentlich Ph. Schwartzerdt, nach Humanistenmanier gräzisiert (durch seinen Grossonkel Johannes Reuchlin). 1518 Professor für Griechisch in Wittenberg, stark beeinflusst von Luther und eng und dauerhaft mit diesem befreundet. Nahm am Marburger Religionsgespräch teil. Hauptverantwortlicher für das Augsburger Bekenntnis (Confessio Augustana) auf dem Reichstag von 1530. War beteiligt an den Verhandlungen (Bucers u.a.) über das Abendmahl (Wittenberger Konkordie 1536) und an den katholisch-protestantischen Religionsgesprächen (1540/41). Innerhalb des Luthertums umstritten wegen der Haltung zum Interim von 1548. Massgebender Dogmatiker des Luthertums.

Myconius, Oswald (1488–1552)

Eigentlich O. Geisshüsler, angeblich von Erasmus humanistisch umbenannt. Als Lehrer der alten Sprachen seit 1516 in Zürich massgeblich an Zwinglis Berufung nach Zürich beteiligt. Ab 1520 in seiner Vaterstadt Luzern tätig, aber vertrieben und ab 1523 wieder in Zürich. Nach Oekolampads Tod Vorsteher der Basler Kirche. Von ihm stammt die erste Biographie Zwinglis.

Nestorius (ca. 370 – ca. 450)

Patriarch von Konstantinopel von 428–431; vom Konzil von Ephesus wegen irriger Lehre über Christus abgesetzt. Er bestritt die Berechtigung, Maria THEOTOKOS (Gottesgebärerin, Mutter Gottes) zu nennen, weil er die göttliche und die menschliche Natur in Christus zu stark trennte. – Diese Ansicht über die Ketzerei des Nestorius ist heute auf Grund besserer historischer Kenntnis zu Recht in Frage gestellt, war aber im 16. Jahrhundert die gängige Ansicht; deshalb war «Nestorianer» ein Ketzer–Schimpfwort.

Ockham, Wilhelm von (venerabilis inceptor 1280/90–1348)

Die von Duns Scotus begonnene Linie einer auf allen Ebenen des Denkens neu akzentuierten Gott-Welt-Distanz führte sein englischer Ordengenosse William kritisch weiter, indem er radikaler noch die unbegrenzte Freiheit Gottes von innerweltlicher Bedingtheit, der wissenschaftlichen Theologie von externer Fundierung, der Kirche der Gläubigen von menschlicher Rechtsgestaltung betonte. Dies führte zu einem Ketzerprozess an der Kurie in Avignon, der die Oxforder Zeit und das darauffolgende jahrzehntelange Münchner Exil Ockhams werkgeschichtlich zwar klar teilt, aber wohl nicht völlig trennt: Gelangte Ockham in seiner ersten Lebenshälte zu neuen Fassungen sowohl der philosophisch-theologischen Erkenntnistheorie und des Universalienverständnisses wie auch der Gotteslehre, unterzog er davon ausgehend in seiner zweiten Lebenshälfte dann auch den päpstlichen Kirchenbegriff grundlegender Kritik.

Oekolampad, Johannes (1482–1531)

Eigentlich J. Huszgen oder Huschin, nach Humanistenart gräzisiert («Hausleuchte»). In Basel 1515 Mitarbeiter des Erasmus bei der Herausgabe des griechischen Neuen Testaments. Nach Aufenthalt an verschiedenen Orten im Reich Rückkehr nach Basel infolge seiner Hinwendung zur Reformation. Wirkte als Professor und Prediger auf die Reformation in Basel hin. War an der Badener und Berner Disputation und am Marburger Religionsgespräch beteiligt. Unterstützte voll Zwinglis Abendmahlslehre, unterschied sich von ihm aber in der Auffassung vom Verhältnis von Kirche und Staat.

Pelagius (gestorben nach 418)

Britischer Asket, dessen Lebensdaten unsicher sind. Lebte in Rom und später in Palästina. Unter Führung Augustins seit 411 als Ketzer bekämpft wegen Behauptung der uneingeschränkten Freiheit des Willens auch der Menschheit nach Adam (bzw. nach dem Sündenfall), wodurch die Gnade mit der Belehrung über das Gute identisch zu werden schien. Von Konzilien und Päpsten mehrfach verurteilt. «Pelagianismus» wurde in der Folge zu einem Ketzer-Schimpfwort für alle, die dem guten Wollen des Menschen zu viel Spielraum zuzumessen schienen.

Pellikan, Conrad (1478–1556)

Ursprünglich Franziskaner, mit Zwingli seit der Basler Studienzeit befreundet. Wurde ebenda Professor für Altes Testament und 1526 auf Zwinglis Initiative an die «Prophezei» nach Zürich berufen. Beteiligt an der Zürcher Bibelübersetzung und Verfasser eines grossen Bibelkommentars.

Rhenanus, Beatus (1485–1547)

Eigentlich Beat Bild, nach Humanistenmanier latinisiert («der Rheinische»). Lebte in Basel von 1511 bis 1528, enger Mitarbeiter des Erasmus, Herausgeber vieler klassisch-antiker und patristischer Autoren. Wandte sich von der Reformation ab und kehrte an seinen Geburtsort Schlettstadt zurück.

Schwenckfeld, Kaspar (1489–1561)

Schlesischer Edelmann und Laientheologe. Schon früh wandte er sich der Reformation zu, distanzierte sich aber in zunehmendem Masse von Luther im Namen eines stark ethisch gefärbten Christentums. Der Konflikt brach an der Abendmahlslehre aus, weil er im Sakrament lediglich eine geistige Speise der gläubigen Gemeinde sah. Nachdem seine Theologie auf dem lutherischen Theologenkonvent von Schmalkalden (1540) verurteilt wurde, musste er Schlesien verlassen und verbrachte seine zwei letzten Lebensjahrzehnte als rastloser Flüchtling.

Thomas von Aquin (doctor angelicus 1224/25–75)

Der berühmte Dominikaner gehörte wie sein Lehrer Albert zu den ersten Universitätslehrern, die die neue Aristotelesrezeption des späteren 12. und früheren 13. Jahrhunderts für die theologische Wissenschaft im Abendland fruchtbar machten. Dabei suchte er in einer Fülle von Werken eine harmonische Synthese von Wissen und Glauben, von Natur und Gnade und letztlich von Schöpfung und Erlösung zu errichten. Bei aller innovativen Offenheit für die grossen ontologischen Systeme der Antike bekämpfte er andererseits die Annahme einer doppelten Wahrheit von Philosophie und Theologie und stellte sich damit sowohl dem zeitgenössischen Averroismus wie auch dem augustinistisch-kirchlichen Traditionalismus erfolgreich in den Weg.

Vadian (Joachim von Watt, 1484–1551)

Als Historiker, Arzt, Staatsmann und Reformator war Vadian die repräsentativste Gestalt des deutschschweizerischen Humanismus. Nach einer ehrenvollen akademischen Karriere in Wien kehrte er 1518 in seine Heimatstadt St. Gallen als Stadtarzt zurück, wo er der politische und geistige Führer der Reformation wurde. Er nahm lebhaften Anteil am kirchlichen und politischen Geschehen in der Eidgenossenschaft. Besonders eng war seine Verbindung mit Zwingli und Bullinger in Zürich

Wyttenbach, Thomas (1472–1526)

Seit 1505 Professor in Basel, wo er als Lehrer von Zwingli einen nachhaltigen Einfluss auf den künftigen Reformator ausübte. 1515 wurde er Chorherr am Vinzenzmünster in Basel, 1520 kehrte er als Leutpriester in seine Heimatstadt Biel zurück. Hier heiratete er und verlor deswegen das Amt. Doch predigte er, unter heftigen Widerständen, weiterhin reformatorisch.

REGISTER

Bibelstellen

Irenäus von Lyon 25; 70

Jakob 96
Jakobus, Sohn des Zebedäus 29
Jethro 46; 67; 69
Johannes der Täufer 109f.; 112;
114f.; 159; 187
Johannes von Damaskus 25; 73
Jud, Leo 22; 185; 189f.
Justin der Märtyrer 181
Juvenal 24

Karlstadt, Andreas Bodenstein von
127; 129; 136; 199
Köhler, Walter 11f.; 13; 33; 75; 90;
139
Künzli, Edwin 52

Lactantius 25
Lambert, Franz 29
Lindauer, Fridolin 102
Livius 24
Locher, Gottfried W. 24; 56; 141
Luther, Martin *durchgängig im
ganzen Buch*

Manz, Felix 35; 37; 111; 200
Markion 134; 200
Marsilius von Padua 161
Melanchthon, Philipp 40f.; 92;
135f.; 197; 200
Mose 53; 61; 115f.; 175
Müntzer, Thomas 109
Myconius, Oswald 26; 28; 58; 146;
151; 172; 200

Nestorius 14; 72; 200
Nikolaus von Lyra 53

Occam, Wilhelm von 24
Oekolampad, Johannes 38–40;
112; 135f.; 141; 152f.; 189;
200f.
Origenes 25; 48; 54; 73; 90; 127

Paulus 27f.; 32; 34; 42; 46; 50; 53;
56; 59–61; 68f.; 80; 86; 94; 99;
115; 117; 144; 148; 151; 155;
158; 166; 176; 180f.
Pelagius 201
Pellikan, Conrad 22; 24; 43; 201
Petrus 27; 68; 99; 131; 180
Petrus Lombardus 24; 104
Philipp von Hessen, Landgraf 39;
135f.; 172; 188
Philo von Alexandrien 52
Plato 47; 61; 181
Siehe auch Platonismus
Plinius 24; 61
Plutarch 24; 61
Pollet, Jacques Vincent 24
Pythagoras 47; 61

Rhegius, Urbanus 62; 130
Rhenanus, Beatus 24; 43; 85f.; 201
Rich, Arthur 33

Schmid, Conrad 166
Schulthess, Johannes 26
Schweizer, Alexander 26
Schwenckfeld, Kaspar 75; 118;
140; 198; 202
Seneca 47; 57; 61; 69
Sokrates 68; 182
Stumpf, Simon 158; 166

Tertullian 127
Thomas a Kempis 199
Thomas von Aquin 24; 202

Usteri, Johann Martin 31
Utinger, Heinrich 26
Vadian, Joachim 58; 189; 202

Wölfflin, Heinrich 22
Wyttenbach, Thomas 22f.; 32; 34;
123; 202

Yoder, John H. 13; 177

Huldrych Zwingli – Schriften

Hrsg. im Auftrag des Zwinglivereins von Thomas Brunnschweiler und Samuel Lutz.
1995. 2099 S. HL IKASS DM 90,-/Fr 75,- <3-290-10978-X>

Die wichtigen Schriften Zwinglis vollständig in heutiges Deutsch übersetzt.

Mit der hier vorgelegten Übersetzung erhält erstmals eine breite und vielfältig interessierte Leserschaft Gelegenheit, Zwinglis Denken kennen zu lernen und sich selber ein Urteil über ihn zu bilden. Es ist unbestritten, daß der Schweizer Reformator mit seinen Schriften auf drängende Fragen seiner Zeit Antworten geben konnte. Wir sind überzeugt, daß er auch heute, in moderne Sprache übertragen, einer Generation Wesentliches zu sagen hat, die nach Orientierung fragt, Leitlinien braucht, sich über ihren Glauben Rechenschaft geben will und nach dem richtigen Handeln fragt.

Die vier Bände enthalten folgende Schriften: Band 1: Pestlied / Die freie Wahl der Speisen / Eine göttliche Ermahnung der Schwyzer / Die Klarheit und Gewissheit des Wortes Gottes / Göttliche und menschliche Gerechtigkeit / Wie Jugendliche aus gutem Haus zu erziehen sind / Der Hirt / Eine freundschaftliche und ernste Ermahnung der Eidgenossen / Wer Ursache zum Aufruhr gibt / Register. Band 2: Auslegung und Begründung der Thesen oder Artikel / Register. Band 3: Empfehlung zur Vorbereitung auf einen möglichen Krieg / Kommentar über die wahre und die falsche Religion / Register. Band 4: Antwort auf die Predigt Luthers gegen die Schwärmer / Die beiden Berner Predigten / Rechenschaft über den Glauben / Die Vorsehung / Erklärung des christlichen Glaubens / Gesamtregister Band 1– 4 / Zeittafel / Literaturauswahl / Angaben zu den Autoren.

Theologischer Verlag Zürich

TVZ

Irena Backus

Das Prinzip ‹sola scriptura› und die Kirchenväter in den Disputationen von Baden (1526) und Bern (1528)

Aus dem Englischen übersetzt von Anette Zillenbiller.
1997. 158 S. Br DM 64,-/Fr 56,- ‹3-290-10996-8›

Die Disputationen von Baden (1526) und Bern (1528) mit ihrem unterschiedlichen Resultat, knapper Sieg der Altgläubigen in Baden, ebenso knapper Sieg der Partei Zwinglis in Bern (1528), stellen Wendepunkte der Reformationsgeschichte dar. Durch ihren Ausgang befestigt sich die Position der Reformierten in der Schweiz. Zugleich wird schon hier deutlich, daß die innere Krise der Reformation, der Streit um das Abendmahl, nicht wird gelöst werden können. Bisher standen meist die politischen und rechtlichen Voraussetzungen und Konsequenzen der beiden Debatten im Mittelpunkt des Interesses der Historiker. Ohne den gesellschaftlichen Kontext zu vernachlässigen, legt Irena Backus nun die erste ausführliche Studie über die Theologie der Disputanten vor, wie diese sich im tatsächlichen Verlauf des Dialogs zeigt. Vieles, was in den theologischen Abhandlungen der jeweiligen Parteien konsistent klingt, erscheint im direkten Aufeinandertreffen der Argumente brüchig. Im Zentrum der Untersuchung steht die nur scheinbar spezielle Frage nach dem Gebrauch, den die Kontrahenten in ihrer Argumentation von der patristischen Exegese machen. Keine der beiden Seiten wollte oder konnte den Bezug auf die Autorität der Alten Kirche aufgeben. Doch geschah dies auf reformatorischer Seite unter Berufung auf das Prinzip «Die Schrift allein», auf katholischer Seite durch einen Begriff von Tradition als adäquatem Medium der Schriftauslegung. Die präzise Analyse dieser auch heute noch strittigen hermeneutischen Grundentscheidungen erlaubt ein vertieftes Verständnis der Theologie Zwinglis und seines Gegenspielers Johannes Eck. Durch die Klärung der beidseitigen Vorverständnisse und die Einsicht, welchen Einfluß sie auf Denken und Handeln der Partner hatten, leistet die Untersuchung von Irena Backus eine wichtige Hilfestellung gerade auch für das heutige ökumenische Gespräch.

Theologischer Verlag Zürich

TVZ

Mira Baumgartner

Die Täufer und Zwingli – Eine Dokumentation.

1993. XXVII, 355 S. Br DM 54,-/Fr 45,- <3-290-10857-0>

Erstmals wird hier das vollständige Quellenmaterial zum Thema in heutigem Deutsch dargeboten.

Das Thema «Die Täufer und Zwingli» ist emotional belastet. Reformierte Christen wissen in der Regel nur wenig über die Zusammenhänge, wie etwa das Folgende: Die Täuferbewegung war eng mit der von Zürich und Zwingli ausgehenden Reformation verbunden. Im reformatorischen Aufbruch war täuferische Aktivität gekennzeichnet durch übertriebene enthusiastische und anarchistische Aktivität, die den an der Bibel orientierten, ohnehin dynamischen Reformprozeß noch zu überbieten trachtete. Um diesen nicht zu gefährden, sah sich Zwingli veranlaßt, das täuferische Element durch die staatlichen Organe in die Schranken zu weisen. Noch weniger präsent ist, daß in den folgenden Jahrhunderten sich sowohl die von Zwingli herkommenden Kirchen als auch der Baptismus verschieden entwickelten. Während die reformierten Kirchen zunehmend in dogmatische Erstarrung gerieten, konnte der Baptismus seine Dynamik beibehalten, das anarchistisch-staatsfeindliche Element aber weitgehend eliminieren und scheint heute in mancher Beziehung das Zwinglische Erbe besser zu repräsentieren als die sich auf ihn berufenden reformierten Kirchen Zwinglischer Observanz. Auch von den Zahlen her gesehen ist der Baptismus mit seinen 134000 Gemeinden und über 35 Millionen Mitgliedern nicht nur innerhalb des Protestantismus eine beachtliche Größe, sondern auch gemessen an der christlichen Religion insgesamt. Die vorliegende Dokumentation bringt erstmals die Zeitdokumente (vorwiegend des 16. Jahrhunderts) aus beiden Lagern in großer Vollständigkeit, übersetzt in heutiges Deutsch. Kurze Einleitungen in jedes Kapitel sowie erläuternde Zwischentexte erschließen den geschichtlichen Hintergrund und erlauben dem Leser, die Quellen selber zu hören und sich so ein Bild Zwinglischer und täuferischer Bibelauslegung und Theologie zu machen.

Theologischer Verlag Zürich

Fritz Blanke /Immanuel Leuschner

Heinrich Bullinger – Vater der reformierten Kirche.

1990. 333 S. Gb DM 49,-/Fr 41,- <3-290-10079-0>

Wenn von der reformierten Kirche die Rede ist, denkt man an Calvin und
an Zwingli. Ihre wesentliche Prägung hat die reformierte Kirche aber
durch Heinrich Bullinger erfahren. 44 Jahre lang hat er die Zürcher
Kirche väterlich geleitet und sie aus den Stürmen und Nöten heraus-
geführt, die nach dem tragischen Tod Zwinglis über sie hereingebrochen
waren. Er verstand es, neues Vertrauen in die Kraft des Evangeliums zu
wecken, und bald holten Menschen aus weiten Teilen Europas bei ihm
geistlichen Rat und Zuspruch. Es entwickelte sich dabei ein Briefwechsel, der umfangreicher ist als derjenige Calvins und Luthers. Sein
«Hausbuch», eine Laiendogmatik in Predigten, war stärker verbreitet als
Calvins «Institutio». Das von Bullinger verfaßte «Zweite Helvetische
Bekenntnis» wurde zur wichtigsten Bekenntnisschrift der reformierten
Kirchen Europas. Trotz dieser großen Bedeutung für die Entwicklung der
reformierten Kirchen ist Bullinger noch immer der am wenigsten
bekannte unter den Reformatoren. Hier schafft das vorliegende Buch
Abhilfe. Im ersten Teil bringt es in einem unveränderten Abdruck den
seit langem vergriffenen Text «Der junge Bullinger» von Fritz Blanke,
dem unvergessenen Meister der Darstellung kirchengeschichtlicher Vor-
gänge. Der zweite, von dem bekannten Pfarrer und Publizisten Immanuel
Leuschner verfaßte Teil trägt die Überschrift «Bullingers Wirken in
Zürich». 16 Seiten Illustrationen, ein reichhaltiger Anmerkungsteil, ein
Quellenverzeichnis sowie ein Überblick über die wichtigste Literatur
vervollständigen dieses Buch und lassen es zu einem ebenso wertvollen
wie spannend zu lesenden Werk werden für alle, die nach den Wurzeln
reformierten Denkens und Lebens fragen.

Theologischer Verlag Zürich

TVZ